五星红旗迎风飘扬

军事科普丛书

霹雳神箭
导弹

PILI SHENJIAN DAODAN

WUXINGHONGQI YINGFENG PIAOYANG

李树宝 李昊宇 著

未来出版社

图书在版编目（CIP）数据

霹雳神箭：导弹 / 李树宝　李昊宇著. -- 西安：未来出版社，2015.5
（五星红旗迎风飘扬）
ISBN 978-7-5417-5492-0

Ⅰ.①霹… Ⅱ.①李… Ⅲ.①导弹 - 青少年读物
Ⅳ.①E927-49

中国版本图书馆CIP数据核字（2015）第102901号

五星红旗迎风飘扬

霹雳神箭——导弹　李树宝　李昊宇 著

策划编辑　尹秉礼　王　元
责任编辑　刘小莉
装帧设计　许　歌
排版制作　未来图文工作室
出版发行　未来出版社（西安市丰庆路91号）
印　　刷　兰州新华印刷厂
开　　本　710mm × 1000mm　1/16
印　　张　20
版　　次　2016年3月第1版
印　　次　2016年6月第2次印刷
书　　号　ISBN 978-7-5417-5492-0 01
定　　价　40.00元

序

回眸20世纪的百年硝烟，我们不能不惊叹于那些尖端高科技武器装备在世界军事史上发挥的前所未有、令人震撼的作用。原子弹、氢弹、导弹、卫星、核潜艇、航空母舰等，这些堪称“撒手锏”的武器装备，极大地改写了战争的概念，重塑了国防的版图，刷新了人们对国防理念的认知。

中华民族是爱好和平的民族，然而数千年“重文轻武”、“重道轻器”的传统，却使中国军事科技也掉入“李约瑟之谜”中，近代以后国防军事实力远远落后于世界，致使在反侵略战争中吃尽苦头。

自1840年中国的大门被英国的“坚船利炮”敲开以来，积贫积弱的旧中国一再被西方列强欺辱，致使中国迅速沦为半殖民地半封建社会。1932年“一·二八”事变后，日本海军的“能登吕号”航母侵入中国上海，航母上的大批舰载机对中国守军狂轰滥炸；14年艰苦的抗战期间，中国海军因没有一艘航母，也几无飞机，迅速丧失了制海权，只落得被动挨打的境地。

先进的军事科技从诞生到使用，不断引发军事变革，也不断向国防提出严峻挑战。恩格斯曾预言：“一旦技术上的进步可以用于军事目的并且已经用于军事目的，它们便立刻几乎强制地，而且往往是违反作战指挥官的意志而引起军事上的改变甚至变革。”放眼中外国防史，这样的事例举不胜举。

二战中期，英国皇家海军“威尔士亲王号”战列舰和“Z”舰队的覆灭，宣告“巨舰大炮”时代的终结，而代之以航母夺取制海权时代的到来。对此，美国海军比日本海军的认识要更敏锐，理念也更先进。在中途岛战役后，美国之所以反败为胜，与其高于日本的海权观密不可分。凭借先进的制海权思想和强大的国力，美军航母快速发展，数量迅速跃居世界第一，因而能在太平洋战场重拳出击，气势磅礴地发起海空联合作战，秋风扫落叶般地击碎日本军国主义的海上势力。

核武器，在二战中诞生，二战末首次用于日本广岛、长崎。其可怕的威力，令世人警醒，同时也催生了核战争理论。出于对核战争的恐惧，冷战时期，全世界战战兢兢地笼罩在美国、苏联两国恐怖的“核均势”中。

核潜艇，不仅因其可超长潜航，更因可携带核武器，在全世界悄无声息地发射核导弹，这样的“第二次核打击力量”让各大国倾心不已。其跨越洲际的战略投送能力，强化了核报复理论。

二战后期，德国纳粹发射的V-1、V-2导弹，未如希特勒所愿拯救垂死的第三帝国，却让西方军界眼睛为之一亮。一种新的超视距作战武器和作战模式就此诞生。到越南战争时期，美军轰炸清化大桥，数百枚炸弹没有完成的任务，仅一两枚导弹即可完成；海湾战争中，美军从波斯湾发射的“战斧式”巡航导弹直入伊拉克国防部通风口，给世人留下了深刻的印象。导弹参战引发了精确作战理论，使得“斩首”行动以及反恐作战“定点清除”战术得以实施。

苏联“卫星-1号”升空，将人类探索太空的历史掀开了崭新的一页，从此，一颗又一颗的大国卫星升入太空。卫星不仅成为指挥系统的核心节点，而且使太空成为大国角逐的新空间，“高边疆”战略思想、太空战理论相继诞生。卫星在国防上的作用也不断地刷新着人们的观念。比如，第四次中东战争期间，美国“大鸟”卫星发现大苦湖埃及军队防线有一个缺口，以色列军方据此派沙龙装甲师深入埃及国内，将埃军第三集团军反包围起来，从而反败为胜。

今天，军用卫星对数字化部队、对导航等的影响可谓无所不在，军用卫星演化成为信息化战争核心的战略节点。冷战结束后，以海湾战争、伊拉克战争为标志，信息化战争已向我们走来，战争的形态呈现出非线式、非接触、非对称发展的特点。面对信息化战争的挑战，世界各主要国家竞相开展军事变革，国防实力不断攀升。

国无防不安，战胜方能强立。历史告诉我们，近代中国反侵略战争之失，从国防角度看，很大程度上正失之于缺少航母、飞机、坦克等高科技武器装备，以至丧失了制海权、制空权、制陆权。未来信息化条件下，如果我们还缺少世界领先的卫星、导弹、核潜艇、核武器、航母等大国利器的话，我们将丧失制太空权、制电磁权，继而也丧失制海权、制空权、制陆权。

国防的根基深植于科技之中。新中国成立以来，中国的科技工作者以建设强大国防为己任，向世界先进水平奋起直追，独立自主、自力更生，集智攻关、无私奉献。在研发导弹、原子弹、人造卫星、神舟飞船等工程中塑造了“两弹一星”精神、航天精神，取得了世界瞩目的辉煌成就：世界一定不会忘记，中国从“东方红-1号”卫星的成功发射到“神舟七号”航天员翟志刚高举五星红旗在太空行走；世界一定不会忘记，1974年，“长征一号”核潜艇首航成功，1985年底中国核潜艇航行两万余海里；世界也一定不会忘记，中国军队地空导弹部队击落了入侵领空的RB-57D高空侦察机，并多次击落来犯的美式U-2飞机，创下了世界上首次用地空导弹击落高空侦察机的纪录；世界也一定不会忘记，中国在1959年成立第一支地地战术导弹部队，1964年成功爆破了第一颗原子弹，1966年成立了第二炮兵部队，2015年的最后一天改为火箭军，形成了一支令敌人望而却步的战略威慑力量……

今天的中国国防力量正向信息化军事变革阔步迈进，从“九三”大阅兵中，世人已然看到，今日长城更加巍峨雄壮！中国军队已是一支强大的国防军。但毋庸讳言，与世界强军的先进水平相比，仍有相当大的差距。

最好的防御是进攻，最好的盾牌乃是利剑。正如约里奥·居里转告毛泽东的话：“中国要反对核武器，自己就应该先拥有核武器。”我们爱好和平，我们愿化剑为犁，但国际社会的现实情况不允许我们这样做，世界仍不太平，除传统的弱肉强食的冷战式威胁外，又加上了非传统的恐怖主义等威胁。今天中国已是世界第二大经济体，中国的成就令世界瞩目，随着我国经济的迅速发展，国家利益已扩展到太空、远洋和电子空间，这些领域的捍卫，必须有相应的利器予以保障。

少年智则中国智，少年强则中国强。共和国大国利器的锻造，需要广大青少年以史为鉴，从小树立爱国情怀，以科技为本，爱军习武。有鉴于此，我们策划了这套介绍各类高技术武器知识的科普丛书“五星红旗迎风飘扬”，通过讲述一系列生动的军事历史故事和各国研发高科技武器并不断更新换代的过程，潜移默化地传递先进的国防理念，以期让青少年了解国防知识，洞悉国防机理，辩证分析国际军事形势，激发青少年的爱国热情，进而积极投身于国防科技创新与未来国防建设中去。

为激发青少年的科学精神，本丛书还着重介绍了中国科学家在艰难困苦的环境下，探索研发的艰辛曲折过程，讲述了以“两弹一星”元勋为代表的前辈科学家献身科学的精彩故事，积极弘扬“热爱祖国、无私奉献、自力更生、艰苦奋斗、大力协同、勇于登攀”的“两弹一星”精神，以期这一精神能够在青少年身上薪火相传，发扬光大，让五星红旗永远高高飘扬。

这套丛书共分5册，书名分别为《太空作战——军事卫星》《大国重器——核武器》《海空霸主——航空母舰》《巨鲸猎洋——核潜艇》《霹雳神箭——导弹》。

刘波

目录

五星红旗迎风飘扬 WUXINGHONGQI YINGFENG PIAOYANG 军事科普丛书

霹雳神箭 导弹 PILI SHENJIAN ★ DAODAN

前言

战争是人与人的斗智斗勇，也是武器与武器的争锋较量。作为战争的产物和工具，武器被视作战斗力的重要标志，对战争的胜负具有至关重要的作用。因此，自从人类兵戎相见的那一天起，强兵利器就成了交战各方孜孜追求的目标，世界各国也都将研制先进武器、夺取武器装备的优势作为打赢战争的利剑和维护国家安全的“护身符”。

在波澜壮阔的战争舞台上，最耀眼的明星可能非导弹莫属。别看导弹问世的时间比大炮、飞机、坦克都晚，但导弹特别是核导弹在维护国家安全上具有举足轻重的地位，常常被定位为国家安全的基石。在核大国“三位一体”战略核力量体系中，弹道导弹占据两席（陆基洲际弹道导弹和海基潜射弹道导弹），堪称战略威慑的“主力军”，是镇国安邦的重器。

本书根据国内外大量具体翔实的资料，以弹道导弹发明研制的历史脉络为基本线索，以导弹决策者和研制者的故事为主要内容，按国家成章，按导弹种类或导弹大的研制阶段分节，力图通过武器专家和工程技术人员研制弹道导弹的内幕传奇与试验战例，展示研制过程的探索与艰难、成功与失败、经验与教训，引发读者对导弹研制中科学家破解难题的勇气和方法的思考，普及导弹知识，弘扬科学精神，启迪科学思维，激发钻研斗志，为培养青少年的科学素质、人文素养和国防意识提供精神食粮。

本书共分4章。第1章主要介绍人类第一种弹道导弹——德国V-2导弹的研制历程。从介绍人类火箭和导弹先驱的科学探索入手，重点描述了世界级导弹设计大师冯·布劳恩的成长经历，及其在德国弹道导弹研制中发挥的重要作用，德国军方及决策层对导弹的态度，通过导弹在二战中的应用情况，揭示导弹在未来战争中的地位作用。第2章介绍美国主要弹道导弹的研制历程。从介绍冯·卡门组织研制美国陆军导弹入手，叙述了美国在德国导弹设计研制精英帮助下开展导弹研制所取得的优势，讲述了在苏联抢先成功发射人类第一颗人造卫星引发美国朝野一片恐慌之际，雷伯恩主持研制“北极星”潜射导弹大

获成功，美国夺回导弹竞赛主动权的精彩故事，也介绍了以精准著称的“潘兴－Ⅱ”中程导弹、以长寿著称的“民兵－Ⅲ”洲际导弹、以先进但短命著称的洲际“和平卫士”导弹、以性能卓越著称的“三叉戟Ⅱ”潜射洲际弹道导弹的研制过程。第3章介绍苏联/俄罗斯导弹研制，重点讲述了世界著名的导弹设计大师科罗廖夫对苏联早期导弹研制的贡献，他的坎坷与辉煌，也介绍了国际知名的“飞毛腿”导弹、号称世界上威力最大的“撒旦”洲际弹道导弹、公路机动型“白杨”洲际弹道导弹、有“死亡列车”之称的铁路机动型洲际导弹系统、被誉为世界上最新最先进的地地战术弹道导弹“伊斯坎德尔”导弹、俄罗斯水下王牌“布拉瓦”潜射洲际弹道导弹，其中穿插了导弹设计师扬格利、乌特金、涅波别季梅等导弹科学家勇于探索、攻坚克难的故事。第4章介绍中国弹道导弹的发展历程。通过重点描述钱学森、黄纬禄、屠守锷、谢光选等新中国的导弹科学家们为了祖国导弹事业进行的坚韧不拔的努力，反映中国“东风”系列弹道导弹和“巨浪”系列潜射弹道导弹的研制历程，展现了“两弹”元勋的科学精神和高贵品质，也揭示了弹道导弹对于维护中国国家安全、主权和尊严所具有的独特的不可替代的作用。

止戈为武，化剑为犁，历来是一切珍爱和平的人们的美好愿望。然而，国际社会的现实却往往冷酷无情，只要这个世界还存在战争，武器研制的脚步就决不会停止。在这个关系国家存亡、民族兴衰的问题上，不应有任何幻想。我们相信，武器总有一天会成为历史的陈迹。我们期望，没有武器的世界能早日来临。

第1章 德国导弹横空出世

导弹是现代战争中的明星。导弹，特别是核导弹在维护国家安全上具有举足轻重的地位，常常被定位为国家安全的基石。在20世纪武器研制的历史上，导弹的问世也颇具传奇色彩。其中，德国V型导弹成为现代导弹的鼻祖，其研制过程集中体现了导弹家族发展之初的精彩历程。

1.1 初出茅庐

现代导弹的前身是火箭。早在13世纪，中国就发明了原始的火箭。20世纪初，苏联宇航事业的开拓者齐奥尔科夫斯基写出了《利用喷气工具研究宇宙空间》一书，推导出了宇航学中最重要的公式——齐奥尔科夫斯基公式，并给出了液体火箭发动机草图；同时，他还提出了多级火箭（包括火箭的“串联”与“并联”）以及用液体做推进剂来实现远距离宇宙航行的设想。这些理论上的探索开辟了导弹发展史的新纪元。在20世纪20年代和30年代，美国、苏联、德国都非常关注火箭的研究。

罗伯特·戈达德

美国科学家罗伯特·戈达德从1920年开始研究世界上第一

批液体推进剂火箭，并于 1926 年 3 月 16 日在美国的马萨诸塞州的奥林地区成功地进行了发射。这枚火箭飞行高度达 12.5 米，距离 56.1 米，创造了一项世界纪录。从此，火箭技术进入了一个全新的发展时期。1930 年，他又使火箭的速度提高到每小时 800 千米。

1924 年，在苏联第一个宇航工程师弗里特里·灿杰尔等人的倡导下，莫斯科成立了星际研究会，这是一个研究宇航飞行的民间机构。1928 年，苏联有关部门成立了专门的火箭技术研究所，同年 9 月，正式组建了喷气推进研究室。1932 年，著名的宇航专家科罗廖夫担任了这个室的主任。1933 年 8 月 17 日，苏联发射了一枚半液体燃料火箭，取得了成功。不幸的是，后来苏联发生了“大清洗”运动，苏联的火箭研究受到了严重挫折。

德国科学家对火箭技术的研制也十分重视。1925 年，德国科学家在奥比尔公司生产的竞赛用汽车上首次试验了火箭发动机。尽管试验没有取得理想的效果，但科学家仍雄心勃勃地着手设计高空火箭。1927 年，以赫尔曼·奥伯特为首的一批科学家和工程师建立了著名的民间学术组织——德国宇宙航行协会，并立下了为人类造福的宗旨。该组织吸引了一批火箭专家，他们用简单的液体火箭，在柏林郊区宇航协会的火箭发射试验场进行了最初的试验。在宇宙航行协会中，后起之秀冯·布劳恩脱颖而出。

赫尔曼·奥伯特

布劳恩于 1912 年出生于德国波森的维尔西茨（第一次世界大战后波森划归波兰）。他的父亲是波森省议会会员，后来出任德国农业部长。母亲出身贵族世家，酷爱文学和音乐，能用6种语言会话，又是天文爱好者。她很善于培养孩子的好奇心。当给布劳恩洗礼时，她不是按惯例给他金表，而是给了他一个小望远镜。布劳恩常常拿着它观星望月，在幼小的心灵里播下了向往遨游星空、登上月宫的种子。后来，他们移居柏林。13岁时，布劳恩又迷上了火箭。他曾经买了6枝大焰火，绑在一辆滑板车上，引线点燃后，车子拖着长长的火焰向前冲去，在柏林豪华的使馆区横冲直撞。车子停下后，警察把他抓了起来，交给了他的父亲。他父亲只好把他关在家里。

有一天，布劳恩买到奥伯特教授写的《通向航天之路》一书，便如饥似渴地读起来。但由于功课不太好，他看不懂其中的一个个数学公式，就去请教老师。老师耐心地告诉他，要想弄懂这一切，必须好好学习功课。从此，布劳恩发愤读书，很快成为全班功课最好的学生。

冯·布劳恩

1930年，布劳恩中学毕业后，考入夏洛滕堡工学院学习。在学校里，他认识了崇拜已久、正在研究火箭发动机的奥伯特教授，并成为他的助手，加入了他领导的德国宇航协会。1930年7月，布劳恩协助奥伯特成功试验了德国第一台以汽油和液氧为燃料的液体燃料发动机。奥伯特认为火

箭的最佳动力来源是液体，而不是固体，这一论点使布劳恩很受启发。不久后，奥伯特离开柏林，回到了家乡任教。布劳恩和他的朋友们利用业余时间继续进行火箭研究，并在柏林市郊尼肯多夫附近的荒地上，建立了“柏林火箭发射场”。1931 年 10 月，他们研制的“微型 I”火箭进行了发射试验。但因燃料箱没有密封好，推力不足，垂直发射的火箭很快就落了下来。他们很快做了改进，终于发射成功了。“微型 I”能升到 300 ~ 360 米的空中，下落时，上面的降落伞打开，减小落地的速度。

由于火箭热，德国陆军开始对火箭产生兴趣，陆军军械局奉命秘密研究火箭。陆军挑选了两个人抓这项工作，一位是陆军军械局发射技术及军火弹药主任卡尔·贝克尔上校，一位经历了一战洗礼的炮弹专家。另一位是贝克尔的部下，年富力强、对火炮有研究的瓦尔特·多恩伯格上尉。多恩伯格虽然只是个上尉，但有真知灼见，也很有手腕，他坚信火箭是新一代的王牌武器。他把注意力投向德国宇航协会，决心吸收这批学识渊博、有献身精神的科学家和工程师加入他的科研队伍。

1932 年春，德国军械局卡尔·贝克尔上校、冯·霍斯蒂希少校和多恩伯格上尉一起来到了布劳恩的发射场视察，并许诺说，如果他们研制的“微型”火箭在库默斯多夫陆军靶场发射成功，军方将出 1 000 马克作为研究经费。这时冯·布劳恩已从夏洛滕堡工学院毕业，获航空工程学士学位，他和同事们紧张地准备着。7 月的一天清晨，两辆汽车装着试验设备到了库默斯多夫，下午进行了发射。遗憾的是，升到了 600 多米高空的“微型”，在下落时降落伞没有打开，最后坠毁了。尽管试验没有成功，但布劳恩没有放弃。他深知这是一项颇有发展前途、肯定会为军事服务的事业。他不受大多数宇航会员“不与军人为伍”观念的影响，主动找到多恩伯格上尉，要求加盟火箭研制机构。虽然布劳恩当时只有 20 岁，名不见经传，但多恩伯格并没有小瞧这个精力旺盛的工程师，把他安排在陆军火箭处工作。

冯·布劳恩和德国军官在一起

布劳恩成为宇航协会会员中第一个从事军事研究的科技人员。经历这次挫折，布劳恩意识到，要征服外层空间，光懂得螺帽、螺栓之类的工程问题是远远不够的，必须学习更多的物理、化学和天文学知识，才能深刻地理解和解决他面对的难题。因此，1932 年夏，他决定转入柏林大学。当时，杰出的物理学家内尔恩思特、劳厄、薛定谔都在那里任教。

据布劳恩传记记载，他在大学里参加金工实习，为期一年。期间，师傅发给他们每人一个拳头大的铁疙瘩，要他们用钳工手段加工出一个立方体来。所谓“钳工手段”，也就是拿锉刀锉。布劳恩他们按照师傅的嘱咐开始干。但当他们把完成的立方体给师傅看时，都因不符合要求而被退回来，如此一次又一次地重新加工、再被退回来。直到最后，铁块被锉成火柴盒大小的时候，终于通过了。这是德国人严谨认真的一个体现，也是培养工程师的一个方法。

知识卡

导弹分类（一）

导弹按发射点与目标位置的关系，可分为：从地面发射攻击地面目标的地地导弹；从地面发射攻击空中目标的地空导弹；从岸上发射攻击水面舰艇的岸舰导弹；从空中发射攻击地面目标的空地导弹；从空中发射攻击水面目标的空舰导弹； 从空中发射攻击空中目标的空空导弹；从水下潜艇发射攻击地面目标的潜地导弹；从水面舰艇发射攻击空中目标的舰空导弹；从水面舰艇发射攻击水面舰艇的舰舰导弹；从空中发射攻击水下潜艇的空潜导弹；从水面舰艇发射攻击水下潜艇的舰潜导弹；从水下潜艇发射攻击水下潜艇的潜潜导弹。

1.2 后来居上

1932 年的冬天，布劳恩一边在学校学习，一边用陆军提供的研究经费，建立起自己的实验小组，任务是发展液体推进剂火箭。1933 年 1 月，在军方的一个试验井中，布劳恩和同事们制成了第一台小型水冷式发动机，能产生 1 400 牛的推力，持续时间 1 分钟。接着，他们又制出可以产生 3 000 牛推力的再生冷却液氧—酒精发动机，并把它用在 A–1 火箭上。A–1 火箭长 1.4 米，直径 0.3 米，重 150 千克，以酒精和液氧做推进剂，发动机推力为 3 000 牛。A–1 火箭在静止的地面上试验获得了成功，但火箭在发射时，由于燃烧室内混合气体过多，点火仅半秒钟就爆炸了。布劳恩领导的小组借鉴了飞机稳定飞行的原理，重新设计了火箭。

与此同时，布劳恩发表了题为《推力为 1 400 和 3 000 牛火箭发动机的理论和实验研究》的论文，论述了液体推进剂火箭发动机理论和实验的各个方面。柏林大学把这篇论文评为最高等级——特优。布劳恩获得了柏林大学物理学博士学位，为自己的学生时代画上了一个闪光的句号。在这篇论文中，年轻的布劳恩试图分析并测定火箭发动机中发生的复杂的喷射、雾化、燃烧、离解、气态平衡和膨胀现象等问题，并就这些问题进行了探索和阐述。虽然这只是一篇毕业论文，但由于其内容被认为会对未来火箭技术的发展起到至关重要的作用，对航天事业的发展意义重大，该论文被德国军方没收，定为绝密资料，直到1960年时才予以解密。随后，德国宇宙飞行协会将该文作为其正式期刊的特刊重新出版。需要说明的是，2007年12月4日，冯·布劳恩的博士学位论文的手稿在纽约拍卖。这份长达166页的论文不仅包括他亲笔所书的各种文字注释，而且还有一些手绘的图表。当年，它的起拍价达到2.75万美元，最后以3.3万美元的价格成交。有评论家认为，“这篇革

德国导弹的火箭发动机

命性的论文最终改变了世界历史的发展进程”。这篇论文的价值还在于，“它使得读者有机会目睹一个伟大科学家研究生涯的开端，而这种机会其实是十分难得的”。

在当时，液体推进剂火箭还是一种新事物，而固体燃料火箭早在几百年以前就有了。航天理论家齐奥尔科夫斯基和奥伯特都曾指出：就产生更强的推力来说，液体推进剂有巨大的潜力。布劳恩他们的火箭飞行场的主要目标就是把这些建议应用于实践。这时的液体燃料，是以液态氧为氧化剂，碳氢化合物为燃烧剂。时至今日，仍然有许多大型的弹道导弹以液体燃料为动力。布劳恩等人的工作，就是要为火箭飞行的点火、混合、冷却、控制剧烈燃烧等问题提供方法和答案，把液体的发动机和燃料箱组合成一个运载工具。

V–2 导弹

20 世纪 30 年代中期以来，在希特勒重整军备的大背景下，陆军的火箭计划获益甚大。1934 年，新设计出来的 A–2 火箭重 270 千克，于圣诞节前夕在北海的博尔库姆岛进行了发射试验，火箭上升到约 2.4 千米的高度。试验取得了成功，德国军方欣喜若狂，为布劳恩他们提供了大量资金。布劳恩小组的成员们则以更大

的干劲开始着手 A–3 火箭的研制，并根据德国陆军的意图，大胆制定了射程达 275 千米的弹道导弹（即 A–4 导弹）方案。

布劳恩液体火箭发动机的成就引起了德国空军的注意，他们出 500 万马克，让布劳恩把这一动力装置试用于飞机上，研制以火箭为动力的战斗机。1935 年底，他和著名的飞机设计师恩斯特·亨克尔教授合作，为 Ju50、He110 和 He176 作战飞机研制了火箭发动机。已成为陆军军械总监的贝克尔对空军的插手大为不满，决定出 600 万马克资助布劳恩的研究，并于 1936 年初在军械部下面设立了一个专门发展火箭武器的小组。4 月，陆军将领们来到库默斯多夫试验站了解火箭试验工作的进展情况，并参观了 1.5 万牛推力发动机的试车。这里紧张而有序的研制气氛和已经取得的重大成果，给参观者留下了很深的印象。他们批准了研制小组关于研制 A–4 导弹的方案，并从国防开支中拨出 2 000 万马克的重金作为 A–4 导弹的研制经费。为保持德国的火箭计划在“发展规模上的领先地位”，避免陷入一场国际火箭竞赛，德国陆军决定严防泄密。作为一项主要措施，也为解决工业相关技术基础的薄弱问题，德国陆军决定建一个大型的内部实验室，实际上是火箭试验基地。地点就选择在波罗的海乌泽多姆岛上一个名叫佩内明德的渔村。佩内明德位于波罗的海沿岸，地理位置偏僻，人迹罕至，符合保密需要。

1936 年 6 月，德国陆军、空军的将领们一起来到乌泽多姆岛实地勘察，最后达成共同使用该岛的协议：陆军在东部森林地带建造“佩内明德军事试验站（后改名为第一军队炮兵工厂）”，北部滨海的开阔地区则由空军建筑机场和试验新武器的靶场。佩内明德很快成了世界上最宏伟的“国家火箭技术科学试验中心”，成了研究反作用运动的主要基地。更重要的是，它汇集了一批世界第一流的火箭专家、科学管理人才以及先进而完备的设施。到二战结束时，在这里工作的有 4 450 人，其中包括 900 名科学家和工程师。由于多恩伯格在基地建设中表现出的组织和指挥才干，他被提升为佩内明德火箭基地的司令，晋升为少将。布劳恩被任命为火箭研究所的首任所长，1937 年，又因研究成绩突出，被晋升为佩内明德火箭基地的技术主任。

在德国陆军总司令冯·布劳希奇元帅的亲自指挥下，佩内明德试验基地的建设加快了步伐，位于乌泽多姆岛最北端的发射台以及发电厂、实验室、生活区等陆续建成，新增调的大批科技人员和技术工人也纷纷来到这里，火箭的研制工作至此已全面展开。

1937 年 9 月，德国首次进行了新型 A–3 火箭的发射试验。A–3 火箭体积庞大，全长达 7 米，重量为 750 千克，

V–2 导弹正在起竖

射程达 1 350 千米，是最初的军用大型火箭。由于制导装置不够完善，失败是在意料之中的。但由于发动战争的迫切需要，纳粹德国仍动用了大量人力、物力投入研制工作。1937 年冬季进行了第二次 A–3 火箭的发射试验，当火箭升空几百米后突然倾斜，最后葬身于大海之中。以后，德国人又发射了两枚 A–3 火箭，同样也遭到了失败。为了查明失败的原因，布劳恩等火箭专家采用了地面模拟技术。这是一种成功的试验方法，通过大量模拟试验，发现 A–3 的控制系统有问题，布劳恩重新设计了控制系统。为了使弹体内的仪器设备不致被摔坏，便于故障分析，他们又将火箭设计成回收型火箭。改进后的火箭称 A–5。

V–2 导弹准备发射

德国陆军有倾向于国有制的传统，多恩伯格的“一切统一在一个屋檐下”的观念根深蒂固，也因为保密需要及工业界相关技术基础缺乏，1937 年 12 月，在不成功的 A–3 发射期间，多恩伯格出其不意地向布劳恩等人宣告建立一个内部生产线的想法。这遭到布劳恩等人的抗议，称他们对生产一无所知。但一年后，这一计划被陆军总司令布劳希奇元帅批准。但鉴于系统的扩展及技术的复杂性，与工业界进行合作乃大势所趋，但佩内明德牢牢地掌控着火箭技术发展方面的关键环节，工业界更多地担任着

部件生产者的角色。

由于火箭涉及技术问题的广泛性和复杂性，要求最大限度地利用科学智力资源。为了加快发展 A–4，贝克尔考虑把佩内明德同大学结合起来。当时不同部门、军种之间的恶性竞争使得相互协调几乎不可能，而且大规模的征召使得研究机构的学生和青年学者面临青黄不接之境。同时，自利也驱使着各个军种和部门相互竞争以抢占自己所需的研究机构，从而据有更为充足的科研资源。在贝克尔的鼓动下，多恩伯格开始迅速地与学术机构建立直接联系，主要是工程技术类院校，这一措施大大加快了火箭计划的进展。如亚琛技术学院的鲁道夫·赫尔曼博士，在超声速空气动力学的研究中成就突出；汉诺威科技学院的教授哈泽博士设计了测量系统和其他设备；达姆施塔特的许多研究机构参与了导弹弹道的计算和模拟、控制系统的完善等方面的研究。

V–2 导弹结构示意图

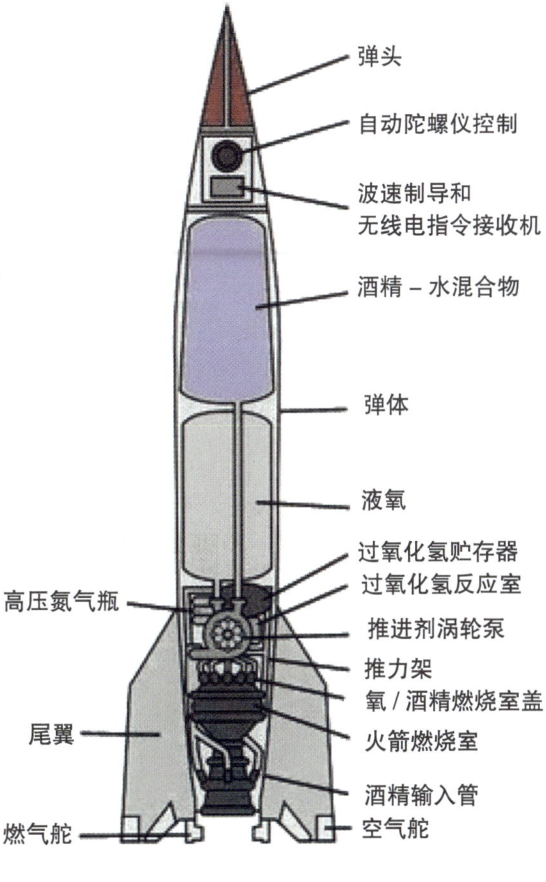

布劳恩作为技术主任，首要的职责是动员和管理在佩内明德的工程师，他拥有非凡的智慧与魅力、无可挑剔的举止与领导能力。多恩

伯格对这个年轻人唯一的抱怨就是：他太富于激情，有太多的奇思妙想而不能总是专注于该做的事。奥伯特欣赏他集学者、工程师和管理人员于一身的本领。即使在战时，布劳恩也努力促成一种科学研究的氛围，如在佩内明德各实验室之间进行研究结果等方面的交流，与波罗的海沿岸的各大学之间的交流。布劳恩和多恩伯格避免了过度集中化的机制，布劳恩让研究团队的每个成员都感受到自己的存在，并对这个精英的共同体产生一种自然的归属感。通过他领导以及对几乎所有领域技术难题的无与伦比的熟练把握，佩内明德士气高涨、运转有序。火箭的改进也在有力推进。

A-5 火箭与 A-3 火箭大小相同，但有着更科学的制导系统和新式的控制系统。它可以产生 1.5 万牛的推力，垂直发射时射程为 13 千米。

德国军人检查 V-2 导弹

1935 年底，A–5 火箭再一次进行了发射试验。火箭开始时垂直上升，到达约 13 千米的高度后改为斜向飞行，这次试验终于达到了预期的目标。在以后的几次试验中，德国人利用雷达波来制导，取得了更高的控制精度。

1939 年 3 月 23 日，布劳恩 27 岁生日这天，希特勒亲自到佩内明德视察，他明确表示，部队需要一种比超远程大炮射程更远的武器。布劳恩设计的火箭基本上能满足这种要求。这是布劳恩第一次见到希特勒。当时的政治气氛十分紧张，1938 年发生在苏台德的冲突使许多人嗅到大规模战争的味道。每一个德国人都知道，希特勒正准备摊牌，要挟西方各国满足他的要求。这天很冷，下着雨，希特勒在一些陆军官员的陪同下来到布劳恩最早进行试验的那个试验井。布劳恩随希特勒一行一起走向一座最老的试验台，观看一架 1934 年的 2 900 牛推力火箭发动机进行试车。在强大刺耳的呼啸声中，希特勒看起来十分平静，在接下来的一系列发动机试验中，希特勒始终表情冷漠，不为所动。此时他需要的是能直接参战的武器，而不是坐在这儿看发射表演。因此，他闷闷不乐地站在倾盆大雨中观看火箭发动机点火，对布劳恩的一次次火箭试验并不十分满意。

直到看到一枚崭新的 A–5 导弹剖面模型时，他才开始问话。由此可见，希特勒对每一个细节问题都十分注意，于是布劳恩就火箭推进原理进行了浅显的解释，他说："以前用汽油或柴油和某种汽化系统，利用周围空气中的氧气燃烧做动力的发动机，称为脉冲式空气喷气发动机。但是这种脉冲式发动机只能用于比较低速的飞行，如果飞机以这样的速度飞行，就会被高射炮或战斗机打下来。火箭推进的主要优点是，即使发动机起作用的时间很短，导弹也能像炮弹一样，以极高的速度飞行。因为导弹与炮弹一样，是沿着弹道飞行轨道飞行的，所以导弹初速度越大，射程就越远。"布劳恩停顿了一会，看了一眼希特勒，发现他正认真地听着，于是继续讲道："按发动机的单位重量计算，火箭发动机所产生的推力，比用于飞机推进的任何发动机都要大得多。如果能加快燃烧过的气体的排出速度，火箭的末速度还会更大，射程将更远。排气速度翻一番，同一枚火箭所能达到的速度也会翻一番，射程则是原来的 4 倍。末速度还取决于所消耗的燃料重量与火箭空重的比。举个例子来说，如果燃料重量是火箭空重的6.5倍，火箭的飞行速度将达到排气速度的 2 倍。如果这个比值达到 19 ∶ 1，速度将达到 3 倍。火箭要取得高速度，它所携带的推进剂的重量就必须是它自身空重的好多倍，这在火箭飞行中是非常重要的。火箭是能够取得超声速、达到极端高度或极大射程的唯一大型弹射体，当这样一枚弹道火箭落到地面上时，即使不带装载炸药、弹头，它的冲击力也是十分惊人的。”

希特勒听到这里，眼里流露出了喜悦的目光，表示出兴趣。布劳恩见此情景大喜，便继续说下去：“液体燃料看起来十分复杂，它不是用那种把燃料与氧化剂同放在一个容器中的固体推进剂，而是把燃料与氧化剂分别放在两个燃料箱中，通过燃料箱增压，再把液体推进剂压入再生冷却燃烧室。虽然液体燃料火箭增加了这么多复杂的过程，但是它有着很多显著的优点，最重要的就是它的排气速度比固体推进剂所能达到的速度高得多，这就意味着火箭的速度更快，射程更远。另外，液体燃料火箭完全可以控制，就像普通汽油发动机一样，推力可以通过增减燃料供应来调节。”

希特勒问：“那么这枚火箭可以运载一些什么有效物质呢？”

“这枚 A–5 火箭只是一个研究用的飞行器。它还谈不上携带什么弹药，但是我们用这枚火箭进行的全面试验，证明可以造出携带巨大弹头的更大型火箭。”“飞机的发动机只能靠汽油运转，而火箭则可以使用很多种混合燃料。许多异乎寻常的混合物是很有前景的，比如氢氧混合燃料能使排气速度达到每秒 4 000 千米，几乎等于目前酒精—液氧发动机的推进剂效率的 2 倍。不过液氢不易操作，还不能实际应用，所以这种排气速度只是理论上的。这也表明了研制出新的或更先进的混合燃料的可能性。”

布劳恩的简单介绍使希特勒感到满意，他接着问了一些问题，开始表露出对火箭的兴趣。但是当他听到布劳恩说 A–5 只不过是一个研究用的飞行器，不能携带弹头，他大失所望。不过当他听到 A–4（V–2）能把一吨爆炸物运送到 288 千米远的地方后，又立刻关注，急忙问，研制这样一枚导弹要用多长时间。布劳恩还想把自己心中宏大的宇宙飞行的计划和盘托出，但是他没有讲，因为他知道，希特勒关心的只是战争需求，对于人类和平发展的宇宙飞行，在希特勒看来无疑是虚幻的空想。直到试验结束，希特勒才说："那的确很有力。"

尽管希特勒缺乏热情，多恩伯格和布劳恩大失所望，但早期在希特勒的支持和首肯之下，布劳恩等人的火箭研制工作获得了大量的经费。布劳恩深知，如果没有希特勒站在他们一边，研究工作将会遇到更多难题。当然，V 型武器的研制进度还是因最高元首重视不够而受到了一定的影响。

V–2 导弹库

事实上，在火箭计划进行的头几年，因其规模不大而很少需要陆军军械局以外的力量的特别支持。而当这一计划大大扩展以后，围绕着火箭计划而修建的住宅、交通设施、发电站、休闲娱乐设施、防空系统等无疑耗资甚巨，如此则需要得到陆军总司令的支持。当时的陆军仍拥有很大的自主权，陆军总司令冯·弗里奇元帅（他于1938年被希特勒免职，其继任者为冯·布劳希奇元帅）支持佩内明德的发展。直到二战开始时，火箭计划很大程度上能免于行政干预。开战以后，资源日见紧缺，具备熟练技能的劳动力及其他重要资源已被扩展至极限。各军种互挖墙脚，争夺钢铁等资源。1939年秋末，希特勒从紧急任务名单上划去了火箭计划，并停止了对它的劳力和原料供应。这无疑推迟了规划铺张的生产工厂的营建，但另一方面，由于对火箭威力的不移信念及陆军领导层的坚定支持，火箭计划在技术层面仍取得不小的进展。

知识卡

导弹分类（二）

导弹按攻击活动目标的类型可分为：反坦克导弹、反舰导弹、反潜导弹、反飞机导弹、反弹道导弹导弹、反卫星导弹等。

按飞行弹道可分为：主动段按预定弹道飞行，发动机关机后按自由抛物体轨迹飞行，再入段仍按自由抛物体轨迹飞行或机动飞行的弹道导弹；主要以巡航状态在大气层内飞行的巡航导弹。

按推进剂的物理状态可分为：固体推进剂导弹和液体推进剂导弹。

按作战使用可分为：打击战略目标的战略导弹和打击战役战术目标的战术导弹。

1.3 希特勒道歉

1939年的秋天，布劳恩等人为了发射新型的A-5火箭守候在一个小岛上，等待一个好天气。这天尽管900米的高空布满云层，他们还是决定

运送 V–2 导弹

发射第一枚 A–5。细长的导弹从发射架上平稳升起，直入云层，消失于其中。喷气发动机雷鸣般的轰响震耳欲聋达一分钟，然后响声消失。大约 5 分钟后，导弹悬挂在降落伞下面再次出现，缓缓降落在波罗的海，离岸仅 180 米。岛上欢声雷动，一艘打捞船将其回收上来，要不是被海水浸湿的话，马上可以再次发射。在以后的两年中，大约发射了 25 枚 A–5 火箭，使用了三种不同的控制系统，每一种性能都很好。垂直发射高达 12.8 千米，然后沿倾斜轨道飞行。同时还试用了无线电制导波束。A–5 的试射取得了极大成功，这为布劳恩今后更加宏伟的宇宙飞行计划打下了基础。但是布劳恩小组只是无休止地发射实验火箭是不能适应已经进入战争轨道的德国需要的，陆军军械部需要一种射程大大超过远程大炮的野战武器。鉴于 A–5 火箭取得了良好的试验效果，德国军方立即下令研制作战型弹道导弹 A–4，即著名的 V–2 导弹。经过周密计算和严谨设计，布劳恩小组决定研制一种结构类似 A–5，可以通过铁路运输的火箭，可以把 1 吨重的弹头携带至275千米的射程内。于是V–2的原始构想产生了。

1940 年夏天，为了成功地研制出 V–2 导弹，布劳恩全力以赴。工程难题堆积如山，亟待解决。而布劳恩对这一工作表现出极大的热情，在独创性的工程中，他有着非凡的领导和管理才能。为了 V–2 早日诞生，他先后组建了“过氧化物蒸汽发生器研制小组”、“燃烧喷射实验小组”、“超声速风洞实验室”、“电子实验室”……布劳恩还邀请一些大学工程学、物理学、化学教授到佩内明德来，与他们合作，委托他们完成一些研究任务。

导弹发射

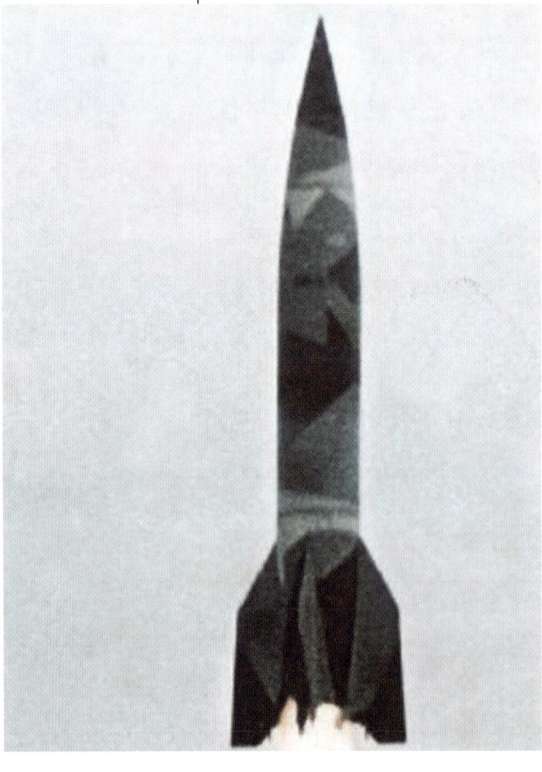

经过两年不懈努力，1942 年春，第一枚 V–2 导弹终于可以矗立于发射架上，进行发射试验了。发动机点火时，发出了可怕的轰鸣声，导弹腾空上升了 1 秒钟，随即因燃料供应发生故障，弹尾朝下落了下来。尾翼因缺乏抗这种强冲击的硬度，弯曲变形，然后 V–2 便翻倒下来，在爆炸声中炸得粉碎。1 个月后，第二枚经过改进的 V–2 导弹再次发射，布劳恩

对它充满了期望。这一次V–2通过了令人担忧的声障升上了天空，直到第45秒时，人们还看得见它；突然间，它开始摇晃起来，在一片白色蒸汽之中解体了。

1942年10月3日，一枚V–2导弹耸立在发射台上，点火发射非常成功，直到切断电源时，导弹还可以清楚看到，然后渐渐离开视线。点火1分钟后，导弹飞到了85千米的高度，然后倾转航向进入了预定的弹道。地面多普勒探测雷达跟踪表明，导弹上的发报机继续运转达5分钟左右，最后坠落在距离发射台190千米的波罗的海，在距预定目标4千米处成功爆炸。虽然没达到预计射程，但多数专家均表示满意，这是一次非常成功的发射试验。德军观察飞机奉命立即飞临现场，从海面上找到了导弹。这次发射试验的成功引起了国内人士的普遍关注，德国军方十分满意。也正是因为有了这次伟大的创举，人类弹道导弹的时代才慢慢拉开了序幕。希特勒也成了一个火箭迷。德军方在佩内明德附近又建立了一座大工厂，同时在维也纳附近、柏林近郊和腓特烈港建起了3座装配厂。V–2导弹在德国投入大规模生产，并且即将投入军事应用阶段，此时的布劳恩更加繁忙，工作也带有极大的危险性。在1944年一次为测定弹头杀伤力和导弹准确性的试验中，

V–2导弹发射前准备

他险些被自己的火箭武器击中，那次弹着点距离他只有90米。

作为一种非固定武器，V–2导弹很难对付。它可以灵活地布置在任何一个地方，也可以装在平板拖车上机动。但V–2导弹精度较低，只适用于攻击像城市、港口等庞大的目标。为了提高精度，德国人又发展了一系列可传输指令的制导武器。这些武器由操作手通过无线电波或控制指令传输线制导飞向目标。

V–2是一种威力极大的弹道式导弹。导弹全长14米，直径1.68米，有4片尾翼。起飞重量13吨，最大时速为5 800千米。采用液体燃料火箭喷气发动机，以酒精和液氧做推进剂，发动机推力26万牛，能把1吨重的弹头送到大约260千米远。V–2导弹堪称是现代弹道导弹的鼻祖，当今世界上各式各样的运载火箭和弹道导弹，都还保留着V–2导弹的某些特点。

V–2生产车间

1939年秋到1940年夏，纳粹德国以风卷残云之势征服了大半个西欧，给希特勒造成了一种错觉：以为没有必要做长期的计划，尤其在科学和工业领域。而火箭计划在战局顺利时受到冷遇是不足为奇的！1940年8月勒布接替自杀身

亡的贝克尔任陆军军械局局长，多恩伯格力图使佩内明德获得最高优先权。但布劳希奇认为这种要求不合时宜，因为元首此时自信单靠空军即可击败英国。另外，希特勒和戈林要求军备生产转向：从陆军为主转为以空军和海军为主。

1940 年 9 月末，火箭计划被降为三等优先权。与佩内明德的许多合同不能完成，因为纳粹体制不允许有着更高优先权的计划被耽误。多恩伯格向布劳希奇反映情况的两周后，鉴于不列颠空战的不顺利，火箭计划非正式地获得二等优先权，直到 1940 年 11 月 19 日，希特勒才予以确认。然而多恩伯格并不满足于此。1941 年 3 月末，火箭计划的发展终于获得最高优先权，生产工厂获得二等优先权，多恩伯格希望在 1942 年初就可以小规模地进行生产，但机器工具和劳动力都很难获取。

军备部部长托特反对佩内明德过分铺张的设施建造，着手削减陆军的建设经费，这对火箭生产工厂的建设构成了威胁。1941 年 6 月 28 日，勒布迅速向布劳希奇报告了这一情况。利用 1940 年至 1941 年间空军未能获胜的情况，多恩伯格再次鼓吹 A–4 所将产生的巨大威力。为了使火箭计划免于托特和戈林的干预，布劳希奇向希特勒保证：陆军将为打败英国起更大的作用。根据布劳希奇的要求，1941 年 7 月 31 日，多恩伯格在呈递给希特勒的备忘录中称：A–4 导弹不单会给敌人造成物质上的巨大损失，还能摧毁敌人士气。在空军优势不再的情况下，发展导弹就显得更为紧要。他还报告了与空军的联合计划，用两级火箭（洲际导弹）袭击美国。

1941 年 12 月 19 日，由于战事不利，“替罪羊”布劳希奇被迫辞职。1942 年 1 月，火箭计划失去了“特种事业”的地位，加之军备部长托特战时经济计划的影响，承包商再次致函，称不能履行与陆军的合同。1942 年 2 月 8 日，托特飞机失事死亡，希特勒任命阿尔贝特·施佩尔为军备部长。这对陆军火箭计划而言无疑是一大幸事。自 1939 年冬天开始，负责

阿尔贝特·施佩尔

基地营建的施佩尔同佩内明德一直保持着密切联系，他与布劳恩等人交好，在其回忆录中亲切地称他们为“一群异想天开的年轻人”、“那些搞数学的浪漫派”。生产计划所陷入的困境因施佩尔的上任而得以克服。

多恩伯格利用这个时机加快研制生产，并扩展了系统建设，如修建一些新生产点、液氧工厂等。对于争取优先权来说，成功的发射比建设更重要。既然投入了巨量资源，就得见成效，因为希特勒的耐心是有限的。布劳恩的研发小组在经历了数不清的失败之后，A–4 终于在 1942 年 10 月发射成功。1942 年 12 月，施佩尔从希特勒那里得到大规模生产 A–4 的许可。他像处理战争经济一样，加速推行计划和（机构）重组，因而不可避免地与多恩伯格发生冲突。和许多军官一样，多恩伯格希望包揽一切，憎恶军备部的文职官僚越俎代庖，侵入他们的地盘管事。施佩尔却力图发挥企业自主创造性以推进火箭计划。

1943 年春、夏，德军在东线接连败退，德国的处境越来越糟。希特勒这时才想到“那的确很有力”的武器。7 月 7 日，希特勒在东普鲁士的腊斯登堡统帅部召见多恩伯格和布劳恩。长期处于绝望中的希特勒面黄肌瘦、双手颤抖，他静静地看着两位科学家放映的一部电影。影片展示了 V 型导弹从仓库到发射场，尔后在熊熊烈火中腾空而起的壮观场面。布劳恩解说，多恩伯格又在旁做了颇有说服力和诱惑力的推销。不等多恩伯格说完，希特勒猛地站了起来，冲动地抓住他的手，激动地说："我感谢你们。我怎么就没能相信你们的成功呢？如果我在 1939 年就有了这些导弹，我们便永远不会有这场战争。"当多恩伯格和布劳恩告别时，希特勒颇有悔意地对自己的疏忽表示道歉，并补充说这是他一生中仅有的第二次道歉。

希特勒自以为找到了制胜的法宝，当天就命令军备部长施佩尔把 V 型项目放在头等优先地位，并大批生产。他甚至要求把 V–2 导弹的弹头增加到 10 吨重。几天后，布劳恩获得一项殊荣，希特勒授予他"名誉教授"的高级学衔。

知识卡

火　箭

火箭是指依靠火箭发动机喷射物质产生的反作用力推进的飞行器。它自身携带燃烧剂与氧化剂，不依赖空气中的氧助燃，既可在大气中，又可在外层空间飞行。火箭在飞行过程中随着火箭推进剂的消耗，其质量不断减小，是变质量飞行体。现代火箭可用作快速远距离运送工具，如作为探空、发射人造卫星、载人飞船、空间站的运载工具，以及其他飞行器的助推器等。如用于投送作战用的战斗部（弹头），便构成火箭武器。其中可以制导的称为导弹，无制导的称为火箭弹。

1.4 丰富的"遗产"

V–2 导弹研制成功后，布劳恩等火箭专家并没有为胜利所陶醉。他们又一鼓作气，设计了射程更远的 A–9 导弹和 A–10 导弹，甚至期望将二者组合成一种洲际导弹，其发射距离足以达到美国本土。

A–9 导弹是 V–2 导弹的改进型，其总体设计与 V–2 导弹基本相同。它已具备现代弹道导弹的主要特征，设计师给新产儿又增加了两个后掠式稳定翼。它因此得名"有翼的 V–2 导弹"。导弹全长 14 米，直径 1.7 米，重 13 吨，弹头重 1 吨，最大射程 550 千米。

设计师把 A–10 导弹设计得更为气派。它是一种大型助推火箭，长 29 米，直径 4.1 米，重约 87 吨，发动机推力达 200 万牛。

从 1943 年到 1945 年初，改进火箭武器构造的工作一直在紧张地持续着。虽然工程技术人员研究了利用雷达和电视控制飞行的问题，但是，这些研究项目中有很大部分直到 1945 年初才成功。因此，德国人没有来得及将其用于战争。

1943 年后，同盟国的轰炸机对德国重要战略目标不断地进行轰炸。同盟国的谍报系统，尤其是法国的地下抵抗组织，已获悉德国陆军在佩内明德设有研制滑翔炸弹、V–2 导弹及其他的研制机构。美、英根据这些情报，派飞机侦察到了 V–2 导弹试验场的详细情况。

8 月 4 日，美军派出空军第 8 航空队的 B–17 轰炸机对佩内明德进行了大规模空袭。8 月 17 日深夜，英国轰

德国人正在制造 V–2 导弹

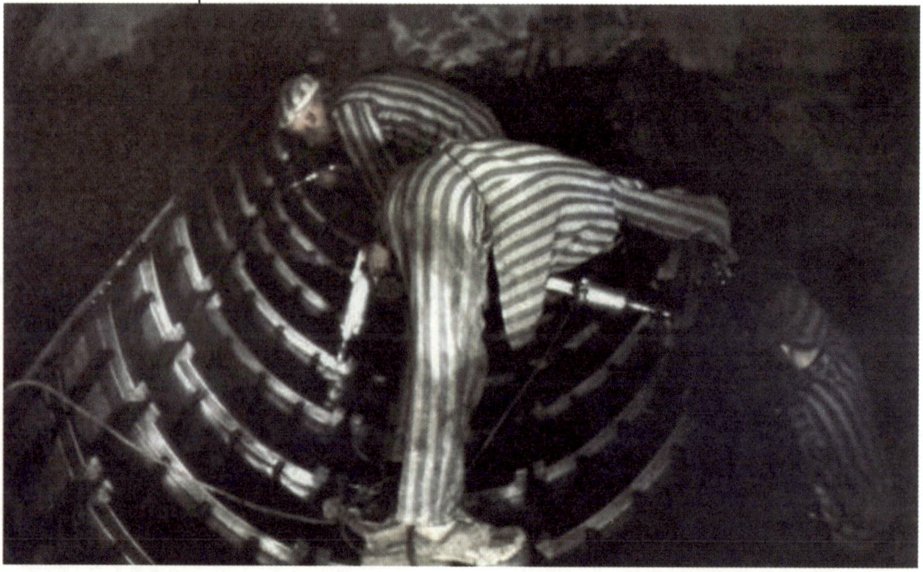

炸机指挥部司令官哈里斯将军，下令皇家空军出动571架轰炸机，在45架战斗机的掩护下，对佩内明德再次进行空袭。英军飞机投下了1 593吨爆破弹、281吨燃烧弹，致使纳粹唯一的火箭研究和生产中心遭到了严重的破坏，炸死了735人，其中有许多是强制劳动的盟军战俘。党卫军头子希姆莱咬定有间谍泄密，使希特勒确信有必要把生产转入地下，使用更多的集中营劳力以求绝对秘密。8月25日，美国轰炸机群第三次光顾该试验基地，从此结束了佩内明德的黄金时代。希特勒随即命令将V-2生产转入地下，把哈茨山南面的一个大油库改建成当时最大的地下工厂——米特尔工厂。它由党卫军将军汉斯·卡姆勒所役使的集中营劳力所建，由军备部的一个公司经营，以成千上万囚徒的生命为代价，1943年末开始生产V-2。

布劳恩的V-2导弹问世的意义类似于莱特兄弟发明

V-2 导弹生产线

的飞机，它们有两个共同点。飞机除了促进国际和平、发展民用航空和繁荣国际贸易外，还可以用于战争。同样，大型火箭既可以帮助人类探索宇宙和发展空间科学，也可以用于战争。布劳恩和佩内明德火箭基地小组的成员们也为此感到懊悔，他们原想把 V–2 作为月球飞行的第一步，但是却参与了战争的残酷行动。布劳恩认为，他们研制 V–2，并不是想要作为一种残酷的杀伤性武器，他一心一意研制 V–2 的目的是宇宙旅行，V–2 用于军事作战使他深感遗憾。为此他受到了纳粹的怀疑。

1944 年 1 月 18 日，施佩尔因严重的膝盖感染而入院。他试图在病床上运转自己的帝国，但 2 月上旬，他病倒了。希姆莱与戈林等人则利用这一大好时机串通一气，密谋在许多部门破坏施佩尔的影响力。在 1944 年 2 月至 3 月间，希姆莱以企图叛逃英国、暗中破坏工厂生产进度的罪名拘捕布劳恩。原因是：他和他的同事们一起声明，他们从来没有打算把火箭发展成为战争武器。他们在政府压力之下从事的全部研制工作，目的只是为了赚钱去做他们的实验，证实他们的理论。他们的目的始终是宇宙旅行。背后的原因是，希姆莱先是企图利诱拥有党卫军荣誉军衔的布劳恩将其研发小组并入党卫军，以达到控制火箭计划的目的。在遭到布劳恩拒绝后，希姆莱便逮捕他和另外两人以示惩罚。因此布劳恩可能被判为叛国罪并被枪毙。布劳恩被拘押在斯德丁监狱两周，经施佩尔和多恩伯格等多位朋友的努力营救才勉强被放出来。

1943 年，正当 V–2 导弹取得突破性进展的时候，一位名叫施泰因霍夫的潜艇艇长来到了佩内明德。他向布劳恩提出了火箭能否从水下发射的问题。前不久，他指挥的潜艇潜入卡萨布兰卡港，准备攻击同盟国的船只。通过潜望镜，他看到坦克、大炮、汽油等物资装备正从同盟国的船上往下卸，岸上物资堆积如山。然而鱼雷无法对岸上的物资进行攻击，要是鱼雷能跃出水面，击毁岸上的目标该有多好啊！情急之下，他想起了火箭专家布劳恩。

布劳恩对这个问题很感兴趣，他和火箭专家们立即讨论了水下发射的一些技术问题，并制定了水下发射的具体方案。

不久，潜艇甲板上就安装了 6 个钢制火箭发射架，仰角 45 度，每个发射架上都有一枚固体推进剂火箭弹；火箭弹尾喷管口用蜡密封，并从中引出一根连接推进剂起爆火器的电线；电线直接引入潜艇控制室。

发射试验就要开始了，潜艇下潜到 30 米的深处。岸上的指挥人员通过电话发出命令，艇长按动电钮，立即听到潜艇上发出“嗖嗖”声，一枚接一枚的火箭跃出水面，呼啸着向空中飞去……6 枚全部发射成功。这是人类历史上第一次从水下发射火箭弹，是火箭研究新的里程碑。

然而，潜艇部队司令部认为，海军的任务是争夺制海权，而不是攻击岸上的目标，而且潜艇甲板上的发射架会降低潜艇的速度，影响潜艇的紧急下潜。希特勒的间谍头子奥托·拉费伦茨对此却有不同的看法，他认为做试验用的火箭太小，不能破坏像纽约那样的大目标。他建议为 V-2 导弹制造一个能没入水中的容器，由潜艇拖到英国附近去发射。

1944 年初，布劳恩手下的火箭专家研制成功了发射 V-2 导弹的潜水容器。6 月份便开始建造，8 月份进行了适航性试验。

V-2 导弹的潜水容器是一种能潜浮的圆筒形装置，里面可水平放置一枚 V-2 导弹。每艘潜艇可拖引 3 只，总重量 500 吨左右。潜艇在水下能以 12 节的速度进行拖带，不到两天就可到达攻击英国的发射阵位；不到一个月就可到离美国西海岸约 200 千米的地方。排除容器前段中的压载水，容器变得头轻脚重，便能直立起来，这样前段就露出了水面。从潜艇里出来的人把容器的上盖打开，进行发射准备，半小时后即可发射导弹。

同年年底，苏联红军将东线德军打得焦头烂额，很快逼近了 V-2 潜水容器制造厂——什切青的符尔坎造船厂。从潜水容器里发射 V-2 的准备还

V–2 导弹发射起飞

没有完成就被迫停止了。有关潜艇发射火箭和潜水容器的资料后来落到了美军手中，潜水容器则被苏军缴获。

盟军诺曼底登陆成功后，德军败局已定。希特勒不甘心失败，决定动用最后的王牌——V–2 导弹。1944 年 9 月 8 日傍晚，德国部队从荷兰海牙郊外发射了第一枚用于实战的 V–2 导弹。发射后不到 6 分钟，下午 6 点 43 分，正当伦敦的市民们准备吃晚餐的时候，这枚带有 900 千克炸药的 14 米长的导弹，突然从天而降，在离英国伦敦很近的泰晤士河畔的契济克镇爆炸。一声巨响之后，有数十人倒在血泊中，造成严重破坏。从此以后，导弹武器成为战争中的耀眼明星。10 天之内，纳粹德国向伦敦发射了 26 枚 V–2。这种新型“炸弹”威力大，速度快，落地之前又听不到声音，打得英国人防不胜防，伦敦市民惊恐万状。戈培尔在电台上大肆鼓吹 V–2 导弹的威力。布劳恩也通过电台了解到，他那即将闻名世界的 A–4 导弹被希特勒命名为“报复武器 2 号（V–2）”。表示德国要用这种武器为第一次世界大战的失败雪耻，并向战胜国复仇。在二战中，德国总共向同盟国发射了数千枚 V–2 导弹，造成数以万计的人员伤亡，经济破坏更为严重。

1945年初，美军和苏联红军已逼近佩内明德导弹研发和生产基地。这时，佩内明德基地的研究工作陷入了前所未有的困境。这里成立了“人民武装部队”，疲惫不堪的工人、工程师和技术人员，在研究工作之余还要接受近战和巷战训练。到1945年1月底，苏军直接威胁佩内明德。布劳恩以及基地的工作人员接到命令，准备撤离，并且要毁掉不能撤退搬走的设备、材料。他们尽一切努力不让苏军获得任何V–2的技术。文件图纸要销毁，试验台和装配大楼以及发电厂要在苏军到来以前炸掉。1945年1月的最后几天，布劳恩召开了一次绝密的高级人员会议，决定向谁投降。所有人员都赞同向美国投降。这时，德国内部已经乱作一团，命令、指示自相矛盾。负责火箭技术计划和工业工作的陆军军械部则指示布劳恩等人带上最重要的研究设备，转移到一个叫作

冯·布劳恩（中）向美军投降

美军缴获的德国导弹

布莱歇罗德的小镇，并在那里继续工作。布劳恩对转移的决定很高兴，因为那个小镇处于美军的必经之路上。布劳恩巧妙地声称将进行的是一项“特别部署计划”，德文缩写是 VZBV，并且把这个缩写涂在每一辆卡车和汽车上，甚至还做了臂章。这次转移，撤离的工作人员、科研人员人数有 5 000 人之多，还有各种资料、文件、设备、材料，运输了几千车次。1945 年 3 月初，苏联红军占领了佩内明德，将基地内剩余的 V–2 导弹弹体和导弹零部件以及科研、技术人员，连同导弹生产设施一并装车，拉到了苏联。1945 年 4 月初，美军占领了位于米特维克的 V–2 导弹生产工厂，美国从该厂运走了大约 400 吨导弹生产设备、导弹成品及配件。1945 年 5 月，布劳恩率上百名顶尖的导弹科研、技术人员向美军投降。

知识卡

火箭推进剂

火箭推进剂是指为火箭发动机提供能源和工质的物质，简称推进剂。按物理状态分为液体、固体和固液混合火箭推进剂。选用火箭推进剂主要考虑其能量特性、使用性能和经济性等。能量特性主要用比冲（标准比冲）来表征，要求推进剂不仅比冲高、密度大，而且燃烧产物摩尔质量小。使用性能指物理化学稳定性、燃烧和力学特性，与常用结构材料的相容性、毒性等。经济性指原料的来源和价格。

第 2 章 美国称霸全球的利刃

1944年，德国开始向英国发射新式武器V–2导弹，其他先进武器包括极为少见的喷气战斗机等也露出狰狞面目。盟军受到很大损失。V–2导弹的威力令人胆寒，引起了各国最高当局的重视。

2.1 “战俘”的贡献

美国早期的导弹研制可以追溯到二战后期，美国加州理工学院航空系的主任冯·卡门教授建议美国军方研制导弹。当年，美国陆军军械署对冯·卡门的建议很感兴趣，支持冯·卡门带领哥根海姆实验室喷气推进实验室的人从1944年开始研究，内容不仅包括火箭发动机、推进剂和导弹设计的基本工程问题研究，而且也包括试制导弹和发射试验设备。发射试验是同陆军军械署合作进行。

冯·卡门教授

冯·卡门是美籍匈牙利空气动力学家，也是一位犹太人，他在匈牙利度过了小学、中学和大学时代。大学毕业以后，在德国哥廷根大学从事空气动力学的研究，曾取得出色成绩。后来在德国西部的亚琛工业大学从事教学工作。希特勒上台后，

开始迫害犹太科学家。冯·卡门被迫离开德国，移居美国。20世纪30年代初，加州理工学院创建哥根海姆实验室，同时成立喷气推进实验室，冯·卡门当了实验室主任。在以后的10多年时间里，他以超人的工作能力和过人的智慧，使得这一机构获得了“国际流体力学研究中心”和“超一流教育基地”的美誉。当时中国的留学生钱学森、林家翘、钱伟长等人都在冯·卡门的实验室工作。

他们研制的导弹系列用陆军军衔等级命名，首次试验的导弹代号为“二等兵–A”，长2.33米，最大直径0.26米，尾部有四个安定翼面，弹体总重240千克，有效载荷26千克，固体火箭发动机的推力为4 500牛，持续工作时间30秒。该型导弹于1944年12月在加利福尼亚州的摩加夫沙漠进行发射试验，共试验24发，最大射程18千米，最大飞行高度4 350米，最大速度390米/秒。基于“二等兵–A”的经验，喷气推进实验室从1946年开始研制采用固体推进剂火箭发动机和惯性制导的地对地导弹“中士”。“二等兵–A”是美国采用复合推进剂火箭发动机的导

美国喷气推进实验室早期研制的导弹

弹“中士”、“北极星”、“民兵”、“海神”和反导弹导弹的先驱。

1944 年 8 月，冯·卡门小组还设计研制了“下士”地地导弹，它是美国陆军第一种导弹，是美国第一种为了安装核战斗部而研制的导弹。由喷气推进实验室与火石公司联合研制，无线电制导，长约 13.8 米，总重 5 吨，弹径 760 毫米，火箭推力 9 万牛，推力持续时间 60 秒，射程 130 千米，使用 W7 核战斗部。为此，需研制 9 万牛推力的硝酸、苯胺液体火箭发动机，解决不用助推器和发射导轨而垂直发射大型火箭的技术问题。“下士”导弹的制导系统由喷气推进试验室和斯佩里陀螺仪公司合作研制。1952 年，“下士”导弹从白沙导弹靶场发射成功。

“下士”的主要承包商是喷气推进实验室，早期的“下

“下士”导弹

士 –E”导弹弹体是由道格拉斯公司制造的。1951 年，该导弹设计被冻结，生产该导弹的合同被转到了费尔斯通公司。第一种战术型号“下士”导弹也被称为“下士 –I”。1952 年 8 月，“下士 –I”导弹进行了首飞，1954 年 4 月，第一支美国陆军部队开始训练使用该导弹，服役导弹的编号为 XM2，装备有一个 W7 型战斗部（TNT 当量 2 万吨）。该型“下士”导弹问题一大堆。一是由喷气推进实验室研制的火箭发动机不仅相当复杂，而且还不可靠；二是采用剧毒且有腐蚀性红烟硝酸作为氧化剂，加注是一个非常危险的过程；三是制导系统非常复杂，维持制导很困难，而且还容易受到电子干扰，其轨迹和速度由一个地面雷达来跟踪，通过必要的修正后把指令传给导弹的自动驾驶仪，在飞行中依靠方向舵和喷气导流控制片来保持飞行姿态，导弹射程由确定时间的一个发动机关闭命令来控制，导致“下士”导弹系统的可靠性不到 50%；四是 1 个“下士”导弹营需要 35 辆车，不便于快速行动；五是发射准备时间长，在到达发射场后，发射第一枚导弹还需要 9 个小时的准备时间。

1953 年，喷气推进实验室开始解决“下士”导弹的可靠性问题。被称为“下士 – Ⅱ”的新系统发射器、起竖器和服务平台都进行了重新设计，主要变化是新的多普勒雷达 / 无线电组件，该型导弹从 1956 年开始快速替换了“下士 –I”导弹。1957 年推出的“下士 – Ⅱ a”改进了制导系统，但是外观上没有什么变化。1958 年开始生产“下士 – Ⅱ b”，该导弹装有空气涡轮发电机，而没有采用不可靠的内置电池。此外，为了导弹的快速安装，还配备有迅速断开的安定面。虽然“下士”导弹经过一系列改进，系统的可靠性有所改善，但是仍然存在一些问题。美国陆军原计划发展“下士 – Ⅲ”，进一步改进制导系统，但是因为更先进的“中士”导弹进展良好，美国陆军在 1958 年放弃该项目。

“中士”是“下士”导弹的后继型号，采用惯性制导，弹长约 10.5 米，

美军试射缴获的德国导弹

弹径780毫米，发射质量4 494千克，射程40～136千米。1962年“中士”导弹实用化之后，“下士”迅速退役。截至1964年，美国陆军装备了约1 100枚各型“下士”导弹。

其实，美国在研制导弹的初期，也得益于德国人的帮助。

二战末期，美国和苏联对德国纳粹先进武器装备及其技术人员展开了一场秘密的争夺活动，美国派遣专家随美军进入德国腹地搜寻导弹专家，力图在别国之前控制这批“宝贵财富”。于是，美国“阿尔索斯”突击队悄悄进入德国。

据有关资料介绍，1945年春，苏军挺进到离布劳恩驻地佩内明德约160千米的地区，布劳恩开始和手下考虑德国战败后该怎么办。他召开了一次只有高级人员参加的绝密会议，由于惧怕苏联，大家决定向美国投降。由于担心档案和图纸被党卫军销毁，布劳恩让手下把重要资料藏匿于哈茨山区废弃的矿井中，并将火箭基地的人员分散在小镇附近，以避免成为盟军轰炸的靶子。

1945年初夏，美国工程力学大师、航空航天技术理论的开拓者冯·卡门受命，以少将身份率领美国空军顾问团一行36人，赶赴德国考察纳粹德国秘密研究火箭技术的情况。通过这次调查，冯·卡门摸清了德国火箭技术的水平，返回美国后，写出一份《我们在何处》的考察报告，对比了美、德两国在战争期间的科技发展，并指出美国已有可能研制射程达 9 600 千米的导弹。

1945 年 5 月 2 日，美军第 44 步兵师攻入巴伐利亚山区。布劳恩的弟弟和另外一位导弹工程师骑着自行车，秘密地与美军第 44 步兵师接上了头，布劳恩的弟弟用蹩脚的英语说：“我的名字是马格努斯·冯·布劳恩，我哥哥发明了 V–2 导弹，我们要向你们投降。”

1945 年 6 月 20 日，美国国务卿批准将布劳恩和他的专家组转移至美国境内。

按照 1943 年 11 月德黑兰美、英、苏三国首脑会议的精神，诺德豪森地下工厂应属于苏军占领区。那里简直是一座 V 型系列火箭的巨大博物馆。在移交之前，美军将图纸资料、各种设备等装了满满的 300 节车皮运回美国。V–2 导弹的部件及其资料，则从哈茨运送回国。为此，美军调拨了 13 艘“解放号”轮船，真可谓“干净彻底”。这笔“财产”为美国后来研制导弹提供了极其有利的条件。美国正是利用缴获德国 V–2 导弹的资料，以及布劳恩的帮助，在更高起点上继续研发导弹，引领了世界导弹发展的新潮流。

布劳恩一家

布劳恩和他的组员最后被转移至德克萨斯州的布利斯堡（艾尔帕索北部

一处规模巨大的军事设施）。在布利斯堡期间，布劳恩写信向他的表妹玛丽亚求婚。1947 年 3 月 1 日，在得到美国有关部门批准后，布劳恩回到德国，与玛丽亚结婚。并在 1947 年 3 月 26 日偕妻子一家返回纽约。在随后的岁月里，3 个孩子接连降生，一家人其乐融融。他还保持着自己早年的生活习惯，喜欢在午夜捕捉工作灵感，喜欢吃中国菜，闲暇时为家人演奏自己擅长的大提琴和钢琴。在这个“新家”，他们给军方、厂方和大学的人士培训有关火箭和导弹复杂的设计制造技术。布劳恩和他的组员在新墨西哥州的白沙导弹靶场继续为军方以及研究机构进行火箭和导弹的研制工作。他们首先恢复了一枚从德国运回的 V–2 导弹，重新进行了飞行试验。他们在 5 年的时间里，进行了 68 次发射试验。美国的第一个重要的导弹计划“赫尔墨斯”就是由布劳恩领导、通过电气公司进行的。“赫尔墨斯”被称为“美国制造”的第一枚导弹。

“赫尔墨斯 A–2”导弹

原来的“赫尔墨斯 A–2”是一种衍生自“赫尔墨斯 A–1”的无翼面对面导弹，面对面导弹是指从地（舰）面发射攻击地（舰）面目标的导弹。1947 年前后，当项目还处于早期规划阶段时就被放弃了。1948 年，该型号项目被恢复，当时要求开发一种低成本、短程（120 千米）的地对地导弹，动力系统采用一台固体火箭发动

机。由于大型固体火箭发动机当时还处于探索阶段，“赫尔墨斯 A-2”项目最初着重于测试推进载具，同时也考虑研制一种装备 W7 型核战斗部（爆炸威力当量为 4 万吨）的战术导弹。

1950 年朝鲜战争爆发后，布劳恩和他的手下被转移到亚拉巴马州的亨茨维尔。同年，美国聚硫橡胶公司开始发展美国第一种大型固体燃料火箭发动机，经过无数次的小尺寸发动机测试和静态点火，取得了一定进展。

1952 年 10 月，美国陆军将发展固体推进短程弹道导弹的任务交给了喷气推进实验室。“赫尔墨斯 A-3B”实际上是“赫尔墨斯”项目中最后的幸存者，从 1954 年 5 月至 1954 年 11 月间总共发射了 6 枚“赫尔墨斯 A-3B”导弹，但是只有 1 枚取得了完全成功，项目于 1954 年末终止。虽然该系统从未交付使用，但它为后来的弹道导弹发展奠定了基础，后来美国陆军在“红石”导弹和“中士”导弹上获得成功，在很大程度上要归功于“赫尔墨斯”项目的技术研发和测试。

可不要以为布劳恩就是美国研究火箭和导弹的鼻祖。其实，就连布劳恩都承认，美国的罗伯特·戈达德才是现代火箭之父。他说：“在火箭发展史上，戈达德博士是无可

罗伯特·戈达德博士

匹敌的，在液体火箭的设计、建造和发射上，他走在了每一个人的前面，而正是液体火箭铺平了探索空间的道路。当戈达德在完成他那些最伟大的工作的时候，我们这些火箭和空间事业的后来者，才仅仅开始蹒跚学步。”

戈达德在1919年发表的论文《到达极高空的方法》，指出了只有多级火箭才能到达极高的空间，才能获得足够大的克服地球引力的速度。当时，戈达德的研究不仅没有得到人们的重视和支持，而且还遭到讽刺和嘲笑，有的媒体甚至称他为不切实际的“月球人”。但这并没有影响戈达德前进的步伐。1926年3月16日，戈达德在他姑妈位于马萨诸塞州的农场成功进行了液体火箭的飞行试验。这是世界上第一枚液体火箭，长3.04米，纺锤形，共飞行了2.5秒，飞行高度约12米，射程约56米，这次成功震惊了世界，也证明了航天理论的正确性。虽然美国政府从未对他的研究感兴趣，但他的研究开创了航天火箭和导弹的新时代。有学者认为，后来世界上每一枚液体火箭从本质上说，都是戈达德火箭的延续。

1955年，布劳恩宣誓入了美国国籍，1956年任陆军弹道导弹局发展处处长。在他的领导下先后研制成功“红石”、“丘比特”、“潘兴”导弹以及“丘比特C”火箭。

“红石”是美国陆军第一种实用中程弹道导弹，其最初型号源自1944年11月。陆军授命通用电气公司以“赫尔墨斯”计划冠名研究并制造一种远程导弹，其中包括射程800千米级地地导弹“赫尔墨斯C–1”。然而，由于资金有限且该计划的其他部分拥有更高的优先级，C–1的工程进度很慢。1950年的朝鲜战争迅速提升了军费，并导致C–1工程从通用电气转交给陆军制导导弹中心。1951年早期，导弹的有效载荷重量显著提升，预定射程则被减小到400千米。1951年中期，该计划又一次被转交给陆军红石兵工厂。“红石”导弹主要的设计工作在1952年完成，当年10月克莱斯勒公司接到了该导弹的生产合同。该型导弹有些装备是第一次在导弹中亮相，比如全惯性制导系统和用于降低阻力（因而增加射程）的可分离战斗部，采用液体燃料火箭发动机。1953年8月，该型导弹成功进行了首飞。1955年，克莱斯勒开始生产“红石”导弹。首枚生产型导弹在1956年7月试飞。1958年6月首批完全入役的“红石”导弹部队被部署在西德。此时，“红石”获得了M8型野战炮兵制导导弹的代号。用于训练的不可飞行的模拟训练弹被定名为XM9。

“红石”导弹可将400万吨级热核战斗部发射到325千米以外，圆概率误差（CEP）为300米。然而，一个“红石”导弹营包含近20辆重型车辆，机动性很差。到达发射地点，定下确切的发射位置，在平地上安置发射台，组装和竖立起三节导弹，全部这些工作要超过8小时才能完

“红石”中近程弹道导弹

成。在接到发射命令后，加注燃料还需要另外 15 分钟时间。之后，才能发射“红石”导弹。到 1964 年底，美国陆军就不再列装“红石”导弹了，取[illegible]的是更先进、更实用的固体燃料中程导弹——“潘[illegible]弹。从 1955 到 1960 年间总共生产了大约 120 枚“红[illegible]弹。

“红石”在美国早期的太空计划中[illegible]非常重要的导弹。其构成了“朱诺 I”（又称“丘诺[illegible]火箭的第一级，后者用于发射美国的首颗人造卫星，并在亚轨道飞行的“水星 – 红石”计划中扮演了相当重要的角色，该计划直接指向美国采用“水星 – 阿特拉斯”火箭的首次载人航天飞行。

1957 年 10 月 4 日，苏联成功发射了世界上第一颗人造卫星，抢在了美国前头，这令美国人十分失望和沮丧。

早在 1955 年，美国海军就曾提议用“先锋”运载火箭来发射美国的第一颗卫星（非常小的卫星），被美国国防部采纳。为了抢在苏联之前，时间定在 1957 年 9 月，结果因火箭在发射台上爆炸而失败。美国高层想用“真正的美国人”来发射第一颗卫星，但“先锋”的团队不争气，发

布劳恩等人举起了美国第一颗人造地球卫星——“探险者 1 号”

射接连失败。此时胸有成竹的布劳恩挺身而出，向国防部承诺在 90 天内将一颗美国卫星送入太空。1958 年 1 月 31 日，用他设计的“丘比特 C”火箭（后改名为“朱诺 I”火箭）成功发射了美国第一颗人造地球卫星“探险者 1 号”。同年 10 月，布劳恩成为新建立的美国宇航局的领导成员。

尽管取得了巨大成功，但 1945 年至 1957 年的 12 年，令布劳恩和他的手下倍感沮丧。因为他们的对手，由谢尔盖・帕夫洛维奇・科罗廖夫率领的苏联团队始终走在他们的前面。同时美国政府方面对布劳恩的观点并不太感兴趣，火箭研制也仅仅是亦步亦趋。同时媒体挖出了布劳恩曾参与挑选奴隶劳工制造 V-2 导弹的不光彩历史，开始大加指责。

肯尼迪在 1961 年上台后，进一步加大了美国的空间

冯・布劳恩与约翰・肯尼迪研究问题

研究投入，布劳恩启动了雄心勃勃的“土星”火箭计划，计划在10年内将人类送上月球。1969年7月，巨大的“土星5”火箭运载着“阿波罗11号”，将阿姆斯特朗等3名宇航员送上月球并带他们平安返回。布劳恩的个人荣誉此时也达到了顶点。

1975年夏天，布劳恩和妻子在加拿大度假时发现自己身体不适。他被确诊为肠癌，虽然有最好的医疗条件，但还是回天乏术。1977年6月，布劳恩在弗吉尼亚去世。

知识卡

火箭发动机

火箭发动机是自带能源和工质，不使用外界介质（空气）工作的喷气发动机。是火箭、导弹和航天运载器使用的主要发动机。按发动机能源分类，可分为化学、核、电、光子火箭发动机等。按用途分类，可分为火箭主发动机（巡航发动机、起飞发动机）和辅助发动机（姿态控制发动机、轨道机动发动机、校正发动机、制动发动机等）。

2.2 “潘兴”出马

洲际弹道导弹具有比中程弹道导弹、短程弹道导弹和新命名的战区弹道导弹更远的射程和更快的速度。在美国，洲际弹道导弹、潜射弹道导弹（核动力潜艇）和远程轰炸机的地位大致相同，共同组成“三位一体”的战略威慑力量。而在俄罗斯，洲际弹道导弹是战略打击力量的主体。如今，已经拥有远程弹道导弹的国家越来越多，主要有美国、俄罗斯、英国、法国、中国。

洲际弹道导弹的设计思想最早可以追溯到20世纪

三四十年代由德国著名火箭专家冯·布劳恩向纳粹政府提议的A–9/10系列。由于德国在二战中战败，这些构想未能实现。美国和苏联都是从第二次世界大战开始研制洲际弹道导弹的。1957年8月苏联首次试射成功第一枚SS–6洲际弹道导弹，美国第一枚洲际弹道导弹“宇宙神”于1959年开始装备。

“宇宙神”导弹发射

20世纪六七十年代的冷战高峰期，在军备竞赛的刺激下，美苏几乎每年都要推出新款导弹。相比而言，苏联型号繁多，令人眼花缭乱，美国弹道导弹家族的构成就简单多了。型号少，并不代表技术落后。事实上，在弹道导弹研发方面，美国一直领先于其他国家。在它曾经发展过的为数不多的陆基弹道导弹当中，有三种尤其具有特色。它们分别是打得最准的中程导弹“潘兴－Ⅱ”、最长寿的洲际导弹“民兵－Ⅲ”和最先进但也最短命的洲际导弹“和平卫士”。

“潘兴”导弹的名字大有来历。美军最高军衔是五星上将，历史上只有10人获授五星上将。而第一个获此殊荣的便是陆军上将约翰·约瑟夫·潘兴。人们公认

约翰·约瑟夫·潘兴

他为美军历史上军阶最高的人——合众国特级上将。他1860年出生于密苏里州，1886年毕业于西点军校。1904年至1905年，任驻日武官兼日俄战争的军事观察员。1906年，他从上尉破格擢升为准将。1916年3月至1917年2月，他率1万余名美军对墨西哥进行武装干涉。1917年4月美国宣布参加第一次世界大战后，潘兴任美国远征军司令。1917年6月27日，潘兴率美军在法国登陆；10月被授予临时陆军上将军衔。1918年7月，他派出5个师14万人参加第二次马恩河战役；9月，指挥美第1集团军独立实施圣米耶勒战役和默兹—阿戈讷战役；10月，任集团军群司令，所辖部队增至200余万人；11月初，率军协同英法联军对德军发动总攻，突破兴登堡防线，迫使德国投降。1921年任美国陆军参谋长。

他特别重视训练工作，强调训练要从实战出发。潘兴严谨的作风，令同他打过交道的美国政治家无不钦佩。潘兴还是个上尉的时候，美国总统西奥多·罗斯福就想把他提升为少校或中校。当罗斯福总统发现美国法律不允许这样做时，索性利用总统职权，越过882名级别比潘兴高的军官，将他直接升为准将。这在美国历史上可是绝无仅有的事。潘兴有“铁锤”之称，堪称美国历史上“伟大的军人”之一。

以潘兴的名字命名的美国陆军地地导弹，并不辱没潘兴的英名。在地地战役战术导弹的发展历程中，“潘兴”导弹也占有一个第一，即最先使用末制导系统，精度在当时是世界第一。也算是弹如其人。

1958 年 3 月，美国陆军选定了马丁·马丽埃塔航空航天公司作为主承包商，研制“潘兴－Ⅰ”。1960 年 2 月 25 日“潘兴－Ⅰ”导弹做首次飞行试验，经过 15 次飞行试验，于 1962 年 6 月交付使用。其研制费为 6.63 亿美元，每枚导弹出厂成本为 194 万美元（1964 财年美元值）。“潘兴－Ⅰ”导弹由弹头、仪器舱、火箭发动机和裙部等组成。地面设备包括弹头装载车、运输起竖发射车、程序器、试验设备、能源车和天线电路终端设备车等，弹体呈圆柱形，弹头为细长锥形。弹长 10.5 米，弹径 1 米；起飞重量 4.6 吨，射程 160 ～ 724 千米。制导方式惯性制导，命中精度（圆概率误差）400 米。弹头为 W50 型核弹头，当量分为 4 万、6 万、20 万、40 万 吨四个等级。发射准备时间约 15 分钟。用于对战区进行快速支援和对前线部队进行一般支援。该型导弹依照机动、可靠和便于维护使用等

“潘兴”导弹

原则设计，整个导弹系统装在 4 辆履带车上运输和发射，也可用直升机和飞机空运。1964 年和 1965 年分别装备驻西德的美军和西德空军。到 1967 年在西德内卡苏尔姆·斯韦比施格明德基地装备一个导弹旅（即第 56 野战旅，辖 4 个导弹营）和两个西德空军联队。一个典型的导弹营包括 3 个发射连、1 个指挥连和 1 个勤务连。每个发射连有 3 个发射排，每个排拥有 3 个导弹发射架。驻西德美军导弹旅共拥有 108 个发射架，两个西德空军联队拥有 72 个发射架。驻扎在美国本土的第三营主要承担训练教学任务。

20 世纪 70 年代末，苏联的常规武装已经迈入现代化，并且加紧发展核武器，尤其是核运载工具。至 1979 年夏天，苏联部署了大约 180 枚对准西欧的 SS–20 中程弹道导弹。其射程约为 4 800 千米，可以携带 3 个分导式弹头，每个都可以是高达 15 万吨级的核弹头，命中精度可达 300 ~ 400 米。在这以前，苏联早已部署了 SS–4 和 SS–5 中程核导弹，还有具备核攻击能力的图 –22M“逆火”战略轰炸机和苏 –24“击剑手”战斗轰炸机。所有西欧国家都处于苏联各种核武器的射程之内，而西欧国家却没有能直接打击苏联本土的战术核武器。面对这种悬殊状态，再加上对美国可能提供核保护能力不信任，西欧各国从 1970 年起，就迫切要求装备足以还击苏联本土的战术核导弹。

当时北约集团使用的战术核导弹是美国“潘兴 –IA”导弹，主要用于提供战场直接支援，打击某些地面半硬目标，拦截密集的人员和装甲车辆，担负集团军的全部支援任务。与“潘兴 –I”导弹相比，“潘兴 –IA”仅改进了制导系统和地面设备，导弹本身未做大的变动。制导系统由模拟式改为数字式，并采用铝铸的空气舵。起竖发射车为牵引型半挂拖车，车上装载两枚弹体及其配套弹头，两者借助液压吊架实施精确对接，尔后由液压气动升降机将导弹迅速竖起，发射准备时间缩短近一半。其射程为 740 千米，可携带一枚 6 万 ~ 40 万吨级的核弹头，惯性制导，命中精度约 400 米。

1960 年开始在欧洲部署。但由于其射程不足，精度不够，到了 20 世纪 80 年代，已不足以抗衡苏联“核大棒”的威胁。

事实上，早在 1973 年，美国陆军就针对“潘兴 –IA”在作战使用上的问题和缺陷，提出提高导弹命中精度的要求。1974 年 4 月美国正式开始研制“潘兴 – Ⅱ”导弹。当时的目的主要是提高精度，射程仍和“潘兴 –IA”相同，到 1978 年才决定将射程增大到 1 800 千米，以便能够直接打击苏联西部地区的主要军事目标，提高精度能保证以低爆炸弹头当量有效摧毁预定的军事目标。只有远射程和高精度结合在一起，才能构成最大的威力。1978 年 12 月，美国国防部正式批准“潘兴 – Ⅱ”导弹进入工程研发阶段。该型导弹是一种中程地对地战术弹道导弹，其主要攻击目标是导弹基地、海军基地、指挥和控制中心、飞机场、交通枢纽等。其主要优点是精度较高、射程较远，并可机动发射。1979 年 2 月，陆军与主要承包商马丁 · 马丽埃塔公司签订了研制合同，1982 年 6 月，“潘兴 – Ⅱ”导弹开始试飞。

“潘兴 – Ⅱ”为两级固体机动弹道导弹，采用了不少新的技术，如在动力装置中，发动机壳体采用重量轻、强度大的凯夫拉有机纤维复合材料。固体燃料由“潘兴 –I”导弹、“潘兴 –IA”导弹的聚丁二烯加过氯酸铵加铝粉改为端羟基聚丁二烯高能推进剂。采用惯性制导加雷达区域相关末制导系统等，射程可达 1 770 千米，最大飞行高度约 300 千米，速度不低于 8 马赫（8 倍声速），最大速度达 12 马赫，弹长 10.6 米，弹径 1 米，发射质量 7.5 吨。

“潘兴 – Ⅱ”导弹有三个特点。

一是命中精度高。“潘兴 – Ⅱ”导弹采用惯性制导和雷达地形匹配末制导两套系统，当“潘兴 – Ⅱ”导弹再入大气层飞到距地面大约 15 000 米的高度时，弹头对向目标，弹头上装载的雷达末制导系统开始工作。雷达不断从地面测得目标图像，并与预先存入制导系统的目标区域参考图像进行比较，确定位置误差，发出适当的指令给舵面控制系统，修正弹道，使弹头准确地击中目标。一旦雷达末制导系统失灵，惯性制导系统将接替工作，继续引导导弹。由于使用了末段制导系统，导弹精度大大提高，命中精度（圆概率误差）为 40 米，是当时地对地弹道导弹命中精度最高的。为了保证“潘兴 – Ⅱ”导弹的精度，从 1977 年 11 月至 1978 年 5 月先后进行了 5 次样弹飞行试验，试验结果很理想，即使目标位于地理上缺少特征标志的沙漠中，命中精度仍然很高，特别是最后一次试验，命中点距目标仅 25 米，优于军方提出的精度要求。

二是弹头种类多。“潘兴 – Ⅱ”导弹有核和非核两种弹头。核弹头有三种起爆方式，即空中爆炸、地面爆炸和钻地爆炸。合理地选择起爆方式，可以增加射程和精度，提高导弹的战斗力。常规弹头能穿透 0.6 米厚的钢筋混凝土层，适用于攻击机场跑道等目标。钻地弹头，其头部装有高强度合金钢的外壳，能够以很大的冲击速度钻入土层或混凝土层，在地下爆炸。它对于摧毁地下目标特别有效。在“潘兴 – Ⅱ”导弹的早期样弹试验中，穿地弹头曾以每秒 610 米的冲击速度钻入地下，结果弹头并没有变形，而仅仅有一些小的磨损。由于“潘兴 – Ⅱ”导弹精度很高，作为一种战术核武器，它不需要很高的爆炸力，一般为 5 000 ~ 50 000 吨级，增加了在战场上的可使用性。

三是机动性强。它不需要固定的发射场，整个导弹及其发射装置均可安装于运输车上，导弹随时可以发射。运输车由一辆福特 M757 型牵引车拖动。导弹及发射装置也可以由 C–130 运输机或其他大型飞机空运，这就更增强了导弹的机动性。“潘兴 – Ⅱ”导弹的发射操作简单，由于采用了先进的电子设备，从进入戒备状态到发射，全部操作可以在 5 分钟内完成。

从 1983 年起，美国在西欧部署这种导弹。至 1985 年 12 月，所有由美国陆军控制的 108 枚“潘兴 –IA”导弹全部换装“潘兴 – Ⅱ”。由于部署在西欧的“潘兴 – Ⅱ”导弹可在 4 ~ 6 分钟内直接命中苏联最高领导人指挥所，因此它虽然是战区使用的核武器，却具有战略武器的效果。

“潘兴 – Ⅱ”生不逢时。它问世时，正赶上美苏进行裁减中程导弹谈判。1987 年 12 月，美苏两国在华盛顿正式签署了《美苏两国关于消除中程和中短程导弹条约》，即《中导条约》。条约规定，美国与苏联两国应该在条约生效后 3 年内，销毁全部中程和中短程地地弹道导弹，以及地面发射的巡航导弹，而且以后也不得试验、生产和拥有这些武器。同时，与这些导弹配套的各种设备和设施，也都要销毁。“潘兴 – Ⅱ”当然难逃被销毁的命运。条约生效后，美国于 1988 年 10 月至 1989 年 7 月从欧洲撤回全部“潘兴”导弹，除弹头被改造成核炸弹外，所有的“潘兴 – Ⅱ”导弹和仍留存的“潘兴 –IA”导弹弹体均通过火箭发动机静态燃烧的方式销毁，最后一枚“潘兴 – Ⅱ”导弹弹体于 1991 年 5 月也采用这种方式销毁。至此，总数约 750 枚“潘兴 –I”、“潘兴 –IA”导弹和大约 332 枚“潘兴 – Ⅱ”导弹尽数“灰飞烟灭”。但不可否认的是，20 世纪 80 年代，苏联之所以最终同意裁减中程导弹，与性能优良的“潘兴 – Ⅱ”导弹在欧洲部署有直接关系。

知识卡

火箭助推器

火箭助推器是指用于飞行器起飞或空中加速的辅助火箭发动机。简称助推器，又称加速器或助飞器。它能在短时间内产生较大的推力，推动导弹、火箭、航天飞机等迅速达到预定的速度，使飞机减少滑行距离、缩短起飞时间、空中瞬间加速或使冲压发动机达到启动的速度。助推器一般为固体火箭发动机。它通过连接分离机构实现与飞行器本体的连接和分离，完成助推任务后，通常从飞行器上抛掉。飞行器可配有一个或数个助推器。其具体数量、性能和结构取决于飞行器的类型和用途。助推器在飞行器上的配置方式有串联与并联两种：串联的安装在飞行器本体尾部，并联的安装在本体周围。有些导弹的助推器与火箭主发动机制成一体。

2.3“机弹”之争

说到美国的洲际导弹的研发，就不能不说到美国空军的“机弹之争”。美国与中国、俄罗斯都不同，美国将陆基洲际导弹视为无人驾驶飞行武器，因此，其研发由空军负责。这必然带来一个问题，即洲际导弹与轰炸机任务有交叉重叠，以谁为主，资源怎么调配。美国空军内部有两种声音：一种声音以战略空军司令部司令柯蒂斯·李梅为代表，力挺战略轰炸机；另一种声音以空军参谋长托马斯·怀特为代表，力主发展洲际弹道导弹。“机弹之争”谁占上风，直接影响美国陆基洲际弹道导弹研发的命运。

柯蒂斯·李梅将军

1948年至1957年，柯蒂斯·李梅担任美国战略空军的司令，执掌战略空军司令部近10年。他将重型轰炸机视为知己，是美国战略轰炸思想的信奉者与实践者，人称“冷战之鹰”。李梅从空军少尉一直干到空军的四星上将、最高军职空军参谋长。一生中获得了别人所无法比拟的荣誉勋章及奖章，他得到了美国所能给予

的每一个褒奖，还接受了其他许多国家的勋章。作为公认的空战英雄，李梅在空军中地位和威望极高，一直强势。在自己管理的地盘上，他一直把洲际导弹计划列在战略空军司令部资金优先名单表的最后面，将洲际导弹视为仅仅是一种“政治和心理武器”，并坚持认为，如果将洲际导弹的预算用在他的轰炸机“穿透辅助装置”——空对地导弹上更有价值。1948年12月，李梅说服空军参谋长霍伊特·范登堡成立了美国空军高级官员委员会。在李梅的鼓动下，该委员会支持将战略轰炸作为年轻空军（于1947年9月18日正式成立）的主要任务，并授权李梅改革战略空军司令部。按照李梅的计划，战略空军司令部规模扩大了3倍以上。由此不难看出，他是不会接受洲际弹道导弹取代轰炸机的。

托马斯·怀特

托马斯·怀特于1953年6月担任空军副参谋长，1957年至1961年担任空军参谋长，他强烈反对李梅重视轰炸机、轻视洲际导弹的做法。在20世纪50年代初，美国空军的主流观点是对待导弹和其他任何武器系统没有什么区别。1952年9月空军发布的有关文件宣称导弹不是革命性武器，不应该享受特别待遇。事实上，美国空军甚至指定导弹是“试验性轰炸机”，“宇宙神”导弹被指定为XB-65（试验性轰炸机编号）。1953年初，时任美国空军空中研究与发展司令部司令的厄尔·帕特里奇中将对此持不同看法。他给怀特写了一份备忘录，对洲际导弹不是一种革命性武器的说法提出质疑，并敦促怀特考虑研制洲际导弹以保卫国家安全。他预测到空军内部的两派之争。他说：“其中一派很小但颇具活力，将坚持完成可以完成的导弹工作。另一派代表着传统思想，将继续坚持发展我们久经考验的飞机。”怀特告诉帕特里奇：“你的观点非常有说服力。”

1954年5月，怀特决心不顾李梅的强烈反对，将洲际导弹计划提升到美国空军研究和开发优先级列表的顶部，下令加快“宇宙神”洲际导弹的研发，并要求在条件允许的情况下，将其技术提高到极致。怀特深知李梅可不好惹，而且晋升上将比他还早两年，但为了美国国家安全和长远的战略利益，他还是决定捅“马蜂窝”。李梅收到指令后，非常生气，不甘俯首称臣。1954年6月，李梅巧妙地安排他的副手、亲信托马斯·鲍威尔主管美国空军空中研究与发展司令部，企图使洲际导弹的倡议者无法控制该组织，实际上是架空怀特。怀特也不含糊，他针锋相对，说服新任空军参谋长内森·特文宁下令成立美国空军空中研究与发展司令部西部开发分部，启用位于加利福尼亚州的洛杉矶空军基地作为办公地，负责导弹研发，由力主发展洲际导弹的伯纳德·施里弗准将领衔，虽然名义上是美国空军空中研究与发展司令部的一部分，但其资金单独拨付。另外，西部开发分部被授予承包权，因此它不依赖于美国空军空中研究与发展司令部指挥官，实际上瓜分了托马斯·鲍威尔的洲际导弹研发的控制权。

伯纳德·施里弗1910年9月14日出生于德国，1916年随母亲来到美国，和父亲团聚，全家在堪萨斯的德语山村里生活。他父亲是德国工程师，一战时移民。1923年施里弗加入美国国籍，1942年6月获得斯坦福大学机械工程航空硕士学位。大学毕业后，施里弗在空军开始了33年的军旅生涯。在第二次世界大战期间，他驾驶过多种型号的飞机执行过38次作战任务，是美国空军史上最重要的军事将领之一。在很多资料中，施里弗被誉为“美国战略导弹之父”，美国空军在他的官方传记中，称他为“空军弹道导弹和空间计划的设计师”。

早在1953年，施里弗还只是个上校的时候，就敏锐地认识到，苏联计划未来国防重心不在轰炸机而是在洲际弹道导弹上。这种导弹能够仅在预警15分钟后打击美国。同时，苏联还在加紧改进地对空导弹，来对付轰炸机。施里弗担心如果五角大楼不立刻将重心从轰炸机转移到导弹上来，苏联几年之内就会称霸世界。施里弗晋升为将军后，被任命全权负责洲际导弹的研制工作。他在担任美国空军空中研究与发展司令部指挥官时，率领美国科技界和工业界在8年的时间内研制出4个型号的战略导弹，“民兵”洲际弹道导弹是其中最受人敬佩的业绩。由于精通专业技术，过人的人格魅力，特别是在必要时敢于在上司面前直抒己见，施里弗赢得了各方人士的尊重。

1954年11月，怀特宣布，实现初始作战能力是“宇宙神”导弹计划的近期目标，因此目前的首要任务是生产而不只是研发。被激怒的李梅则发誓说：“这些东西将永远不会执行。”

当西部开发分部负责人施里弗向李梅介绍“宇宙神”导弹的研发情况时，李梅对施里弗充满敌意且态度简单粗暴。他质问：“你们的导弹最多可以搭载什么级别的弹头？”

施里弗回答：“一个百万吨级。”

李梅讽刺挖苦道：“当你们可以把比鞭炮威力还大的东西安装在导弹上时再来向我汇报。”

李梅利用一切机会煽动轰炸机的支持者对抗洲际导弹发展计划，而当时大部分空军高级将领都支持发展轰炸机，这令怀特越来越感到失望。他训斥空军参谋部的军官说，洲际导弹计划停滞不前，他们需要意识到这一点并努力推动它。

李梅对此置若罔闻，我行我素，拒绝将发展轰炸机的资金转到导弹计划上来。对于李梅来说，轰炸机不只是武器，还寄托了他深厚的感情。他在1955年的备忘录中概述了他的立场。“这是我坚定的信念：在未来一段时期载人轰炸机必须是我们进攻的骨干……各种导弹计划应该重新审查，并尽可能多地取消，以便为扩展轰炸机的能力提供必要的资金。”

1956年6月，李梅曾告诉国会：“未来的形势仍将和过去一样保持不变，一支训练有素、装备精良的轰炸机部队将能够突破任何可以设计出来的防御系统。”后来他甚至宣称：“我认为任何使用载人武器系统的部队与选择无人驾驶系统的部队相比，肯定会有优势。”

“大力神”弹道导弹发射阵地地下设施

面对李梅的强力反击，怀特感到力不从心、束手无策。1956年，他在空军军事学院的一次讲话中抱怨：“这段时间，我们在空军几乎看不到真正符合逻辑的、有远见的创造性思想。

在我看来，我们的人并不考虑是否需要改变做法以满足新的形势，也不考虑是否需要新方法应对新问题。”

1957 年 6 月，怀特召开了空军高级军官会议，会议由负责导弹研发的副参谋长唐纳德·普特中将主持，议题是评估导弹部署到空军的前景。大多数与会者对普特的报告缺乏兴趣和理解。怀特思考着如何贯彻他的意图、约束住李梅，他知道自己既没有足够的政治权力强制李梅服从，也不能慢慢等待这位战略空军司令部指挥官自己出局。因为李梅于 1951 年晋升为四星级将军时，刚刚 44 岁，这使他成为继尤利西斯·格兰特将军之后美国最年轻的四星级将军。李梅比怀特小 4 岁。

当怀特于 1957 年 7 月晋升为空军参谋长时，他想出了一招来控制李梅：任命他担任空军第一副参谋长。李梅作为战略空军司令部的指挥官，自己是老板，而作为空军副参谋长，怀特是李梅的老板。作为交换，他向李梅保证，李梅将接替自己担任空军参谋长（事实也正是如此）。怀特此举可谓一箭双雕。首先，他可以有效利用忠诚于李梅的指挥链，忠诚于李梅是战略空军司令部严格遵守的信条。其次，作为空军副参谋长，李梅不仅要协助怀特工作，他还被要求居住在弗吉尼亚州迈尔堡军事基地隔壁。随着李梅在怀特的严密监督下受到约束，1957 年 9 月 30 日，怀特召集他的指挥官们举行了一次特别会议。在会议上，怀特批评这些指挥官对导弹计划所持的消极态度：“空军高级军官对飞机的感情根深蒂固，这是可以理解的，但我们绝不允许这种感情导致空军的发展停滞不前。我们不能忽视基本的规则，那就是所有的真理都会随时间而改变。”怀特对他的下属说，随着导弹的问世，美国空军正处于一个关键时期。空军最需要这样的新型武器系统来保卫国家。为了保持所需的能力和作战的灵活性，在可预见的未来，空军保持一支有人驾驶飞机部队也是必要的。可用的资金将允许采购洲际导弹或大型轰炸机，但不能同时采购这两种武器系统。洲际弹道导弹将取代轰炸机。根据空军部要求，导弹将迅速形成作战能力，它们将分阶段部署到空军，完全或部分取代有人驾驶飞机。

1957年10月4日，即怀特举行这次特别会议后不到一个星期，苏联成功发射了第一颗人造地球卫星。1957年12月17日，美国不甘示弱地成功发射了第一枚“宇宙神”洲际弹道导弹。1959年9月，美国在加利福尼亚州的范登堡空军基地部署了3枚“宇宙神”导弹，为国家提供“应急的”洲际弹道导弹能力。在接下来的三年中，美国空军部署了11个“宇宙神”导弹作战中队。为了防止李梅对羽翼未丰的导弹武器系统搞什么不利活动，也为了安抚李梅，怀特批准了李梅提出的准将晋升名单。怀特于1961年退休时，美国《空军杂志》发表文章评论说：“怀特将军从来就不是一位战斗英雄，但是他杰出的才能使他成为空军所需要的非战斗英雄型指挥官。”“美国空军不太可能再出现像怀特将军这样通才型的空军参谋长。”

“大力神”弹道导弹发射阵地地表景观

怀特将军确

信，洲际导弹是保卫国家安全的主要手段。因此，他不顾空军内部许多人的强烈反对，艰难地做出不受欢迎的关于研发洲际弹道导弹的决定。事实上，正如怀特在空军参谋部许多场合所说："发展战略导弹并不适合传统的空军，但它对于国家安全至关重要。"

美国早期研制的"宇宙神"、"大力神"、"雷神"和"丘比特"导弹都是采用液体火箭推进，固体燃料导弹只是处于探索阶段。伯纳德·施里弗将军领导的空军空中研究与发展司令部西部开发分部，主要任务是发展采用固体推进剂火箭发动机的洲际弹道导弹。研制洲际导弹少不了政府的大力支持。特别是需要总统的支持。1955年6月，施里弗在白宫向艾森豪威尔总统汇报，阐述了洲际导弹的重要性，介绍了他为此在洛杉矶附近建立的科研机构，以及他为何不按照惯例把该项目承包给商用航空。"这完全是为了节省时间，研制工作刻不容缓。"施里弗将总统带进了核导弹时代。总统说："这武器无疑将改变人类生活的方方面面，改变全球每个角

"大力神"导弹发射

落，无论是军事、社会，还是政治。”艾森豪威尔秘密命令五角大楼集中全力研发洲际导弹。同年夏，施里弗通过情报组织了解到苏联已经开始了洲际导弹的试射，他们的时间并不充裕。

美国空军希望获得一种廉价的轻型洲际弹道导弹，来取代第一代重型低温液体燃料推进洲际弹道导弹。1956 年，美国空军与几个地方大公司签订合同，支持他们进行固体燃料的燃烧控制、大型固体火箭壳体等专项研发。1957 年，施里弗任命刚刚结束在英国筹备部署“雷神”导弹事务的霍尔负责考虑研制美国第二代洲际弹道导弹问题。被后人称为“民兵”导弹方案之父的爱德华·霍尔（美国洲际导弹计划总工程师）论证提出了三级固体洲际弹道导弹的初始结构方案。陆基固体燃料弹道导弹开始受到重视。有感于美国独立战争期间民兵所发挥的重要作用，施里弗决定将他们研发的新型固体燃料导弹命名为“民兵”。1958 年 2 月，波音公司推出先进的“民兵”固体燃料推进洲际弹道导弹设计。同年年底，美国空军确定了导弹研制阶段的各分承包商，并与波音公司签订了导弹总装与测试合同，拉开了“民兵”系列洲际弹道导弹的生产序幕。

首批量产型洲际弹道导弹是“民兵 –IA”，1962 年底开始列装，标志着美国地地战略弹道导弹固体化时代的开始。该型导弹仅生产了 150 枚，因为该型导弹弹头当量太小，弹头重量约 450 千克，携带 60 万吨当量核弹头；制导系统计算机内只存有一组目标坐标，从而严重制约了洲际弹道导弹的灵活性；其最大标准射程只有 8 000 千米，即使把它部署在离莫斯科最近的美国本土基地，也打不到莫斯科。因此，“民兵 –IA”并不能完全满足美国空军的要求，必须改进。“民兵 –IB”导弹是“民兵 –IA”导弹的作战型，该型洲际弹道导弹安装了一颗更加强大的弹头。洛斯·阿拉莫斯国家实验室开发的这种先进热核弹头重量仅比老式设计弹头重 20 千克，但是当量却是老式弹头的 1.5 倍，当量达到 100 万吨，而其投掷重量增加非常多——从 450 千克增加到 600 千克，最大射程增加到 10 000 千米。“民兵 –IB”于 1963 年开始列装。美国总共部署了 650 枚此型导弹。

“民兵 –I”导弹

1961 年 12 月，美国总统肯尼迪取消了铁路机动洲际弹道导弹改型的要求，洲际弹道导弹有机会通过现代化改造增加发射重量和尺寸，直到其适合安装在发射井内。

1962 年初，美国空军决定在“民兵 –IB”基础上再改进，研制“民兵 – Ⅱ”洲际弹道导弹。“民兵 – Ⅱ”与“民兵 –IB”相比，有多项重大改进。一是采用了全新的第二级，直径增加 20 厘米，由 112 厘米增加到 132 厘米，推进剂装药量随之增加 1 500 千克；同时，导弹第二级发动机不再是固定式的单喷管，而是 4 个摆动喷管的更先进的发动机，装药也换成新型高比冲燃料的推进剂，第二级发动机的工作时间和推力都大大增加。二是大量采用最新的半导体集成电路技术、高精度控制元器件、高性能弹上计算机，使导弹制导控制系统效能大大提高。三是采用了新型弹头，并加装了导弹突防装置。四是导弹第一级发动机装填了性能稳定、燃烧效能更高的燃料。“民兵 – Ⅱ”的性能明显提高：起飞重量增加约 2 吨，弹头重量达到了725千克，最大射程达到12 500千米，命中精度提高到1 200米，弹头爆炸当量为120万吨。这种洲际弹道导弹参与战备值班时，陀螺稳定平台的所有陀螺仪都会旋转，能保持较高程度的发射准备状态。

1964年9月，首枚“民兵－Ⅱ”洲际弹道导弹进行飞行试验。1965年10月第一批“民兵－Ⅱ”开始部署到发射井下。到1967年4月，美国共计部署了500枚“民兵－Ⅱ”洲际弹道导弹，大多数原有的“民兵–IA”洲际弹道导弹发射井安装了此种导弹。

发射井中的“民兵–II”洲际弹道导弹

20世纪60年代，美国和苏联大力发展反导防御系统。如何突破反导防御系统，成为发展进攻性战略导弹必须解决的问题之一。当时美国奉行的是“饱和攻击”和“确保摧毁”的核战略，需要提高“民兵－Ⅱ”导弹的突防能力和打击多目标能力。1965年7月，美国空军与波音公司签订合同升级“民兵－Ⅱ”，研制分导式多弹头

固体洲际弹道导弹，即“民兵－Ⅲ”导弹。它虽然是以“民兵－Ⅱ”导弹为基础研制的，但却有了革命性的变化。主要体现为分导式多弹头的运用上。

20 世纪 60 年代初，美国企图通过先发制人地打击苏联的核军事目标，一举彻底解除对方的核武装，从而将美苏核对抗、核战争导向美国希望的方向。但是美军发现，要打击的苏联军事目标的数量远远超过了美国可用的核导弹的弹头数量。于是，有专家提出建议，把一枚导弹的载荷分成几份，让一枚导弹携带多个核弹头，用来打击不同的目标，这样就解决了导弹数量少而打击目标多的问题。

“民兵－Ⅱ”导弹

20 世纪 60 年代中后期，在苏联大力发展导弹防御系统的推动下，多弹头又成为对抗导弹防御的重要措施。1966 年 4 月，美国空军提出了对新的武器系统的需求，其中一项关键需求就是在洲际弹道导弹上安装热核分导多弹头。根据分包合同，洛克达因公司开发多弹头分发机构和 RS-14 型发动机，通用电气公司开发整流罩和 MK12 型新一代弹头，劳伦斯·利弗莫尔国家实验室负责 W62 型热核战斗部开发。

1968 年“民兵－Ⅲ”导弹进行第一次试验，1970 年

6月开始服役，1975年6月完成550枚的部署任务，到1978年停产时共计生产了830枚。导弹弹长18.26米，弹径1.67米，最大射程13 000千米，起飞重量35.3吨，命中精度约500米，反应时间32秒，从抗核加固的地下井中发射，对目标选择更灵活，命中精度高，并具有较强的生存能力和突防能力。该弹是“民兵－Ⅱ”的改进型，其第一级、第二级与“民兵－Ⅱ”完全相同，导弹第三级改动较大，直径加粗到132厘米，与第二级一样粗，使用与第二级相同的装药，“民兵－Ⅲ”看上去不再是三段，而是由两段组成，装药量增加后，导弹推力也随之增加，可运载更重的载荷。导弹弹头整流罩由铝改为钛，制导与控制技术改用NS–20系统并提高了惯性单元的精度，命中精度达到500米左右，在当时也是世界洲际弹道导弹的最高纪录。导弹的制导系统进行了全面抗核加固，可防核辐射和电磁脉冲效应，提高了导弹在核大战中的生存能力，使得美国二次打击核报复能力更为可靠。1枚“民兵－Ⅲ”导弹可携带两个或3个W62／MK12型弹头，每枚弹头当量17万吨。

“民兵－Ⅲ”导弹

美国战略空军司令部决定在1978年和1979年升级“民兵－Ⅲ”

洲际弹道导弹，以增加其对苏联坚固的第四代导弹发射井的摧毁概率，美国空军科学顾问委员会建议升级MK12型弹头，使其准确性和当量都提高一倍，至少要达到MK12A标准。美国空军赋予洛斯·阿拉莫斯国家实验室研发新型热核弹头的任务，该实验室在开发适合安装在洲际弹道导弹上的高当量重量比微型核弹头方面经验相当丰富。1974年，研制出W78型战斗部，其尺寸与W62型战斗部的尺寸相同，可以安装在MK12型弹头内，使分发机构设计不必修改。升级后“民兵－Ⅲ”洲际弹道导弹的第三级投掷重量从1 150千克增加到1 350千克，尽管增加得不多，但还是影响了导弹射程。

“民兵”洲际导弹发射

1979年12月至1983年2月，550枚“民兵－Ⅲ”洲际弹道导弹中300枚的W62/MK12型弹头被先进的W78/MK12A型弹头取代。随着现代化的发展，洲际弹道导弹的战术效果不断增加，但射程从13 000千米减少到11 300千米，部署在苏联南部的一些洲际弹道导弹师超出了其射程。“民兵－Ⅲ”重返大气层飞行器的横截面积也在减少。因为这方面的原因，一些配备了老式的、较轻的 W62/MK12 型弹头的洲际弹道导弹仍然保持战备值班。

目前约有 500 枚装有核弹头的“民兵－Ⅲ”导弹在服役，作为“硬目标杀手”，它们主要的目标是俄罗斯洲际弹道导弹场址。其中 200 枚部署在蒙大拿州的马姆斯托姆空军基地，属 341 太空联队，下辖 4 个导弹连；150 枚部署在北达科他州的迈诺特空军基地，属 91 太空联队，下辖 3 个导弹连；150 枚部署在怀俄明州的沃伦空军基地，下辖 3 个导弹连。部署在马姆斯托姆和迈诺特基地的每枚“民兵”导弹携带 3 个弹头，部署在沃伦基地的“民兵”导弹只携带 1 枚 W62 弹头。这些导弹的戒备率高达 98%，能在接到命令后立即发射。

按照美俄《第二阶段削减战略武器条约》，总数为 50 枚的美军“和平卫士”战略弹道导弹已于 2005 年 10 月全部退出现役。该型导弹最先于 1986 年部署，四级火箭推进，可以携带多达 10 个核弹头，曾经是美国与俄罗斯进行核武器谈判的重要筹码。尽管“和平卫士”导弹比“民兵”导弹的型号要新，但是谈判的结果还是要削减“和平卫士”导弹。

“和平卫士”战略导弹在发射井中

随着美国“和平卫士”洲际导弹在 2005 年全部退出现役，“民兵－Ⅲ”

成为美国唯一的陆基可携带核弹头的洲际弹道导弹，是维持美国“三位一体”战略核威慑的陆基支柱，对内保护美国的国家安全，对外发挥战略威慑的作用。为了在洲际导弹数量减少的情况下保持美国的战略威慑，美军一直致力于对“民兵－Ⅲ”导弹进行升级。从1997年开始，美国制定了一个为期15年、价值60亿美元的“民兵－Ⅲ”导弹现代化改造计划。“和平卫士”导弹上的部分弹头和零件移植到“民兵－Ⅲ”型导弹上，以便将“民兵－Ⅲ”这支战略威慑力量维持到2020年。据了解，直到2020年，美军不会有新型战略弹道导弹投入部署，所以在“和平卫士”导弹退役后相当长一段时期内，“民兵－Ⅲ”导弹一直是美国唯一的陆基可携带核弹头的洲际弹道导弹。有消息称，美国空军不希望对导弹再进行改进，如搞“民兵－Ⅳ”型导弹，而是期望到2020年能够以一种新型武器系统取代“民兵－Ⅲ”导弹。

过去几年，美国空军一直在试射携带常规弹头的“民兵－Ⅲ”洲际弹道导弹。根据《第三阶段削减战略武器条约》，这些导弹将被视为等同于携带核弹头的洲际弹道导弹。

2013年岁末，美国媒体在热炒中国“东风-41”导弹的同时，又低调

“东风-41”导弹

地报道了美国“民兵－Ⅲ”导弹成功试射的消息。其实，美国几乎每年都会发射“民兵－Ⅲ”导弹，以检验导弹的性能和可靠性。毕竟，这种从20世纪70年代初就开始装备部队的洲际导弹，到现在已步入不惑之年，在世界各国洲际导弹中堪称最为长寿的一个。

冷战结束后，按照有关条约规定，美国大量裁减核武器。到2010年，美军仍然装备了450枚“民兵－Ⅲ”导弹。“民兵－Ⅲ”导弹是美俄洲际导弹中受核裁军影响最小的一个，自1990年以来的20年时间里，“民兵－Ⅲ”数量只减少了大约50枚。而从另一个角度看，“民兵－Ⅲ”又是诸多导弹当中比较老迈的，从1978年底“民兵－Ⅲ”导弹停产算起，最新的导弹也已经服役了30多年，而其最终寿命将超过60年。“民兵－Ⅲ”导弹如此长寿，其原因如下。

首先是导弹设计理念先进。“民兵－Ⅲ”导弹采用的是模块化设计、部件组装方式，即由不同公司按照相应的规格完成再入飞行器，制导系统，导弹一级、二级、三级推进系统，突防装置，地面电子系统等分系统，部件的研制、试验和生产，尔后将这些分系统部件等装配、组装成一枚整弹。这种导弹构成方式，为导弹改型和延寿提供了极大便利。通常只需要更换已经达到使用期限的部件，无须更换其他部件或者系统，即可达到提高导弹性能或者延长导弹寿命的目的。

其次是对导弹不断改进。“民兵－Ⅲ”导弹正式装备部队之后，相关的改进工作就已经开始。20世纪80年代初，美军为“民兵－Ⅲ”研制了MK12A型分导式弹头，携带3个子弹头，子弹头的威力达到33.5万吨，同时弹头命中精度进一步提高到185米。这是世界上第一种命中精度优于200米的洲际弹道导弹，具备了打击硬目标的能力。随后，美军启动了多个“民兵－Ⅲ”的延寿计划，更换了制导计算机、第一级和第二级发动机燃料，重新制造并替换第三级火箭发动机，改造和替换末助推系统发动机等。经过如此大动干戈的改造和延寿，今日的“民兵－Ⅲ”早已脱胎换骨，今非昔比了。

第三是导弹的维持费用相对低廉。据美国国防部1996年公布的数据，从1962年到1995年，美国用于“民兵”导弹中队的直接费用为1 016亿美元（按1996年美元计算，以下同），用于“和平卫士”导弹中队的费用为124亿。考虑到“民兵”总共装备1 000枚的规模，以及超过30年的部署时间，均分到每1枚“民兵”导弹上的费用比“和平卫士”要低得多。

最后是导弹的性能先进。“民兵－Ⅲ”导弹并不落后于同期俄罗斯的洲际导弹，完全能够满足维护美国国家安全的需要。

知识卡

导弹弹头

导弹弹头是导弹毁伤目标的专用装置，亦称导弹战斗部。它由弹头壳体、战斗装药、引爆系统等组成。有的弹头还装有控制、突防装置。战斗装药是导弹毁伤目标的能源，可分为核装药、普通装药、化学战剂、生物战剂等。引爆系统用于适时引爆战斗部，同时还保证弹头在运输、贮存、发射和飞行时的安全。弹头按战斗装药的不同可分为导弹常规弹头、导弹特种弹头和导弹核弹头。战术导弹多用常规弹头，战略导弹多用核弹头。核弹头的威力用TNT当量表示。每枚导弹所携带的弹头可以是单弹头或多弹头，多弹头又可分为集束式、分导式和机动式。战略导弹多采用多弹头，以提高导弹的突防能力和攻击多目标的能力。

2.4“巅峰之作”

20世纪60年代，美苏双方都拥有第二次核打击的能力，因此双方都不敢轻易发动核战争。在“确保摧毁”核战略的指导下，美国加强了“三位一体”的进攻性战略核力量建设，大力发展潜射战略导弹和“民兵”系列弹道导弹。随着苏联战略核力量的增强，美国城市目标和战略核力量目标面临着被苏联全面摧毁的可能，因此里根政府提出了“相互确保生存”战略。在核打击目标方面，由重点打击城市转向打击军事目标，并在对方实施多次核袭击后，仍能打赢核战争。“相互确保摧毁”战略向“相互确保生存”战略的转变，使美苏军方都提出了新一代高生存性导弹的需求。这成为美国发展高生存性和更多弹头的“和平卫士”导弹的根本原因。

“和平卫士”导弹发射

1971年，战略空军司令部提出研制“和平卫士”导弹，1973年开始预研，1979年全面展开，编号LGM-118。1982年，里根将其命名为“和平卫士”，并下令，要尽可能快速地向现有的导弹发射基地部署100枚“和平卫士”导弹。1983年6月17日，在范登堡空军基地进行“和平卫士”导弹第一次试射。1984年，美国生产出第一枚全尺寸、具备作战能力的导弹。1985年8月“和平卫士”首次进行地下井

发射试验。同年，由于经费和其他原因，美国国会批准最多生产 50 枚“和平卫士”导弹。1987 年“和平卫士”正式开始服役，并于 1988 年组建了第一个“和平卫士”导弹中队——美国空军第 400 中队。截至 1993 年，美国在怀俄明州沃伦空军基地共部署 50 枚“和平卫士”导弹。

冷战结束后，美国不再需要这些武器，从 2002 年开始拆除“和平卫士”导弹。2005 年 9 月 19 日，200 多名美国士兵、民众和政府官员参加了在美国沃伦空军基地举行的“和平卫士”导弹正式退役仪式。沃伦空军基地负责管理部署在美国的 50 枚“和平卫士”导弹。

布什政府在做出 2002 年的《核态势评估》后，提议大幅削减已部署核弹头的数量，并提出要更多地依靠更大范围内的战略能力，其中包括反导弹系统和秘密情报行动。为响应此号召，美国空军从 2002 年开始，逐步安排其拥有的 50 枚“和平卫士”导弹退役，与此同时美空军提出另一项计划，保留 500 枚“民兵－Ⅲ”导弹服役至 2020 年，对“民兵”导弹进行“增寿”更新。“和平卫士”的一些装备将被再利用，再入运载工具将被用到“民兵－Ⅲ”项目，助推组件将用到太空发射器上，包括电池、通道门等都可以回收利用。据美太空司令部马克·沙克福德少将称，和以往不同的是，这一次所有的“和平卫士”发射控制中心和发射井都不会摧毁，而是要封存不动，以备不时之需。为确保威力和可靠性，美国空军的 500 枚“民兵－Ⅲ”从头到尾进行了改造，包括推进系统和制导系统。

美国唯一的“和平卫士”导弹单位是驻防沃伦空军基地的第 400 导弹中队，这个中队从来没有因为任务要解除而军心涣散。3 年里，虽然“和平卫士”的数量不断减少，但是他们仍保持对此类导弹的专业操作水准。不管是操作“和平卫士”还是“民兵”，洲际弹道导弹会产生的毁灭性力量造成“极其紧张的环境”，在一个值班日里，战斗组成员通常上午 7 时抵达基地，听取一天的简报，然后驱车前往控制区，与上一个班次的人换岗后，开始了 24 小时的战备值班。有时一个“工作日”一直要到第二天下午 5 时 30 分才能结束，值班时间长达 34 小时。最后一枚“和平卫士”解除战备值班后，第 400 导弹中队的部分导弹操作员继续留驻沃伦基地操作“民兵－Ⅲ”，另一部分操作员则多数被派往太空司令部执行卫星操作任务。

“民兵－Ⅲ”洲际导弹

“和平卫士”导弹是美国空军的大型多弹头固体洲际弹道导弹，最早称其为“试验性导弹”，即 MX 导弹。全长 21.34 米，直径 2.34 米，最大射程为 11 000 千米，时速为 24 000 千米，可携带 10 枚 MK21 分导式弹头，并将其精确地投掷到远方，其打击精度、射程和运载能力都超过了“民兵－Ⅲ”导弹。

“和平卫士”导弹的最突出的性能特点是命中精度高。导弹虽然采用了惯性制导方式，但改进了制导系统的主要组成部件，并配备了高性能数字计算机，使命中精度达到了 90 米。这意味着，“和平卫士”导弹的弹头在飞过上万千米之后，能够以 50% 的概率落入半径 90 米的圆圈内，能够 100% 落入半径 360 米的圆形范围内。“和平卫士”导弹也成为世界上第一种，也是迄今唯一一种命中精度突破百米大关的洲际弹道导弹。

其次是系统生存性强。“和平卫士”导弹的三级固体发动机的壳体均用凯夫拉复合材料制成。凯夫拉是制造防弹衣的主要材料，具有重量轻、强度大的特点。弹头内部也进行了重点的抗核加固，使用了抗核加固屏蔽电缆等专用材料。这主要是针对苏联的导弹防御模式而设计的，因为苏联对美国的洲际弹道导弹的防御主要是“以核防核”的形式。由于技术限制，冷战时期的导弹防御不可能采用现在美国导弹防御计划中正在试验的“碰撞杀伤”模式，只能在美国核武器飞临莫斯科上空前，在其必经路线上空爆炸一颗小当量核武器，拦截并摧毁来袭弹头或弹头群。拦截核弹的一些核效应（如核电磁脉冲）可以持续相当长一段时间，也就要求进攻的核弹头要有在核效应下正常工作的能力。而且对于多弹头攻击来说，这样也可以将攻击弹头爆炸时产生的相互影响减到最小。

“和平卫士”导弹

第三是弹头威力大。“和平卫士”导弹的设计初衷就是打击硬目标。其总重量约为“民兵－Ⅲ”的2.5倍，而投掷重量达到3.6吨，是“民兵－Ⅲ”的4倍，这说明该弹总体设计和技术水平比“民兵－Ⅲ”要高一大截。该导弹打

击军用目标，特别是对方导弹阵地群特别有效，可在敌导弹阵地群上空分离出 10 个子弹头，在横向相距最大 1.5 千米、纵向 1 500 千米的范围内对分散导弹发射井实施硬打击摧毁。从子弹头只有 194 千克可以看出，此时美国核武器的小型化技术已经相当成熟。虽然重量轻，但其爆炸当量达到 47.5 万吨，比威力（威力与重量之比）高达 2 450 吨 / 千克。而 20 世纪 50 年代核武器比威力只有 790 吨 / 千克。它采用的 W87 核弹头迄今为止仍是世界上最先进的核装置之一。W87 核弹头标准威力为 30 万吨 TNT 当量，但通过在第二级加上橙色合金（高浓铀）套筒或环，可以将当量从 30 万吨提高到 47.5 万吨。美空军曾经拥有 50 枚“和平卫士”导弹，其威力可以用大得惊人来形容。

W87 型核弹头装备“和平卫士”战略导弹

第四是作战反应快。“和平卫士”导弹核弹头采用了钝感炸药和先进的保险装置，其引信不易受干扰，这使弹头的储存管理安全性能保持在较高水平上，减少了维护难度和费用。“和平卫士”导弹选择了冷发射技术，导弹装在石墨 - 环氧树脂复

合材料制成的发射筒内，发射时靠燃气－蒸汽从发射筒内推出，然后第一级发动机点火。这使导弹的日常维护和战备值班变得更容易，也大大提高了导弹的反应性能。有报道称，在装备了“和平卫士”导弹后，美国战略核力量的反应能力从数十分钟减少到了两分钟以内，“和平卫士”成为世界上反应最快的洲际弹道导弹。

“和平卫士”可以保证摧毁对方任何经过加固处理的地面军事目标，但它还存在着被对方摧毁的危险。因此采取何种方式部署“和平卫士”，以最大限度提升导弹生存能力，就成为美国政界和军方纠结多年、始终议而不决的问题，这是其他任何导弹型号都没有遭遇过的。自 1973 年起，产生了近百种关于“和平卫士”导弹的部署方案。“和平卫士”的部署方式由于费用昂贵，而且也不能确保万无一失等原因，先后被否决。1985 年，美国国会做出决议，只允许在“民兵”导弹地下井中部署 50 枚“和平卫士”导弹。1986 年底，里根总统要求国会再授权生产 50 枚“和平卫士”导弹，并决定将这些导弹部署到火车上，争吵了 10 多年的部署方式问题，暂时得到解决。

20 世纪 80 年代末 90 年代初，随着东欧剧变和苏联解体，美苏冷战也随之结束。美国还没有开始部署铁路机动导弹，就必须考虑在新的国际安全形势下，削减冷战时期积累起来的庞大核武库问题。依据第一阶段削减战略武器条约的要求，美国于 1992 年初正式停止实施“和平卫士”导弹铁路部署计划。1993 年 1 月，美俄签订了《第二阶段削减战略武器条约》。条约规定，美国的“和平卫士”导弹应于 2005 年前全部退役。美国如期履约，于 2005 年 9 月将最后一枚“和平卫士”导弹从发射井移出。

“和平卫士”导弹既是当时世界上命中精度最高、打击效能最强的洲际导弹，也是美国历史上实际生产和装备数量最少、服役时间最短的导弹。“和平卫士”导弹的数量最多时仅有 50 枚，只占洲际弹道导弹总数的 10%。单独 50 枚“和平卫士”导弹不能满足维护美国国家安全的需求，还必须配套一部分“民兵”导弹，而单独“民兵”导弹的规模，却可以满足需要。如果美国保留“和平卫士”导弹，就必须同时保留“民兵”和“和平卫士”，两种导弹保障系统势必会增加陆基战略导弹保障的复杂程度。“和平卫士”导弹的费用也是最昂贵的。按照 1996 年价格计算，1 枚“和平卫士”导弹的采购费用高达 1.9 亿美元，是“民兵－Ⅲ”的 6 倍。从 1979 年到 1984 年，在导弹还没有生产和部署的情况下，仅仅在部署方案上就花费了大约 140 亿美元。而从 1986 年到 1991 年，用于“和平卫士”导弹铁路机动部署计划的花费则高达 56 亿美元。“和平卫士”导弹需要自己独立的

从“和平卫士”洲际弹道导弹上拆卸下来的 W87 核弹头

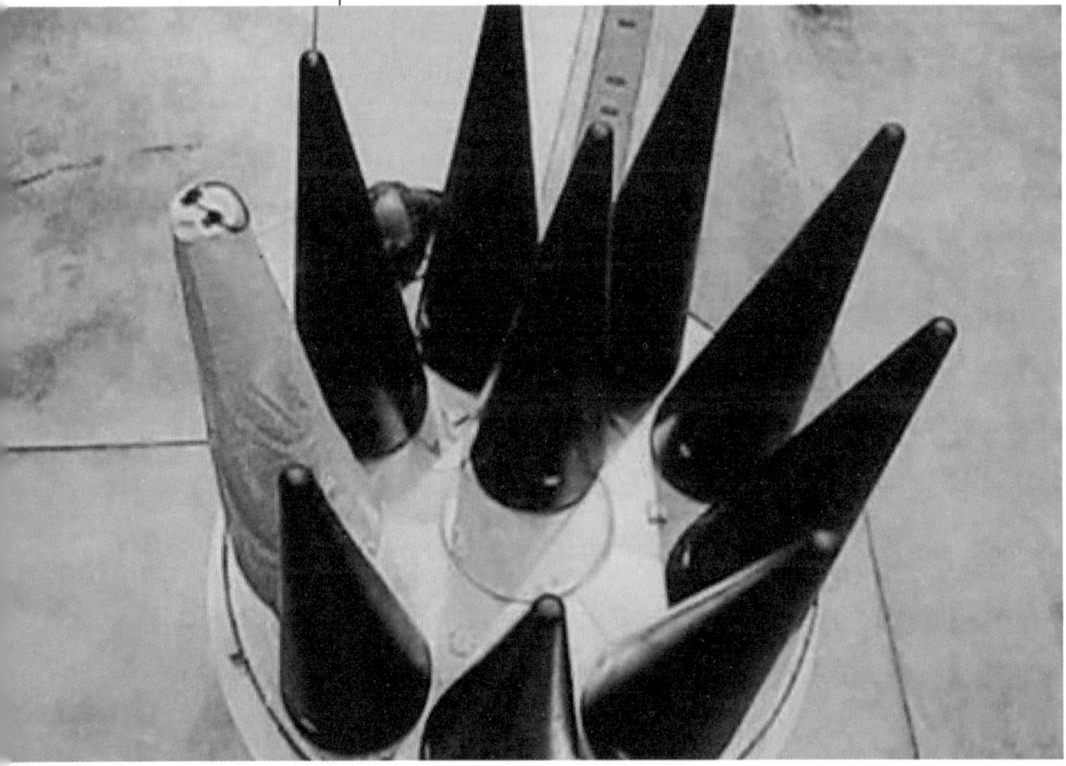

发射设施、补给以及专门的操作和维护人员。1 枚“和平卫士”导弹的年平均维持费用大约是“民兵”导弹的 10 倍。“和平卫士”导弹的费用高也是美军留“民兵”而裁“和平卫士”的主要原因。

知识卡

弹头突防装置

弹头突防装置是指为突破对方反弹道导弹导弹防御系统，在导弹弹头上采用的电子干扰装置。它是弹道导弹弹头上使用较多的一种有效突防手段。电子干扰技术不同，弹头突防装置构成各异。有的弹头突防装置释放干扰物，进行消极干扰；有的发射干扰信号，进行积极干扰。

消极干扰突防装置通常由释放舱、释放机构和干扰物体组成。释放舱是弹头突防装置的主体，用于贮备干扰物，安置释放机构。释放机构采用弹簧装置或微型火箭发动机。干扰物体有金属丝、金属箔条、角反射器或涂敷金属粉的气球及假弹头等。

积极干扰突防装置是采用干扰机发射杂波干扰信号或欺骗干扰信号，抑制或迷惑对方雷达。这种突防装置主要用在潜射弹道导弹弹头上。

2.5 特急使命

冷战初期，美国在航天领域暂时落后于苏联的形势下，急需发展一种能够震慑敌对国家的导弹武器。特别是在艾森豪威尔执政时期，举国上下，无论是军队、工厂还是高校都沉浸在一种紧张应战的气氛当中，各科研部门鼎力合作，积极发展各种武器系统。

在马汉海权论的指导下，美国向来有重视海洋、重视海军的传统。海洋面积占地球表面的 70%，可以说谁掌握了制海权谁就在一定程度上占领了军事制高点。为抗衡苏联咄咄逼人的优势，美国于 1955 年提出初始的战略导弹计划，美国海军因液体推进剂不便在海上贮存和使用，而着手研制世界上第一种能够威慑全球的潜射弹道导弹“北极星”，并为该型号导弹特制了军用潜艇。

潜地导弹的研制与第二次世界大战德军的一次水下侦察活动有关。1943年2月，苏军歼灭了被围的德军精锐部队，取得伏尔加格勒会战的胜利。此时，驻在北非的盟军也准备对德国发起攻击。节节败退的德军如惊弓之鸟，他们派了一艘潜艇，偷偷摸摸地潜入摩洛哥的卡萨布兰卡港口打探虚实。潜艇的艇长施泰因霍夫上尉透过潜望镜，看见许多军舰靠在岸边，岸上排列着数不清的军用装备。施泰因霍夫的鱼雷无法攻击岸上目标，他决定立即撤回，向德军统帅部汇报侦察到的情报，同时找到了火箭专家布劳恩，向他提出了自己的想法。布劳恩听完施泰因霍夫的介绍，说："要发明从潜艇中射向岸上目标的火箭难度一定不小，不过，你的想法很有意思，我愿意和你一起试一试。"经过一段紧张的准备之后，他们先是将6枚步兵用的标准火箭炮弹在水下30米处发射上岸。后来，火箭专家们又成功地研制出能发射V-2导弹的潜水容器。正当他们充满信心地做试验时，苏军开始大反攻，德军连连败退，他们的试验被迫停止了。

德国投降后，美军得到了布劳恩和施泰因霍夫的研究资料，立即组织科学家研制水下发射导弹的系统。随着兵器研制水平的提高，美国国防部意识到：在洲际弹道导弹、潜地弹道导弹（核动力潜艇）、远程轰炸机这"三位一体"的战略兵器中，潜地导弹是最安全、最有生命力的。因此，美国国防部提出了"北极星"导弹计划，该计划包括导弹、核潜艇、水下通信设备与导航等系统。

1957年，在苏联发射第一颗人造卫星前夕，美国海军"本宁顿号"航空母舰舰长威廉·雷伯恩少将接到海军部的特别命令：立即前往华盛顿，担任海军特别计划处处长。在此之前，雷伯恩还不知道海军有个特别计划处，也不知道它的使命。他来到华盛顿报到后，才知道身上肩负的特急使命：在短时间内研制出潜射"北极星"导弹。

二战结束后，美国为了对付苏联的军事威胁，即着手研制远程轰炸机、洲际弹道导弹和导弹潜艇这三种武器。经过战火考验的轰炸机仍然是五角大楼的“宠儿”，被列为优先发展的对象和主要的威胁手段。而在海军，对核潜艇及其核能力能否发展，能否取代航空母舰而成为未来的主要打击力量，人们议论纷纷，莫衷一是。1947 年 9 月间，美国海军曾在“中途岛”航空母舰甲板上试射一枚从德国缴获的 V-2 导弹。后来，海军在一份国家安全报告中，也提出过水下发射中程弹道导弹的构想，但不过是纸上谈兵。就在海军举棋不定之际，远程轰炸机的概念异军突起，很快赢得大部分拨款，成为战略威慑的主要发展项目。

威廉·雷伯恩

随着天文导航学和制导、监视、搜索手段越来越先进，固定的陆基导弹系统的价值受到了严重的影响。因为对手的第一次打击可以在洲际弹道导弹进行报复之前将其摧毁，即使采用硬式发射场，洲际弹道导弹仍然容易受到致命的打击。这样，潜艇和轰炸机就成为优先考虑的威慑力量，而潜艇又居其首，因为它是机动的导弹发射平台，在发射过程中难以被发现，敌人要想一举摧毁大量由潜艇发射的导弹几乎是不可能的。对美国来说，只要拥有“北极星”导弹力量，就可确保它拥有毁灭性报复打击的能力，从而使美国的战略威慑无懈可击。

1955 年，阿勒·伯克海军上将任海军作战部长。他

B-36 轰炸机

仔细分析了各种意见，尤其是当他证实苏联已获得了 V-2 潜水容器，并可能进行水下发射研究时，便立即决定海军实施舰队弹道导弹计划。但空军更想让 B-36 轰炸机占有优先发展的地位，于是，伯克和空军进行了一番较量。作为官场上一名明争暗斗的老手，伯克要求他的主要作战指挥官和技术人员统一口径，海军既要研制弹道导弹，也要研制导弹潜艇。于是海军开始与空军和陆军展开了空前激烈的竞争。

经过一番辩论，当时的国防部长查理斯·威尔逊告诉海军：如果海军想继续研制固体燃料导弹，这个计划可以得到批准，但是，资金必须从海军预算中拨出。虽然这是国家的重大工程，但却没有额外的经费，也没有增加拨款。拥有能在海上机动的弹道导弹潜艇实在太重要了，他们觉得无论如何不应再拖下去。于是，海军领导人决定让这个项目上马，即使“省吃俭用”。1957 年 1 月，国防部正式批准了这项计划。

当伯克宣布成立研制新式武器的特别小组时，海军军械局和海军航空局之间在该项计划的管理和预算上又发生了一场争论。最后，海军部决定把这项工作作为一项特别计划，并专门成立了特别计划处，由军械局导弹研究处处长威廉·哈斯勒海军中校牵头组建了领导班子。这个班子被授以可以打破海军内部各部门界限的特别权力，它可以指派任何部门和运用任何技术力量。特别计划处只对一个人负责，那就是美国海军作战部长。

接下来要做的是为这个计划选择一个行政领导人。他必须是一位多谋善断的智者，同时又是监督管理的能手，还必须是公认的领导人和技术天才。当伯克要别人推荐时，提得最多的是刚晋升为海军少将的威廉·雷伯恩。雷伯恩原是一名飞行员，富有作战经验，是位优秀的领导人才。海军部为此召开了各种会议，征求各位将领的意见，人事局也拿出了推荐意见。结果意见一致，雷伯恩拿到了主管特别计划处的“许可证”，这个特权海军从未给过别人。

“北极星A1”导弹

伯克召见了雷伯恩，并向他保证，如果他遇到困难，海军作战部将尽力帮忙。如果雷伯恩需要人，他可以挑最好的；如果需要资源，只要海军有，他都可以得到。伯克还告诉雷伯恩，海军的未来，也许还有

自由世界的未来都掌握在他的手中。但是，伯克也告诉雷伯恩，不论什么时候，只要他对这项计划的前景没有把握，或觉得这项工程在技术上行不通，必须立即如实报告，伯克将考虑“废止这项计划”。

知识卡

导弹弹体结构

导弹弹体结构是指导弹受力和支承构件的总称。导弹弹体结构用来维持导弹的外形，承受转运、发射操作和飞行中的各种载荷， 连接安装导弹战斗部和弹上推进系统、制导系统以及其他辅助设备， 并将弹上的所有系统和组件连成一个整体。液体推进剂导弹的弹体由仪器舱、推进剂贮箱、箱间段、推力结构（或发动机架）、尾舱、稳定翼等组件组成。固体推进剂导弹的弹体结构较简单，它没有推进剂贮箱和推力结构，发动机的外壳常构成弹体的一部分。有翼导弹的弹体除包含上述组件外，还带有弹翼和气动力控制面。弹体结构常用的结构形式有蒙皮框架结构、整体壁板结构、蜂窝夹层或填料夹层结构、充压薄壳结构等。

2.6 杰出的“舵手”

雷伯恩是一位典型的军事人才。早在孩提时代，他就深深地爱上了海军，那时他住在俄克拉荷马州的一个农场。身穿镶有金星饰条的海军服，登上迷人的军舰，遨游四海，是少年雷伯恩心驰神往的目标。1924 年，雷伯恩离开家乡，来到海军军官学校学习。他一到安纳波利斯，就一心要当飞行员。每到周末，只要允许，他总要到马里兰州的阿纳科斯梯阿机场，不是起飞，就是摆弄机器。那些日子对雷伯恩来说是异常悬乎的。一旦飞行引擎熄火或者起飞失事，随时都可能命丧黄泉。但是，雷伯恩酷爱飞行，竟把生死置之度外。在申请到海军航空兵服役之前他必须服满两年海勤，为此他十分遗憾。

他在“得克萨斯号”战列舰上服役 3 年后，随即申请加入海军航空兵。

不料，视力检查不合格。一年后，他再次申请，终于通过了体格检查。但不巧，1932 年的招收名额满了，他只好再回到舰队。1934 年，他的军服上终于挂上了海军飞行员的徽章，从此开始了海军航空兵的生涯。

1941 年 12 月 7 日珍珠港事件时，雷伯恩和他的妻子儿女正在夏威夷的卡内奥赫湾度假。当时他是航空基地的枪炮负责人和情报官，当海军飞机与来犯的日本飞机在空中激战时，他在地面引导了己方飞机作战。

尔后，雷伯恩负责开办了一所枪炮学校。他办学有方，勇于创新，因此荣获勋章。1943 年，他被调到华盛顿，负责海军的飞行和枪炮训练计划。1944 年秋，雷伯恩到在西太平洋巡逻的“汉科克号”航空母舰上任职。

雷伯恩在硫磺岛作战中任该舰副舰长。这艘航空母舰被日军轰炸机炸得千疮百孔，在许多人认为没有指望的情况下，他竟使该舰奇迹般地恢复了战斗力，为此他荣获了银星勋章。嘉奖令称他“英勇无畏”。

二战结束时，雷伯恩已升为舰长。在西太平洋作战部队当了两年参谋后，他再次调到华盛顿任职，在军械局负责导弹和空中武器处的工作，这是他第一次跟导弹技术打交道。朝鲜战争爆发时，雷伯恩又回到海上，在中国北部海区指挥一支反潜特混大队，以防苏联潜艇的卷入。

1953 年，雷伯恩晋升为海军上校，任大型航空母舰“本宁顿号”舰长。但是，雷伯恩上舰仅仅两周，“本宁顿号”就发生了一起和平时期海军舰艇从未有过的事故。一天拂晓，“本宁顿号”在离罗得岛海岸不到 100 海里处航行时，一个装载液压油的大型耐压容器突然起火爆炸。浓烟涌进了航空母舰的通风系统，舰上住舱里灌满了油气，导致 103 名官兵丧生。全舰烈火熊熊，甲板上的炸弹和烈性炸药随时都有引爆的危险。但是，雷伯恩像他在“汉科克号”航空母舰上遇到类似的情况那样，沉着地指挥灭火作业，最后终于扑灭了大火，把舰安全地停靠在罗得岛匡塞特角码头。雷伯恩以其果敢和勇气拯救了“本宁顿号”，受到人们一致的称赞。

伯克在用人方面的确独具慧眼。他没有挑选技术人员，也没有挑选科学家，而是找了这样一个打过仗、习惯于指挥作战的军官，一个能够团结别人一道工作的人。后来的事实证明，这个选择是极其正确的。

当雷伯恩在临时成立的特别计划处刚刚安顿下来的时候，苏联发射了第一颗人造卫星，全世界都为之震惊。美国朝野更是一片恐慌，对军方的指责声一浪高过一浪。美国军方的危机感占了上风，于是给特别计划处的拨款接踵而来，种种限制也随之云消雾散。雷伯恩大展宏图的时机到来了。

从雷伯恩接受任务的那一天开始，时间就非常紧迫。计划规定，1965年必须将水下武器系统交付使用。陆军的“丘比特”导弹也要到那个时候交付使用。也许雷伯恩预见到了任务的紧迫性，他从执行这个计划一开始，就告诉他的幕僚，日程不仅会提前，而且还会大大提前。

但是，在水下发射导弹谈何容易。导弹在潜艇内发射，不仅发射阵地狭小，而且要保证艇内人员的安全；潜艇在海洋深处发射导弹，还会受到海洋环境的影响。因此，要掌握潜艇水下发射技术。第一，要研制出一种强有力的发射装置，保证导弹能冲破厚厚的海水，飞出水面。第二，要保证导弹发动机的启动适时。若启动过早，发动机喷出的高温、高压烈焰会威胁潜艇的安全；若启动过晚，飞出水面的导弹会重新落入水中。第三，要有精密的惯性导弹系统，保证导弹能准确地按照预定弹道飞行。另外，还必须设法使导弹有较小的尺寸，并解决潜艇自身的稳定问题。因此，要想提前完成任务，关键在于抓紧时间。

雷伯恩采用战时体制的办法，把每一个人的工作日程安排得满满当当，每周至少工作五天半，后来又非正式地延长为六天，有时甚至七天，还要搭上晚上。他们尽量减少喝咖啡的休息时间，取消不必要的会议。每天上午8点准时开始工作，直到人人都干得筋疲力尽。

雷伯恩经常告诉他的工作人员说：“把你的手放在脖子上，瞧，那就是我们要保护的。这个计划要做的就是这件事。如果等我们打完高尔夫球以后，什么事也干不成了。”他向参与这个计划的人灌输自我牺牲精神，使所有的人——军官、承包商、工人、他们的妻子甚至子女都有一种紧迫感。他试图使人们明白，“北极星”导弹计划是国家安全的支柱，如果不能造出可以发射洲际弹道导弹的核潜艇，将会给美国带来什么样的后果。它不仅仅是一个新的军事系统，更是可以制止苏联威胁的系统。也许只有雷伯恩才能想出这一套聪明绝顶的管理办法，他运用奖赏、恐惧、自负以及爱国心来激励和鼓励部属，使每一个参与“北极星”计划活动的人都成为这项计划的真正信徒。

雷伯恩挑选技术人员时，总是事先交代清楚：完成

从左至右依次为：“北极星 A1”、“北极星 A2”、“北极星 A3”、“海神 C3”、“三叉戟 I”和“三叉戟 II”

这个计划完全是爱国行动，参加者应该热爱海军，热爱国家，一心一意，毫不保留。雷伯恩在海军和地方文职人员中寻找优秀的导弹研究人员、会计师、计划人员和主管人员。在他需要的人员名单上，凡是在海军支配范围内的，都被立即调来从事这项计划工作。所需的在地方机关工作的文职人员大部分也都很快弄到了手。

在很短的时间内，雷伯恩手下已人才济济。但要想管理这些人，必须有超凡的领导才能。而雷伯恩正是这种人。他能够快速浏览大量技术情报，善于找出必须克服的最关键的障碍。尤其令人吃惊的是，他擅长发现问题，经常准确地指出从什么地方下手和怎样找到解决问题的办法。那些科学家和工程师几乎毫不保留地接受他的领导，心甘情愿地承担他交给的任务。

在他的领导下，“北极星”计划进展迅速，本来要用数周时间才能完成的报告几天就可以发出，处理建造诸如实验室和实验台等设施的计划，过去通常要用相当长的时间和进行没完没了的修改，而现在可以很快完成。

雷伯恩还有着令人吃惊的判断能力。他每天都要考虑处理各种问题，有时还要在资料不准确的情况下做出决定。在选择技术方案时，他总能准确地选择出最好的方案、最好的人员和最好的承包商。他不是工程师，不是科学家，也不是生产专家，却是一位杰出的管理专家和超级商人。他好像天生就是干领导的料子，待人友好、诚恳，总是想方设法给合作者和部下以关照。他认为，要做不可能做到的事，调动个人的积极性是非常重要的。他从不吝惜供承包商和军官们旅差、住宿和娱乐的费用，给予和这项计划有关的海军人员晋衔，文职人员提级，合同工以高薪。不断对个人进行表扬、奖励和授勋。他在那些对“北极星”计划举足轻重的重要承包商中间也建立了信誉。这些承包商花掉了千百万美元，用掉了成千上万个工作小时，却从不抱怨，也无须他认可。

在军方实施的各种研制计划到处陷于困境的时期，冗赘的公文行事成风，什么事都得经过批准、鉴定和审查，而雷伯恩说的话却足以像合同那样顶用。与他打交道的人都知道他诚实公平，“北极星”计划从未因等待批准或正式认可而耽误时间。

知识卡

导弹分离机构

导弹分离机构是指弹道导弹在飞行过程中，将已完成任务的部件和与其相连的有用部件实施分离的机构。又称导弹分离装置。用于导弹的级间分离、弹体与弹头的分离，以及助推器、尾罩的抛离等。它具有连接、解锁和分离的功能。连接和解锁部分，例如爆炸螺栓、爆炸索、锁钩等，通常构成一个整体。为实现正常分离，避免分离后被抛掉的部件与有用部件再接触，满足分离速度的要求，要有适当的分离力。

2.7 洗涤剂的妙用

研制“北极星”导弹是一个极其复杂的系统工程，仅靠雷伯恩个人的力量是无法完成的。他必须组织好一切可以调动和使用的力量，并建立一种工作体系，使他们能够协调一致，按照计划开展研究与发展工作。为此，雷伯恩的行政助理戈登·皮尔逊发明了一个多层金字塔式图表。雷伯恩把它叫作“规划鉴定审查技术”。图表的最上一层包括了整个系统。下一层分为 5 个图表，各代表系统中的一个主要部分。再下一层有 50 个图表，最下一层有 100 个图表，各图表的格式相同，都详细说明一个单项活动或计划，并可以从中看出与整个计划的完成周期和时间安排的直接关系。每个图表显示出进行某项工作所需要的步骤及其时间安排。图表还标明每一步骤具体由谁负责完成。图上的垂直黑线表明时间安排怎样与工程活动相一致。在所有步骤旁，都画有彩色标记，表示工程进展情况：蓝色记号表示提前，红色三角表示落后，绿色圆圈表示按时，橘色方块表示情况不明朗，等等。

图表时常更新，雷伯恩及其幕僚通过“北极星”管理中心的进度表能指出存在的问题，预计会出现的困难。这些进度表的摹本发给所有参加计划的单位，每份花不了几个钱，却取代了数量惊人的公文。通过诸如“规划鉴定审查技术”这样的交流，雷伯恩把计划控制问题变得一目了然。

皮尔逊是一个不易动感情、老于世故的文职人员，一个会计专家和眼光敏锐的军事计划制定人。他非常善于做动员工作。一次，皮尔逊给负责生产的工作人员和挑选来的承包商做演讲，他在一个很大的显示图前踱来踱去，显示图是投影在屏幕上的美国地图，地图上从东海岸到西海岸布满了成百个黑点。他指着这些黑点说：“这是我们的一些比较重要的承包商，我们在工业界的合作者，这可以使大家了解到生产一种武器系统有多么不容易。你们必须认识到这一点。跟我们打交道的有全国几百家公司和海军的各个部门。我们的工作就是要牢记局部和全局的关系、进度与时间的关系。告诉那些生产者，他们应该做些什么。让他们明白我们的远大目标，我们正在拯救国家。在我看来，我们就是在打仗。”

布齐·勃兰特则是一位善于集中大家意见的技术专家。他经常组织召开班后会议，讨论技术难题。在一次会议上，他召集工程师们讨论“北极星”导弹的形状。桌子上放着一瓶威士忌酒。开会的人衣着随便，腿上都放着一张书写板。虽然经过长时间工作，大家显得很疲倦，但他们仍不时地发表意见，提建议，画草图。

一位工程师说：“我们得想法把导弹‘稳住’，让它在水下发射时像在平地上那样顺当，不打晃。”

“也许，我们能用洗涤剂把它‘稳住’。”一位年轻的工程师应道。

有些人带着疑问的眼光瞧着他，但没有人发笑。

“最好的办法也许是让导弹从一个大气泡里出水，或者从一个充气的大塑料包里出水。”另一位工程师说。

一位设计人员插话道：“问题是我们对气泡知道得不多，也没有充足的时间去弄清楚。”

“你知道，涂上一些洗涤剂产生一些气泡，可以减轻导弹四周水的阻力。这个主意可能顶用。”又有人说道。

屋里一片寂静，大家都在思考这个意见，脑子里在想象“北极星”导弹从潜艇上升起，产生一柱肥皂泡的情景。最后，勃兰特站起身来，走到人们中间。他说：“好吧，先生们，有什么意见，用‘达什’牌洗涤剂还是用‘林索’牌洗涤剂？”

紧张的气氛顿时打破了，大家都笑了起来。“北极星”导弹发射系统中的一个复杂问题就这么解决了。

国家科学院水下战争委员会是科学咨询组织之一，它在国会和政府里都有耳目，尤其在潜艇和反潜战方面。这个组织每年夏天都在一个小镇聚会，研究重要问题，他们提出了著名的“诺布斯卡”计划。该计划对水下作战计划做了一次全面审查。他们建议，建立一支装备远程导弹的核潜艇部队是美国可以做到的最有效的威慑措施之一，也是苏联人在 1960 年至 1980 年间将遇到的最伤脑筋的挑战。

在科学家们的大力支持和帮助下，特别计划处的军官们信心十足，干劲倍增。他们每天总是忙忙碌碌，而且常常延长工作时间。舰队弹道导弹的来往文件都标有红色的优先标志。“北极星”导弹的承包商分别佩戴特别的装饰图案、旗子或三角旗，使人回想起第二次世界大战中的那种紧迫感和团结精神。在海军和国防部内部，“北极星”计划备受瞩目。送交给国会的海军预算和弹道导弹是分不开的，它有自己的专项拨款。海军鼓励承包商为与“北极星”计划有关的部分搞推销计划，甚至鼓励他们用“北极星”导弹做广告宣传。

在雷伯恩和助手们的共同努力下，“北极星”计划有条不紊地向前推进。问题也在不断地出现，但很快又都得到解决。一次，配制固体燃料的工厂发生了爆炸，有人对潜艇上使用这种燃料表示担心。雷伯恩成功地说服了他们。又一次，一些科学家由于思念故乡而准备离开加利福尼亚，雷伯恩使他们相信，他们是世界上最优秀而这里又最需要的人才，于是他们留了下来。年仅 47 岁的勃兰特不幸猝死，雷伯恩支撑着他的技术班子继续工作下去。研制进度加快了，然而有些承包商却畏缩不前，科学家则想用更多的时间用于基础研究，雷伯恩又恳求他们服从计划的安排，最后，一切如愿以偿。

美国海军的第一艘弹道导弹核潜艇“乔治·华盛顿号”

“北极星”计划完成研制工作以后，雷伯恩派人去会见里科弗将军和原子能委员会、船务局等方面的有关人士，请求把电动舰船公司建造的一艘已经部分完工的潜艇改装成第一艘导弹潜艇。他觉得，如果把“鲣鱼号”的姊妹艇“蝎子号”一分为二，中间装上导弹发射筒，就可以使用。他们同意了他的请求。为了提高“北极星”潜艇的规格，特别计划处把“蝎子号”改名为“乔治·华盛顿号”。

1958年5月27日，第二艘“北极星”潜艇“帕·亨利号”也开始建造，它完全是“乔治·华盛顿号”的翻版。到1958年11月，又有三个船厂在同时建造“北极星”潜艇，造船工人长时间地加班加点，技术专家一周工作七天，承包商也加快了各自的生产计划。

其实，极具威慑力的导弹潜艇并不神秘。它的导弹发射筒一般都并排地垂直安装在艇体内，弹道导弹直竖在发射筒内。发射筒的上部装有能开闭的盖子。盖子和弹道导弹之间装有一层塑料隔膜。发射一般是在水下15～30米深处进行的。发射前，用压缩空气向发射筒内充气，同时通过操作系统打开盖子，向隔膜和盖子之间的空隙注海水，并使筒内的气压和空隙内海水的压力都与潜艇外的海水压力相等。由于塑料隔膜的阻隔，海水不能进入发射筒内，而发射筒内的气体也不会外泄。发射时，高压空气或高压蒸汽、高压燃气从发射筒底部进入发射筒内，以极大的推力推动导弹高速穿过隔膜，冲出水面。发动机点火后，导弹靠自己的动力飞行。当导弹出筒后，海水迅速灌入筒内，操作系统自动将盖子关闭。尽管筒内的海水重量补偿了发射出去的导弹重量，但这会引起潜艇的横摇。因此，在导弹舱的后面一般装有一个重达20多吨的陀螺稳定器，它高速旋转时能使潜艇保持平稳。这样，第一枚导弹发射一分钟后，即可进行第二枚的发射。

知识卡

弹头再入载具

弹头再入载具（RV）指将裹着导弹战斗部（也称装药）重新进入大气层的载具。美国的“三叉戟II”导弹可以携带两种弹头，较轻的是W76/MK4，爆炸当量为10万吨；较重的是W88/MK5，爆炸当量为47.6万吨。这里W76/W88是核弹编号，MK4/MK5是包裹着核弹的再入载具的编号。再入载具的作用在于克服重返大气层时的高温高压，保护核弹不会受损，并且以尖锐的圆锥外形减小重返大气层时受到的气动影响，保证打击精度。核弹与再入载具一起才构成一枚洲际导弹的“核弹头”。

图中的圆锥体是MK21型弹头再入载具

2.8 屡败屡战

1958年9月24日，核潜艇全面试验的工作准备就绪。一枚8.54米长的导弹耸立在发射台上，雷伯恩及其一班人头顶烈日，在佛罗里达注视着待发射的导弹。这次试验是长达21个月连续工作的最高潮。在此之前，他们进行了成千上万次零部件试验、20多次热试验发射和几十次静态点火试验。如果一切正常，导弹将冲向蓝天数十千米，再慢慢朝向非洲方向，在大西洋上空大约飞行20千米后，第一级火箭分离；然后再飞大约40千米，第二级火箭分离；重返大气层的部分在离发射场700海里的海区溅落。

雷伯恩微笑着与人轻声交谈，神色自若地耐心等待。

技术人员在做最后调试，发射场的安全官和协调员在紧张地进行各项检查。最后，试验操作员按下电钮，“北极星”导弹发出一阵震耳的轰鸣声，离开了发射台，雪白色的浓烟吞噬了发射架，火焰从喷管中喷出，导弹咆哮着腾空而起，直上蓝天。发射场周围的人们顿时一片欢呼雀跃。然而，在发射区大约12千米的上空，导弹突然一阵颤抖，接着就爆炸了。参观的人群争相跑进建筑物里，躲避铺天盖地散落下来的导弹碎片，有些碎片落到发射台上，又引起一些小爆炸。原来，导弹上一个的程序装置意外失灵，导弹未能转向海洋，安全官不得不下令把导弹摧毁。特别计划处的人和工程师们对此感到沮丧，为一个小小的失误引起的爆炸而十分恼火。雷伯恩忙得不可开交，连伤心的时间都没有。他和班子里的主要人员立即搭乘一架飞机飞往华盛顿，他必须向五角大楼做出解释。

美国“核潜艇之父”里科弗

里科弗将军对此也很恼火，指责某些承包商粗制滥造，以次充好。但这并没有动摇雷伯恩对研制计划的信心。他认真听取了关于试验失败的分析讨论，然后决定再做一次试验。

第二次试验和头一次一样糟糕透顶。导弹刚刚离开发射台开始升高时，第二级火箭就脱离了弹体，发射场的安全官不得不再次按下电钮。导弹炸毁了，燃烧的弹片在卡纳维拉尔角几千米范围内雨点般地撒落下来，使灌木丛燃起一场大火。漫天浓烟滚滚，给导弹发射失败的惨景又加重了一层色彩。消防人员很快控制住了导弹喷射出来的火焰，扑灭了灌木丛的大火，然而，这番情景却令人心灰意冷。

在严峻形势面前，雷伯恩委托戈登·皮尔逊出面，与从全国各地召集来讨论“北极星”导弹问题的工业界代表谈话。要求各部门必须严格把关，并正告各承包商，由于质量问题而造成的失败是绝对不能容忍的。由于试验多次失败，工程师们又一时找不到症结所在，“北极星”计划好像进入了绝境。这时雷伯恩被召至华盛顿，他的上司认为他可能操之过急，建议把这项计划停止一个时期，暂时中止试验。雷伯恩坚决反对，双方的争执被报告给海军作战部长伯克上将。伯克认真考虑了这些意见，最后还是支持雷伯恩，并派他回去找出解决问题的办法。

经过认真分析，发现“北极星”导弹设计中的主要问题是所谓的“热底”问题：由于导弹用的材料经受不住推进剂燃烧时释放的热量，尾部便在飞行时脱落。因为固体燃料是个新发明，没有人知道从何处着手解决这个难题。雷伯恩知道，如果找不到解决问题的办法，计划就有告吹的危险。

“即使再失败5次也无所谓，我们一定要解决这个难题，争取按时完成任务。让我们继续干下去吧。”雷伯恩信心十足地对部下说。

谁都知道，“北极星”导弹计划的工程师们都是杰出的、富有献身精神的人。不幸的是，他们要求过高，选择了那些几乎不可能做到的事情去做，而时间又太紧。空军将领对海军在这项计划上用掉如此之多的预算也表示遗憾。雷伯恩听到了这些意见，但他满不在乎，咬紧牙关，加紧催促他的部下进行工作。经过半年多的连续苦战，技术人员终于找到了解决“热底”问题的有效办法。

1959年4月20日，他们重新安排了一次试验发射。海军大楼和五角大楼对这次试验极为关注。在卡纳维拉尔角，参加试验的人员依然疑虑重重，忐忑不安。但是，和人们担心的情况相反，导弹发射顺利，它慢慢地转向非洲方向，几分钟后，导弹头部在300海里以外的大西洋靶场弹着区顺利溅落。

“北极星A1”导弹发射

雷伯恩在华盛顿等待着发射的消息，当他的高级参谋人员在电话里向他描述发射的情景时，他听到了身后特别计划处的人们在庆贺成功的欢呼声。

此后，“北极星”导弹进入了生产阶段。海军又进行了多次试验发射，都取得了圆满成功。这时，“乔治·华盛顿号”业已编入现役。1960年夏天，在卡纳维拉尔角附近的海区，“北极星”导弹系统进行了最初的水下试验发射。第一次发射效果不太理想，但从第二次起，发射就正常了。在3个月内，“乔治·华盛顿号”向1 000海里以外的靶场发射了数枚“北极星A1”导弹，全都准确命中了目标。

“北极星 A1”导弹长 8.68 米，最大直径 1.37 米，重 12.7 吨，射程 2 200 千米。无论从威力上，还是射程上，都满足了海军的要求。“北极星 A1”导弹是美国海军研制的第一代潜射中程弹道导弹，该弹既可供水面舰只使用，也可由潜艇水下发射。1961 年装备美国海军核潜艇，成为当时美国核战略的一个重要组成部分。该弹 1965 年全部退役，为更新型导弹所取代。1960 年 11 月 15 日，美国第一艘弹道导弹核潜艇“乔治·华盛顿号”装载着 16 枚射程为 2 200 千米的“北极星 A1”导弹，开始了它的首次非战时巡逻航行。

但雷伯恩并不满足，他要求对 A1 进行改进。

1961 年 10 月，“艾伦号”潜艇在水下发射了 A2（A1 的改进型）导弹。A2 导弹长 9.45 米，最大直径 1.37 米，重 13.6 吨，射程 2 800 千米。“北极星 A2”弹道导弹为 A1 导弹的后继型。1962 年开始分别部署于 5 艘“艾伦”级和 8 艘“拉菲特”级核潜艇上，每艇 16 座导弹发射筒，水下垂直发射，利用燃气 – 蒸汽将导弹弹射出水面。当时共生产配备 208 枚 A2 导弹。1964 年停产，1974 年

“北极星 A2”导弹发射

起逐步被 A3 导弹所取代，1976 年全部退役。

雷伯恩把攻关的重点放在提高潜射导弹的射程上。总的研制前提是在总体尺寸变化不大的情况下使射程增至 4 600 千米。这就要求尽可能采用先进的设计和工艺，最大限度地减轻结构重量，提高海基战略导弹武器系统的攻击能力、突防能力和生存能力。功夫不负苦心人，1963 年 10 月，“杰克逊号”潜艇在水下发射了 A3 导弹。A3 导弹长 9.66 米，最大直径 1.37 米，重 14.3 吨，射程 4 600 千米，可携带当量 100 万吨的单弹头，也可携带 3 枚当量 20 万吨的集束式弹头。

“北极星 A3”导弹发射

1967 年 10 月 3 日，“拉菲特”级的最后一艘弹道导弹核潜艇“威尔·罗杰斯号”服役，美国海军的 41 艘弹道导弹核潜艇全部完成了部署，共生产了 1 450 多枚“北极星”导弹。“北极星”计划大功告成。一些有远见的海军军官在 20 世纪 50 年代中期的梦想到 60 年代变成了现实。当时这种导弹是世界上最强有力的武器系统。一功成名就的雷伯恩继续为建设一支强大的“北极星”导弹潜艇部队而四处奔波。他的管理技术成为商业学校讲授的内容，也成为整个工业界应用的准则。就连竞争对手——空军最后也对他表示敬意，掌管战略轰炸机的将

“北极星 A3” 导弹

军们同意赋予“北极星”导弹的战备威慑的任务，不过他们建议国会由联合战略空军司令部来控制“北极星”导弹潜艇部队。

由于雷伯恩具有卓越的领导才能，后来他被任命为中央情报局局长，经过一段短期任职后，他又到一家大型航天公司当高级经理，成就斐然。有关雷伯恩的成就像带有美国传统色彩的民间故事那样神乎其神。但重要的是，当美国在军事力量上落后于苏联，国内笼罩着一种大难临头的气氛时，雷伯恩和他的同事们以其非凡的能力，使美国在最重要的战略武器方面一下子领先苏联 5 年。

知识卡

导弹战术技术性能

导弹战术技术性能是指导弹具备的基本特性和作战能力的总称。是评价导弹的主要指标，又是导弹研制生产与作战使用的基本依据。它决定着导弹的作战运用，同时，又随着作战要求的逐步提高而不断改进，受国家科学技术水平和工业生产能力的制约，但在服役期限内应具有先进性和合理性。导弹类型繁多，其战术技术性能差别很大。指标项目一般包括射程、威力、命中精度、反应时间、可靠性、外形尺寸、质量参数、发动机推力等。战略导弹还包括突防能力、生存能力、投掷质量和有效载荷等。

2.9“定海神针”

20 世纪 60 年代中期，随着苏联洲际弹道导弹数量的增加，针对苏联导弹防御系统的实质性推进，美国海军提出研制“北极星 B3”导弹，实质上是在“北极星 A3”的弹头上加装诱饵系统。

早在 20 世纪 60 年代初，美国海军就已着手研究充分利用艇载导弹发射筒的潜力问题。研究结果表明，适当放松对减震系统的要求可以使发射筒所能容纳的导弹的直径从 1.37 米增大到 1.88 米。当时将这种射程与“北极星 A3”相同，但直径增大的导弹定名为“北极星 B3”导弹。4 600 千米的射程已能满足当时的使用要求，因此“北极星 B3”导弹多余的运载能力就放在提高突防能力和有效载荷灵活性方面。

海军对单弹头和多弹头在携带或不带突防装置的情

“北极星”导弹

况下攻击软目标和硬目标的能力进行了比较研究。随着“北极星 B3”导弹设计方案的成熟，考虑过的弹头方案有大威力单弹头、大威力和小威力集束式多弹头等方案。1963 年出现了分导式多弹头的设想，采用分导式多弹头能够大大提高效费比。于是，美国海军改变主意，决定越过“北极星 B3”，从 1964 年 10 月开始直接研发分导式多弹头的第二代潜射弹道导弹，名为“海神 C3”导弹。

1965 年 1 月 18 日，美国总统宣布为舰队弹道导弹系统研制“海神”导弹。该型导弹的设计重点考虑了两个问题：一是该型导弹要能够充分利用现有的“拉菲特”级导弹核潜艇（后来也被称为“海神”核潜艇）导弹发射管的空间，它的容积要比“北极星”系列导弹的体积大得多；二是要能够有效应对苏联正在发展的导弹防御系统。

“海神 C3”导弹长 10.4 米，直径近 1.9 米，比“北

“海神”导弹

极星A3”导弹增加了50多厘米，导弹的发射重量增加了将近1倍，接近30吨。由于导弹个头变大了，可以装填更多的推进剂，意味着推力增大，在射程不变的情况下，可以增加有效载荷，“海神C3”导弹有效载荷近1 400千克。“海神C3”导弹放弃了通过诱饵突防的方式，主要采用分导式多弹头实施“饱和攻击”来突防。从理论上讲，1枚“海神C3”导弹可带14个当量4万～5万吨的W68型核弹头。实际装备弹头数平均为10个。弹头命中精度500米左右。

1966年12月做出部署“海神”导弹的决定。1968年8月进行首次研制性飞行试验。1971年3月开始正式部署，“海神”成为当时世界上最先携带分导式多弹头的潜射弹道导弹。到1977年，美国所有31艘“拉菲特”级导弹核潜艇全部换装了“海神”导弹。共有496枚“海神”导弹列装。1979年“海神”导弹开始退役。

进入20世纪70年代，随着苏联核力量的逐步增强和海军反潜能力的提高，美国海军开始了远程水下导弹项目。“海神”导弹500米

“海神C3”导弹起飞

的命中精度和4万～5万吨的弹头爆炸当量，难以满足新形势的要求，美国海军要求研制一种射程远高于"海神"导弹的潜射弹道导弹。洛克希德·马丁公司作为主承包商提出了一个两阶段计划。第一阶段开发一种"海神"导弹的衍生型，称之为增程型"海神"，这种导弹和"海神"导弹具有同样大小的直径以便于使用在已有的弹道导弹核潜艇上。第二阶段开发一种全新型号的潜射弹道导弹，具有更大的直径，不过需要建造新的核潜艇来使用。前者成为"三叉戟Ⅰ"（C4）导弹，后者成为"三叉戟Ⅱ"（D5）导弹。

洛克希德·马丁空间系统公司，前身是洛克希德公司，创建于1912年，是美国一家航空航天业制造商。公司在1995年与马丁·玛丽埃塔合并，更名为现名，简称洛克希德·马丁公司。目前洛克希德·马丁公司的总部位于马里兰州蒙哥马利县的贝塞斯达。公司的核心业务领域是系统集成、信息技术、航空航天和技术服务。主要产品包括美国海军所有潜射弹道导弹，战区高空区域防空系统，通信卫星系统，F-16、F-22和F-35（JSF）等战斗机，U-2间谍侦察机，SR-71"黑鸟"战略侦察机，C-5系列"银河"大型军用运输机及岸基反潜机P-3系列，C-130系列军用运输机、军用电子系统，飞行训练辅助设备，火控系统和空中交通管制设备等。占据美国防部每年采购预算三分之一的订货，控制了40%的世界防务市场，几乎包揽了美国所有军用卫星的生产和发射业务，成为世界级军火"巨头"，是全世界营业额最大的国防工业承包商。

"三叉戟I"导弹是美国洛克希德·马丁公司研发的第三代潜地远程弹道导弹。它具有比"海神C3"导弹远60%的射程。这是由于使用了高效能推进系统、额外的第三节推进火箭、微电子元件及较轻的材质。另一个显著的改进是它圆钝的弹鼻上的"空中针头"。空中针头在发射前安装上去可以让导弹的飞行效果犹如具有长而尖的弹鼻，而圆钝的弹鼻则可容

“三叉戟 I”导弹起飞

纳更多内部器材。它在 1979 年开始部署在改装的“拉菲特”级核潜艇上，1981 年开始部署在“俄亥俄”级核潜艇上。“拉斐特”级核潜艇从 1961 年首艇开工到 1965 年，共建造 31 艘。它们所装备的弹道导弹以及导弹发射指挥装置等都有所不同。“拉斐特”级前 8 艘装备的是 16 枚“北极星 A2”导弹，后 23 艘装备的是“北极星 A3”导弹。后来由于反弹道导弹武器的出现，美国海军决定将“拉斐特”级核潜艇全部改为装备“海神 C3”多弹头分导重返大气层弹道导弹。1978 年至 1982 年，美国海军又将该级艇的 12 艘改装为“三叉戟 I”导弹发射艇。美国海军共生产有 630 枚“三叉戟 I”导弹，其中有 150 枚用在其服役期间的测试上。2005 年“三叉戟 I”全部退役。导弹最大射程达到了 7 400 千米，命中精度通常在 400 米之内，最好状态可达 230 米。导弹采用 8 ~ 10 个分导式子弹头，每个子弹头威力为 10 万吨当量，可分别攻击 8 ~ 10

个目标，从而大大增加了导弹毁伤目标的能力。

美国军方于20世纪70年代初期展开“三叉戟I”导弹计划的同时，就开始着手发展一种新型的弹道导弹潜艇以供“三叉戟”导弹使用。最初的计划是建造一种“拉菲特”级的改良型核潜艇，并使用相同的原子反应堆。后来，为了降低新潜艇的噪声，决定采用自然循环原子反应堆。基于经济效益，导弹数量由16枚增至24枚。由于这项计划的造价过于庞大，最初曾遭国会的反对，不过当苏联在“三角洲”级潜艇上配置了射程远达6 935千米的SS-N-8潜射弹道导弹之后，美国国会终于批准了这项计划。这项计划在发展之初就遇到不少困难，因此进度较原计划滞后许多。当困难被克服以后，终于产生了一种性能优异的潜艇，即“俄亥俄”级核潜艇，该艇采用昔日美国海军战斗舰以州名命名的规则。截至1987

“俄亥俄”级弹道导弹核潜艇

年底，已有 12 艘经过改装的“拉菲特”级核潜艇和 8 艘“俄亥俄”级核潜艇装备“三叉戟 I”导弹。其中“拉菲特”级每艇装备 16 枚（合计 192 枚），“俄亥俄”级每艇装备 24 枚（合计 192 枚）。装载“三叉戟 I”导弹的潜艇群分别隶属于大西洋舰队和太平洋舰队。两边的部署都得益于这型导弹的长射程，也都是以美国本土为基地。从大西洋可攻击几乎所有苏方目标，少数处于较远区域的目标则由太平洋这边来加以攻击。

“三叉戟 II”（D5）型战略弹道导弹吊装

“三叉戟 II”导弹是在“三叉戟 I”导弹基础上研制的改进型号，由洛克希德·马丁公司研制。1983 年“三叉戟 II”导弹正式开始了研制工作，1987 年 1 月首枚导弹试射，1989 年 3 月进行了首次水下发射，1990 年 3 月“三叉戟 II”导弹形成了初始作战能力。

作为美国海基核力量的核心，“三叉戟 II”导弹和“三叉戟 I”导弹一样是三级固体导弹，但是它采用了很多新技术，包括新的硝酸酯增塑聚醚高能推进剂、碳纤维环氧壳体、碳碳可延伸喷管、GPS- 星光 - 惯性联合制导。“三叉戟 II”具有更大的体积，弹长 13.5 米，弹径 2.11 米，发射重量 59 吨，装配了 W76 和 W88 两种弹头。它可以携带 8 具 MK5 再入载具外加 8 枚当量 47.5 万吨的 W88 核弹头，也可携带 14 枚当量 10 万吨的 W76 分导式核弹头，射程最远达 12 000 多千米。在美国海军港口内发射该型导弹，可打击北半球的任何一个目标。

在满载情况下，“三叉戟Ⅱ”核弹头投掷数量可以增加到 14 枚，当然射程会有所缩水。后来根据美俄间的协议，改为限载 8 枚，可分别攻击 8 个目标。该型导弹具有极高的精度，其再入载具在 GPS 提供精度修正时圆概率偏差可达 90 米，如此高的精度，使之具备了进行第一波攻击和打击硬目标的能力，可以对俄罗斯加固的洲际导弹发射井和加固的地下战略指挥部进行打击。

“三叉戟Ⅱ”潜射导弹主要用来摧毁强化工事目标，包括陆基洲际导弹发射井及加固的地下指挥控制中枢等，并可很快重新输入目标。每艘核潜艇所载的 192 个分弹头可以在半小时内摧毁对方 100 ~ 150 个大中型城市或重要战略目标。由于采用 GPS– 星光 – 惯性联合制导系统，其打击能力比“三叉戟Ⅰ”导弹提高 3 ~ 4 倍，因而被誉为美海军战略核力量的“骄子”。目前“三叉戟Ⅱ”导弹已成为美国海军所有弹道导弹核潜艇的标准装备之一，该型导弹的装备将进一步满足美国国家战略威慑政策的需要，使美军具备应付新型威胁的能力。

“三叉戟Ⅱ”潜射导弹主要装备美国海军第四代“俄亥俄”级战略核潜艇。该级潜艇是美国通用动力公司专为装载“三叉戟Ⅰ”而研制的，也是迄今各国海军中最先进的战略核潜艇。“俄亥俄”级核潜艇排水量达 18 750 吨，采用了高性能核反应堆、先进电子设备和多种降噪措施，每艘潜艇造价高达 20 多亿美元，堪称“潜艇之王”。该级艇的艇体属单壳型，在结构与布置等方面均与众不同。艇体艏艉部是非耐压壳体，中部为耐压壳体，整个耐压体分成四个大舱，从艏至艉依次是指挥舱、导弹舱、反应堆舱和主辅机舱。指挥舱分为三层：上层设有指挥室、无线电室和航海仪器室；中层前部为生活舱，后部为导弹指挥室；下层布置4具鱼雷发射管。导弹舱共装24枚“三叉戟”导弹，对称于中心线平行配置。反应堆舱的上部是通道。主辅机舱布置动力装置。

第一艘“俄亥俄”级核潜艇于1981年开始测试，1982年1月发射第一枚导弹，并在1982年10月做首次战斗部署，共建造了18艘。前8艘潜艇携带“三叉戟I”潜射弹道导弹，后10艘装备“三叉戟Ⅱ”导弹。此后，配备“三叉戟I”导弹的潜艇也开始换装成“三叉戟Ⅱ”导弹，每艘拥有24个垂直导弹发射管，可发射24枚“三叉戟Ⅱ”导弹。目前，美国海军的18艘“俄亥俄”级战略核潜艇分属美太平洋舰队和大西洋舰队指挥。其中8艘属于驻扎在班戈海军基地的太平洋舰队的战斗序列，其中4艘在接受改装；而大西洋舰队第10潜艇大队、第16和20潜艇中队各统领5艘。“俄亥俄”级核潜艇的服役期为30年，它同时也是世界上在航率最高的潜艇，平均海上巡航70天后，返回基地补给和维修25天，然后可再次出海巡逻。到2000年，18艘“俄亥俄”级核潜艇已经是美国海军全部的弹道导弹潜艇。

“俄亥俄”级战略弹道导弹核潜艇打开导弹发射筒盖

苏联解体后，世界局势已经

全面缓和，所以各国的弹道导弹潜艇与潜射弹道导弹的数量都在减少。进入新世纪，“俄亥俄”级弹道导弹核潜艇服役已满30年，较早入役的前几艘已经开始老化，已无力承担战略核威慑常态巡航值班。美国海军决定从2002年开始将“俄亥俄号”潜艇、“密歇根号”潜艇、“佛罗里达号”潜艇和“佐治亚号”潜艇改装成为携带常规导弹的巡航导弹核潜艇。“俄亥俄”级核潜艇被分为巡航导弹核潜艇和弹道导弹核潜艇两类。依照美国海军在2010年代初期的计划，“俄亥俄”级弹道导弹核潜艇将从2027年起陆续退役；而替代“俄亥俄”级的新一代的弹道导弹核潜艇计划在2010年启动，首舰预计在2031年左右服役。

“三叉戟Ⅱ”导弹还装备英国4艘“前卫”级战略导弹核潜艇，并装有英国自制的分导式弹头。4艘“前卫”级核潜艇每艘携带16枚带有8个分导式热核弹头的“三叉戟Ⅱ”导弹，这就使英国拥有的弹头总数从192枚增加到512枚。1998年，随着英国皇家空军WE177核炸弹的退役，英国唯一的核防御能力只剩下4艘“前卫”级弹道导弹战略核潜艇。这些潜艇都在巴罗因弗内斯维克斯工程造船厂建造，服役后以位于苏格兰克莱德河的梵斯赖尼港为母港。每艘潜艇有16个导弹发射管，可以发射“三叉戟Ⅱ”导弹。据英国国防部宣称，目前装备的“三叉戟Ⅱ”导弹将在2024年时全部退役。

为了使“三叉戟Ⅱ”导弹能服役至2042年，达到最新型的“俄亥俄”级核潜艇延长后的服役期末，美国将把“三叉戟Ⅱ”（D5）改进成“三叉戟Ⅱ”（D5LE）型。

“三叉戟Ⅱ”（D5）为三级固体推进导弹，射程远和命中精度高是它的两个突出优点。但从长远来看，美国“三叉戟Ⅱ”（D5）导弹仍存在一些难以解决的问题。

一是系统采购和维护费用昂贵。“三叉戟Ⅱ”导弹从1987年开始批量生产，到2005年为止美国海军已购买413枚，并将采购总数从453枚增加到了561枚，并额外拨款122亿美元，这一支出使美国海军经费变得紧张。

二是大部分导弹服役期届满。由于美国海军将“俄亥俄”级战略导弹核潜艇的服役年限从30年延长到了44年，即2040年左右，最老的潜艇计划到2029年退役，而“三叉戟Ⅱ”导弹最初计划服役至2020年。在近20年的时间内，与“俄亥俄”级战略导弹核潜艇配套的弹道导弹将逐渐减少，必须采取延寿措施。

“三叉戟”的W76弹头已服役多年，作为战略威慑的主要手段，它为美国挤垮苏联、称霸全球立下了汗马功劳。一般核武器的寿命只有20年，进入新世纪后，它已经成为美国核武库中最老的装备，内部生锈、材料衰退、腐蚀和关键零部件变脆等风险也相应变大。美国并不打算把这些冷战遗物白白扔掉，计划花20亿美元在2007年至2017年的10年间对W76核弹头进行检修，希望能够延长其寿命。

三是弹头可靠性存在疑问。冷战时期，美国科学家为了满足军方提出的小型化、大威力的需求，弹头采用了轻、薄设计。W76弹头设计当量为10万吨，重量只有96千克，与“海神C3”导弹携带的弹头W68相比，在重量几乎相同的情况下，威力却提高了1.5倍，但是这种极限设计使弹头的可靠性变低，可能造成威力不足或哑弹。2005年4月3日，美国多名科学家在《纽约时报》上撰文披露了这一问题，引起了公众对美国核力量可靠性的疑问。

四是打击精度难以满足军方的新需要。冷战时期，由于海基弹道导弹打击精度较低，它一般担负打击只需要概略瞄准的城市或地面机动目标。但随着潜射导弹打击精度的提高，它已经逐步替代井式战略导弹担负的对地面加固目标的打击任务，这也使美俄大幅度削减井式战略导弹成为可能。“三叉戟”导弹的打击精度已达到了90～120米，已经达到甚至超过了美国最先进的“和平卫士”井式战略导弹的水平。但是随着美国“先发制人”战略的实施，美国赋予战略力量远程常规打击地面“时间敏感”目标和地下坚固目标的任务，这一精度水平难以满足军方需要。

“三叉戟Ⅱ”导弹起飞

2005年10月，美国“俄亥俄”级战略导弹核潜艇“阿拉巴马号”卸载了最后24枚C4导弹，至此，服役26年的“三叉戟Ⅰ”（C4）导弹全部退役，“三叉戟Ⅱ”（D5）导弹成了唯一的潜射弹道导弹。为了确保导弹的有效性，美国海军一方面制订新的采购计划，另一方面对“三叉戟”导弹全面整修和改进，以使“三叉戟”导弹服役到2042年。改进的内容主要包括以下几个方面。

一是改进弹体。美国海军与阿连特技术系统公司签订了7 150万美元的合同，在2007年前为全部“三叉戟Ⅱ”（D5）导弹生产新型固体推进系统，包括购买火箭发动机和关键部件，并加大“三叉戟Ⅱ”（D5）导弹的库存。整修过的导弹从2013年开始服役，并命名为“三叉戟Ⅱ”（D5A）。2001年11月，美国海军与洛克希德·马丁公司下属的空间系统分公司签订合同，由该公司为“三叉戟”导弹提供系统支持以及相关技术和工程服务。2002年6

月，阿连特技术系统公司又与空间系统公司签订合同，为美国海军“三叉戟”导弹生产所有的三级固体推进系统，并对推进系统使用的生产材料进行质量再认证。2003 年，国会再次划拨 4.16 亿美元改进 D5，改进后的导弹为新型号 D5LE（延寿型）。

二是改进弹头。“三叉戟”导弹弹头有 W88 和 W76 两种型号，但是大多“三叉戟”导弹都携带较老的当量较低的 W76 弹头。W76 从 1978 年开始服役。1996 年至 1999 年期间美国在对该弹头评估中发现一些“负面变化”，为此，美国开始对其进行延寿和性能改进。美国海军对 W76-0 弹头的升级改造包括：更换中子发生器、设计新的储氚器和进行飞行试验。2000 年 8 月对安装改进 W76 部件的联台试验组件进行了飞行试验。每个 W76-1 弹头还将沿用现有 W76 的钚和铀部件，但都要在潘太克斯核武器组装厂拆开，重新整修，目的是使弹头再服役 30 年，一些弹头将服役到 2040 年。整修内容包括：将对现有的 W76 钚弹芯进行重新鉴定；整修热核次级部件；更换高能炸药；研制新的弹上雷达和计算机；开发新的地爆引信，2000 年对此进行了计算机模拟试验；用新型中子发生器替换原来的；为储氚器研制新的氚注入系统。2003 年，W76-1 进行首次飞行试验。2004 年，W76-1 进入工程开发和生产阶段。W76-1 使用的再入载具为 MK4A，当量将减少 40%，为 6 万吨。

为提高“三叉戟”导弹弹头打击精度，美国海军制订了“增效型（E2）再入体计划”。2003 年 1 月，洛克希德·马丁公司为 E2 计划中的再入飞行器申请了专利。新飞行器上装有舵，使其能在三轴方向上机动，海军在 2002 年曾对此进行试验。此前海军还对再入飞行器中的 GPS 接收器进行过测试。2005 年 3 月，美国海军“俄亥俄”级战略导弹核潜艇“田纳西州号”发射了 1 枚带有三轴悬浮系统和 GPS 弹头的“三叉戟Ⅱ”（D5）导弹。

E2 计划还包括对“三叉戟”弹头可调当量进行研究。美国圣地亚哥实验室主任罗伯逊曾透露，“三叉戟”导弹可以装备携带单个低当量弹头，甚至可能发展不同当量的W76，以打击“非俄罗斯”国家，包括无核武器国家。虽然美国国会以具备GPS精度的潜射弹道导弹再入载具将使潜艇可以装备微型核弹为由，在2004年拒绝了E2计划的预算，但海军使用了其他资金，以保障改进导弹精度的计划。如果W76-1安装触地引信，并使用洛克希德·马丁公司的机动再入飞行器，那么，“三叉戟”导弹就能打击地下深埋目标。

三是改进瞄准系统。目前，美国正在升级其战略作战计划系统，使其灵活性更大，响应能力更快。为此，美国海军对“三叉戟”的发射控制系统进行了改造。包括在潜艇上增加基于个人计算机的系统，以使导弹能快速重新瞄准目标。2003年10月，美国海军与通用动力公司先进信息系统部签订合同，负责2006年12月前的“三叉戟”导弹火控系统生产、运行保障、现场工程服务和维修，以及潜艇武器控制系统的研发和生产。此外，美国海军还对当前“三叉戟”导弹的MK6制导系统进行了改造，并延长服役年限。改造后称为MK6LE，在2013年运行，并持续到2042年。

工作人员正在维护“三叉戟Ⅱ”（D5）导弹

美国在“三叉戟”导弹的改进过

程中，突出了现代信息技术最新成果的应用。首先，首次在洲际导弹上正式应用了GPS，大幅度提高了导弹的打击精度。从美军在“三叉戟”导弹常规改装计划中透露的情况来看，经过改装的导弹精度可以从目前的90～120米提高到9米以内，这使导弹在一定程度上可以利用常规弹头达成核弹头的作战效果。其次，美军在瞄准系统改进中使用了新的数据链系统，大大缩短了作战反应时间，并能对在远洋机动的战略导弹实施更可靠、更快捷的指挥和控制，为美军在第一时间应对危机奠定了基础，使美军战略层次的“先发制人”打击策略成为可能。

从美国目前情况来看，由于经费和战略原因，美国海军已将“俄亥俄”级核潜艇的服役年限延长，而“三叉戟Ⅱ”（D5）导弹最初只能服役到2020年，新潜射战略导弹的服役也将在2030年以后，这无疑将使“俄亥俄”级核潜艇缺少可靠有效的配套武器系统。而“三叉戟Ⅱ”（D5）导弹弹体和弹头延寿改造计划将弥补这一空档，保证美国战略威慑的连续性。

2005年，美国科学家指出，由于设计失误，W76外层的放射屏蔽壳在有些地方“像啤酒罐一样薄”。这将引发不稳定现象，也就是说放射屏蔽壳内材料和能量的膨胀将使周围金属的均匀表面产生不规则裂缝。反过来，这些不规则状况使射线无法正常压缩内部聚变装置，从而导致无法反应，或反应无法达到设计威力。从上述美国弹头改进内容可以看出，其目的不仅仅局限于延长武器寿命，还更换了大量核部件，这在一定程度上消除了设计缺陷，使系统更加可靠。

“三叉戟Ⅱ”（D5）导弹改造计划大幅度降低了美国海军战略武器费用。首先，现有系统寿命的延长使“三叉戟”导弹服役期后延，这使美军对新型武器系统的需求压力得以缓解，不但节约了新系统的研发费用，而且通过延长现有系统寿命周期，使武器成本大幅度降低。其次，如果为了消除W76核弹头的设计缺陷，而用新部件来更换所有的1 280枚W76核弹头，费用估计在750亿美元左右，远超过目前20多亿美元的延寿计划。而通过延寿及改进计划，不但使费用得以分摊，而且新弹头的性能也得到了提高。最后，美国在上述改进计划中，广泛应用了用途更广的商用零件进行升级，这将使当前的采购和未来的维护费用保持在较低水平上。

从“三叉戟Ⅱ”（D5）导弹改造计划可以看出，美国海军在保持海基战略力量的主体地位的同时，还在积极探索未来海基战略力量的新用途。首先，在W76弹头改进中探索了可调当量弹头技术，这将使海军可以根据作战需要，为减少附带损伤而适当调整弹头威力，以打击美国所谓的“恐怖主义分子和国家”。其次，试图利用触地核爆能力部分达到钻地核武器的效果，扩大打击目标范围。最后，计划用常规弹头替代核弹头，远程打击所谓“时间敏感”的战略目标。

凭借雄厚的科技实力和工业基础，“三叉戟Ⅱ”（D5）导弹直到现在仍然是潜射弹道导弹中当之无愧的王者。和各国已服役和在研制的潜射弹道导弹相比，综合技术上始终保持领先，具有技术成熟、可靠性高的优势。在可预见的将来，“三叉戟Ⅱ”（D5）导弹以其庞大的数量和卓越的性能，为美国海基核力量独步全球提供了有力保证。

知识卡

“时间敏感”目标

“时间敏感”目标（TCT）是指必须在有限的“攻击窗口”或“交战机会”内发现、定位、识别、瞄准和攻击的目标。TCT可分为两类。一类是各种飞行器，它们的位置随时会变化，攻击机会稍纵即逝。另一类是地面活动目标，如机动的战术弹道导弹发射器，或者虽然是固定设施，但对攻击时机很“敏感”，如敌人即将通过的桥梁、即将发射的导弹阵地等。所谓“适时打击”指“时间敏感”目标一经发现，即争取在尽可能短的时间内予以摧毁。目前，美军力争将“攻击窗口”缩短到十几分钟甚至几分钟。美军认为，只有“适时打击”“时间敏感”目标，才能及时有效地歼灭敌人的有生力量。

第 3 章 令人胆寒的苏 / 俄镇国重器

在当今世界，军事实力最强大的还属美、俄两个超级大国。俄罗斯的导弹武库有许多令美国闻之色变的超级撒手锏，这里选几个有代表性的导弹晒一晒。让我们从头说起吧。

3.1 名师高徒

俄罗斯的导弹研制历史可以追溯到19世纪末20世纪初，当时涌现出许多富于探索精神的航天先驱者，他们进行大量的理论研究和科学实验，对导弹的早期研发做出了重大贡献。

在人类航天历史上，有三位科学家的名字将被永远铭记，他们是俄国的康斯坦丁·齐奥尔科夫斯基、美国的罗伯特·戈达德和德国的赫尔曼·奥伯特。

俄国的齐奥尔科夫斯基是现代航天学和火箭理论的奠基人。他最早从理论上证明了用多级火箭可以克服地球引力而进入太空，并建立了火箭运动的基本数学方程，从而奠定了航天科学的基础。他的另一重要贡献是肯定了液体火箭发动机是航天器最适宜的动力装置，为运载器的发展指明了方向。

齐奥尔科夫斯基

1857年9月17日，齐奥尔科夫斯基出生于俄罗斯梁赞省一个美丽的村庄，父亲给他取的名字是康斯坦丁。这个家有7个孩子，康斯坦丁是老五，家境贫寒。10岁那年，他得了严重的猩红热病，听力很差，与别人的交

往受到很大影响，但这却促使他发愤读书、独立思考。他富于幻想，善于动手。16 岁那年，父亲用积攒的钱送他到莫斯科去求学。虽然这时他仍无法进学校学习，但莫斯科的环境比乡下优越得多。在莫斯科的三年多时间里他每天都到图书馆看书。父亲每月给他寄来 15 卢布生活费，他只吃最简单的面包和蔬菜，用余下的钱买书和实验用品。他自学了解析几何、高等代数和微积分，学习了物理、化学，还以极大的兴趣学习天文学。在学习书本知识的同时，他通过各种方式对自己掌握的知识进行检验。后来，他读了一本测量学的教材，出于好奇，他仿照书中的图案，做了一台测量仪器，按照书中的程序、公式，测量出从他家到望火台的距离是 284 米。然后，他又步行进行校验，结果完全正确，他开始了解到理论知识对实践生活的指导意义，对科学的信心倍增。这激发了他对科学技术的浓厚兴趣。十月革命后，他又开始研究喷气飞机的飞行原理，提出了燃气涡轮发动机方案，阐述了航天器在没有大气层的行星表面着陆的理论，英明地预言："地球是人类的摇篮，但人类绝不会永远躺在这摇篮里，而会不断地探索新的天体和空间。人类首先将小心翼翼地穿过大气层，然后再去征服太阳系空间。"那时的科学家想的是如何用火箭为人类造福，而

齐奥尔科夫斯基

科罗廖夫

不是用作杀人的武器。

20世纪30年代，世界上许多国家的火箭专家都遇到了资金不足的困难，只有德国和苏联的火箭专家得到了国家的大力支持。德国战败后，经济濒临崩溃的边缘，火箭发展一下子跌入低谷，而苏联则挟战胜国之威，在火箭设计师谢尔盖·巴甫洛维奇·科罗廖夫等人的领导下，开创了导弹研制的新纪元。

科罗廖夫于1907年1月12日出生于离基辅200千米远的日托米尔。其母亲是乌克兰人，父亲是俄罗斯人。科罗廖夫从小就富于幻想、敢想敢干。小时候，有一次他向母亲要了两张床单，并告诉母亲说，他想用床单做翅膀学飞行，哪怕是从这个屋顶飞到那个屋顶。当听母亲说这样的翅膀不能飞时，他疑惑不解地问："那么鸟是怎么飞起来的呢？"

1922年，科罗廖夫考入建筑职业学校。1923年初，航空之友协会成立，它设有许多航模运动和滑翔运动小组，广泛吸收青年参加。当时在职业学校张贴的一幅标语最合科罗廖夫的心意：从航模运动走向飞行，从滑翔运动走向飞行！他加入了航空之友协会，积极参加滑翔运动小组的活动，深入工厂给工人讲解滑翔运动。

科罗廖夫酷爱飞行，他决定到莫斯科报考茹可夫斯基空军学院。母亲不同意他去当飞行员，可他软磨硬泡，最后说服了母亲。但遗憾的是，那所学院只招收军衔不低于中尉的人，而科罗廖夫当时还不满 18 岁。科罗廖夫又申请进入基辅工学院机械系学习，与空军和飞行遗憾地失之交臂。

在校期间，科罗廖夫的学业一直很好。他埋头苦干，工作能力很强，令人羡慕。同时科罗廖夫始终没有放弃他心爱的事业——滑翔运动。

1925 年夏，科罗廖夫来到制造滑翔教练机的一个工厂实习。工人们的工作量都很大，经常要夜里加班，他就干脆和大家一起睡在车间里的刨花堆上。他的动手能力很强，受到工人们的一致称赞。

1926 年，基辅工学院的空气动力学班因故中途夭折，科罗廖夫转到莫斯科包曼高等技术学校空气动力系继续学习。这时他年仅 20 岁。在首都，他涉猎更加广泛，也更加具有创造的冲动和目的。他以罕见的速度从一个青年学生成为一名工程师、设计师，这为他后来担任首批弹道导弹、航天火箭、人造地球卫星和宇宙飞船的总设计师打下了坚实的基础。

对科罗廖夫一生产生重要影响的首推现代宇航之父——齐奥尔科夫斯基。

1929年的一天，科罗廖夫和他的几个朋友一同拜访了齐奥尔科夫斯基。齐奥尔科夫斯基手拿助听器，在一幢木板房子里，亲切地接见了他们。这位老人精力充沛，态度诚恳，他花了 30 分钟给他们讲解他的理论。科罗廖夫非常激动，带着年轻人特有的冲动宣布："从现在起，我的目标是冲向星球。"齐奥尔科夫斯基微微一笑说："这是一项艰难的事业。年轻人，它需要有知识，需要坚忍不拔，也许还要付出生命。"

"我不怕困难。"科罗廖夫回答。

"那太好了。从读我的书开始吧，这是你们首先要了解的。你们要边读边记，我随时会帮助你们。"

告别的时候，齐奥尔科夫斯基送给科罗廖夫几本他的书。当时齐奥尔科夫斯基的书印数有限，一般人不易见到。这些书后来成了指引科罗廖夫的良师益友。

中国有句古话：师傅领进门，修行靠个人。齐奥尔科夫斯基的指导，开启了科罗廖夫辉煌的人生，冲出地球，成了他毕生追求的人生目标。

1931 年 9 月，科罗廖夫等一群火箭爱好者组成了苏联反作用运动研究小组，该小组隶属于国防和航空化学建设促进会中央委员会航空技术局。到 1932 年 9 月，反作用运动研究组不但得到了新的生产场地和必需的设备，而且工农红军军事发明局还拨给他们科研经费。他们在“火箭——用于国防、用于科学”的口号下进行了大量的理论和实验工作。

1933 年 10 月 31 日，国防劳动委员会通过决议，建立世界上第一个火箭科学研究所，任命科罗廖夫为副所长，主管科研工作。在科罗廖夫的主持下，火箭科学研究所研制了可控地对地巡航火箭。除了火箭研究以外，科罗廖夫还探索能够安装液体燃料火箭发动机的滑翔机结构。在 1935 年 9 月的第 11 届全苏滑翔机驾驶员代表会议上，他们设计的 CK-09 作为“来宾”进行了表演，博得专家们的称赞。

在科罗廖夫的领导下，火箭科学研究所开始进行有翼喷气飞行器的研制，其中的代表型号是一种名为 212 型的巡航导弹，看上去就像小一号的德国 V-1 飞弹。所不同的是，212 型巡航导弹安装一台以硝酸和煤油为燃料的火箭发动机，推力为 1 500 牛，导弹飞行由三轴稳定的自动驾驶仪控制。不过这种 1936 年开始测试的导弹，在试验中多次发生爆炸，直到 1939 年才试飞成功。由于大批科学家因肃清反革命和取缔托派运动被捕入狱甚至直接被枪决，直到二战后期，苏联在有翼巡航导弹方面一直没有大的进展。

1936 年 7 月，科罗廖夫和他的朋友谢金科夫的火箭飞机设计方案通过了火箭科学研究所技术委员会的审查，并得到批准，被列为 1937 年研究所的主要工作之一。1937 年底，火箭飞机成功地进行了第一次地面点火试验。就在这时，苏联发生了“大清洗”运动，苏军领导人图哈切夫斯基被判处死刑。科罗廖夫受此案牵连，被押送至西伯利亚做苦役，离开了他心爱的火箭事业，但他所设计的一系列试验仍在继续进行。

苏德战争爆发后，由于战争形势急转直下，科罗廖夫的命运发生了转机，一批著名的科学家如著名飞机设计师图波列夫被安排出来工作。图波列夫多次向上级机关提出请求，让科罗廖夫重返科研岗位，重新开始研制火箭。虽然他们从事的是科研设计工作，但身份仍然是囚犯，每天工作长达 12 小时，工作和住地警卫森严，他们相互之间不得随意聊天，毫无行动自由。

不久后，苏联获知希特勒德国研制导弹的情报，科罗廖夫被调到另一家监狱工厂，进行军用火箭和火箭飞机的研究。一天，试飞员弗拉基米尔·费多罗夫乘坐科罗廖夫设计的火箭飞机，在拉 -5 飞机的拖曳下飞上蓝天。爬高之后，火箭飞机与拖曳机分离，开始单独飞行，时速 80 千米。上升到 2 600 米高空时，费多罗夫启动发动机，五六秒钟后，飞机时速猛然加大到 140 千米，飞机一下子冲到 2 900 米高空。科罗廖夫关于滑翔机与火箭发动机相结合的想法终于实现了。

在卫国战争中，科罗廖夫乐观和忘我地从事前线所需要的火箭研究工作，常常亲自参加火箭飞机的飞行试验。因为实验室里算出的数据、提出的理论再有把握，再合乎逻辑，也必须经过多次实践的检验，经过不断修正后，才会有成功的把握。在一次飞行时，发动机突然发生爆炸，飞机尾翼被炸坏。尽管飞机安全着陆了，但经过这次事故后，人们认为科罗廖夫再也不会亲自试飞了。可是，当他走下飞机时，竟高兴地说：“多亏我在飞机上，好像找到了原因。明天再飞一次。”果然，第二天科罗廖夫又随机试飞了一次。

正是在科罗廖夫等人的努力下，苏联的火箭科学研究所制造的一系列火箭发动机，为后来发展弹道导弹以及后来的洲际导弹奠定了基础。从此一个喷气飞行时代、一个具有神奇速度和空前的飞行距离的火箭时代开始了。

知识卡

有翼导弹

有翼导弹是指配有弹翼，主要依靠翼面产生的空气动力做机动飞行的导弹。巡航导弹和大多数战术导弹，如反飞机导弹、反舰导弹、反坦克导弹等均为有翼导弹。有翼导弹要求有良好的气动力外形，其气动力布局形式由翼面（弹翼、舵面、尾翼）在弹身上的相互位置来表征。有翼导弹只能在高度 30 千米以下使用。它的特点是机动性好，便于控制，在飞行弹道的主动段、被动段均能进行控制，大攻角飞行时，弹翼的作用明显减小。

3.2 早期“杰作”

二战结束后，西方国家企图以核讹诈和实力地位向苏联施压，迫使苏联在战后世界势力划分问题上做出让步。在这种形势下，苏联政府决定加强核研究，迅速解决核弹的运载问题。他们一方面大力发展核物理，着手研制核武器，另一方面，他们加强核弹头远程运输问题的研究。由于当时苏联远程轰炸机的水平与美国差距较大，且一时难以赶上，于是把运载核弹的工具重点放在火箭上。为此，斯大林特别要求加速发展弹道导弹，并将其列入国家重点计划。

苏联原指望 V-2 导弹的总工程师冯·布劳恩能帮上忙，可是美国人先下手为强，已经在苏军到达之前，悄悄将最优秀的导弹专家、重要的设计图纸和组装完成的 V-2 导弹装了几百列车运到了美国。苏联只得组织本国专家对德军遗留的V-2导弹以及工厂进行反向研究。克格勃找到了苏联火箭发动机专家瓦连京·彼得洛维奇·格鲁什科，询问由谁担当复制德国V-2导弹的艰巨任务。格鲁什科沉默了一会，然后说：有一位科学家值得“商榷”，他就是科罗廖夫，可他因为“反苏联”罪正在西伯利亚服刑。于是，才华横溢的科罗廖夫在经历了8年之久的牢狱之灾后，终于登上了属于他的历史舞台，恢复了名誉，回到了国立喷气科学研究所。

瓦连京·彼得洛维奇·格鲁什科

1945年秋，科罗廖夫、格鲁什科、皮柳金等苏联火箭技术专家被派往德国了解德国火箭技术情况。他们找到了躲藏起来的部分德国V-2导弹工程师，尽管是二流、三流的专家，但经验还是很重要。

1946年4月29日，斯大林亲自主持召开专题会议，听取汇报，要求加速苏联导弹武器的研制。同年5月13日，斯大林主持召开部长会议，通过了称为“导弹大跃进纲领”的《导弹武器问题决议》。决议规定，立即成立导弹研制专门委员会，作为最高领导机构，直接隶属部长会议。由部长会议主席决定导弹武器装备的科研和试验，制定工作计划和发展纲要，审批项目拨款，协调物资技术资源，监督政府各部门任务执行情况，督导各单位完成规定的任务。专门研究导弹武器的第 88 科学研究院在莫斯科郊区成立。第一分院完全是德国专家，他们被隔离在一个湖心岛上搞研究。科罗廖夫领导第三分院，和德国人展开了竞争。1946 年 8 月 9 日，苏联国立喷气科学研究所副所长科罗廖夫被任命为第一枚弹道导弹的总设计师。

1946 年底，科罗廖夫所在的设计局开始设计自控远程火箭。在他的主持下，成立了总设计师委员会，进行理论研究和实验工作。这个委员会中有火箭发动机总设计师、控制系统和地面工程总设计师等，科罗廖夫是这项事业的核心和灵魂，他把全部精力都倾注在这项事业上。科罗廖夫和同事们利用德国专家的智慧和 V–2 导弹的大量资料，在一年时间里，开展了苏联第一枚弹道式导弹研制。他们先是利用从德国搜集到的导弹部件组装了 13 枚 V–2 导弹。试射的精度并不理想，据称只有 38% 的导弹命中了目标。总设计师科罗廖夫针对 V–2 导弹几次试验的结果将解决问题的重点放在了增大射程和提高精度上。通过改进导弹的发动机以及导弹制导系统后，推出了苏联的第一种弹道导弹。这枚仿制的短程导弹被命名为 P–1（P 为俄文“胜利者”的第一个字母），其外形和德国的 V–2 导弹比没有多大变化，和美国的“下士”相比，它的长度比“下士”要长 1.26 米，射程要远。

1947 年 10 月 18 日，在十月革命胜利 30 周年前夕，在科罗廖夫主持下，苏联某地的靶场秘密发射了第一枚弹道火箭样机。虽然当时火箭的发射重量仅仅几吨，同现代航天火箭发射重量的 300 吨不能同日而语，但它正如科罗廖夫所说：“我们迈出了重要的一步。”也正是由于这一成就，科罗廖夫获得了苏联国家勋章，并受到了斯大林的接见。在会谈中，斯大林只问了科罗廖夫两个问题：一是这种导弹能不能做得更大，二是能不能打到美国。科罗廖夫的回答自信而坚定：能！这自然是斯大林最想听到的。曾经被斯大林判为死刑犯的科罗廖夫，10年后又成了斯大林的座上宾。

1948年在V–2基础上改进设计的P–2更像是V–2导弹的放大型号，于20世纪50年代初研制成功。P–2比V–2更长，更重，射程更远。导弹设计全长17.7米，中部最大直径1.65米，弹重20.5吨，射程达到了600千米，弹头装药也上升到了1.5吨。仍采用单级液氧加酒精液体推进剂，命中误差在千米左右。P–2导弹的技术改进措施主要有：改进发动机冷却系统，减少液体燃料的含水量，提高燃烧室的压力和温度，加长火箭发动机喷管。苏联当局接着又制定了研制射程为800千米的P–3和射程为900千米的P–4导弹计划。

1950年初，德国专家全部被送返德国，苏联开始独立发展弹道导弹。1950年12月，在科罗廖夫的指导下，设计师们首先剖析前两型导弹的弱点。主要有三个：一是使用易挥发的液氧，在实战中很难长时间处于高戒备状态；二是发射设施、设备，特别是推进剂运输、加注及贮存设备等规模庞大，严重制约了导弹的机动性、作战运用的灵活性；三是由于目标很大，在作战中容易成为敌人的靶子，生存能力很弱。尽管此时一种44万牛推力的液体火箭发动机研制接近完成，针对这些问题，科罗廖夫还是果断决定放弃P–3和P–4方案，按照苏联政府的命令，在P–1、P–2导弹基础上，研制P–11导弹，他担任新型号导弹的总设计师。扬格利作为科罗廖夫的助手，在P–11研制中发挥了重要作用。

1953年3月，P–11导弹首次成功试飞，同年11月开始试生产，1955年6月开始批量生产，同年7月装备部队。P–11为液体燃料导弹，使用新型火箭发动机和高沸点燃料，导弹构造也有较大改动。特别是导弹的发射重量5.5吨，比P–1减轻了40%，最大射程270千米，弹头重约690千克。导弹加注后可贮存1个月，实战能力有较大提高。

为了与美国搞核军备竞赛，1954年8月，苏联政府下令研制能带核弹头的 P-11M。1958 年 4 月，P-11M 装备部队。其有效载荷 950 千克，而原来弹头重 690 千克，意味着导弹射程的减小。实际上，导弹最大射程为 150 千米（最多不超过 170 千米）。核弹头当量 1 万吨。美国和北约将 P-11 编号为 SS-1a，P-11M 为 SS-1b，由于 P-11M 是“飞毛腿”的第一种型号，被称为“飞毛腿 A”。

随着美苏军事对抗的加剧，P-11M 的最大射程不能满足苏军作战需要。1957 年，苏联第 1 导弹设计局的专家就开始研究对 P-11M 改进，重点是提高射程。1958 年

“飞毛腿”

4月，苏联政府下令，由第385中央设计局（由马克耶夫负责的东部导弹综合体）研制射程50 ~ 200千米的新型导弹，即P-17。于是，P-11M导弹的改进工作随即停止。P-17导弹是苏联多家研究机构联合研制、共同攻关的结果。在外形和技术参数方面，与P-11M导弹相近，好处是不仅加快了研制进程，也可以使两种型号导弹地面设备实现通用化，节约研制经费。P-17于1959年12月成功进行了首次飞行试验，于1961年11月装载在履带式发射车上参加了红场阅兵式，于1962年3月列装。这种单级液体导弹的头体不分离，与P-11M相比，结构发生了很大变化，可看作是新设计的导弹。使用更加先进的控制系统和气动力装置，发动机、推进剂和战斗部都是新的，射程达到了设计的240千米，最大可达300千米。导弹命中精度提高，圆概率偏差由3 000米提高到1 000米左右。北约将这种导弹称为“飞毛腿B”。北约还将射程增加到500千米的P-17M称为“飞毛腿C”，将头体分离、

“飞毛腿”导弹和发射车

命中精度明显提高的改进型P-17BTO称为“飞毛腿D”。这就是在第三世界很受欢迎的“飞毛腿”导弹家族。

从1953年开始，科罗廖夫开始领导研制P-7洲际弹道导弹。现实与理想总是有差距。尽管科罗廖夫全身心地投入到火箭的研发中，可要实现洲际导弹的射程（5 500千米）并非易事。接连两次的发射失败使得斯大林对他心生疑虑。在这最关键的时刻，他想起导师齐奥尔科夫斯基关于火箭列车的设想：一列火车可以有10节车厢，也可以有15节车厢，一切根据载重量的大小而定。火箭是否也来个列车式的串联呢？科罗廖夫提出了一个大胆的建议：放弃此时已经落后的V-2导弹技术，直接开发两级火箭。他与苏联火箭发动机专家格鲁什科在一次共进午餐时说：假如我能让火箭分成两段，一段的燃料用完后就抛掉，后面这一段就会变得更轻，飞得就会更快、更远。只要在它外面包裹一层耐高温材料，它就可以重返大气层，但我需要你设计更大推力的火箭发动机。

事实上，仅靠火箭串联的办法并不足以达到洲际导弹的射程。于是，科罗廖夫又另辟蹊径，首创了在第一级采用4个火箭并联助推的方法，不少后来者也采用捆绑式来提高火箭的推力。这是后话。

1955年6月25日，科罗廖夫提出了发射人造地球卫星的想法，并且补充了人类进行宇宙飞行的设想。1956年，第1试验设计局成为独立的机构，科罗廖夫的舞台更广阔了，他的领导能力和技术才华更有用武之地了。就在这一年，他又将P-7导弹改装成准备发射人造地球卫星的运载火箭。

新式导弹的问世，的确是一个十月怀胎、一朝分娩的过程，其中的痛苦和磨难，远非常人可以想象。科罗廖夫设计的P-7使用1台推力为93万牛的发动机做主发动机，4台推力各为100万牛的发动机做助推器，总推力近500万牛。其长29米，直径3米，发射重量280吨，有效载荷3吨，核战斗部当量300万吨TNT，设计射程8 800千米（1959年改进以后的射程可达 12 000 千米），精度用圆概率误差表示为 5 千米，采用惯性制导和无线电制导两种方式。比较大的问题是发射准备时间需要 20 小时。

1957 年 2 月，科罗廖夫全力以赴准备。原计划 3 月份 P-7 第一次飞行，但是技术难关没有攻克，他不得不推迟。直到 5 月 15 日，第一枚 P-7 终于起飞了。不幸的是，刚刚飞行了不远就因一处推进剂管路出现了裂纹而起火爆炸。这是生产车间装配工作不细致、不严谨引起的后果。6 月 9 日，科罗廖夫又进行了一次尝试。这次导弹竟然没有完成点火。故障原因是有人将燃料管路安装错了。事实证明，尽管他的火箭设计完美无缺，但如果不是每

P-7 导弹

一个环节都完美无缺，导弹也难以完美飞行。科罗廖夫承受的压力可想而知，他在给妻子的信中写道："事情都乱套了。我的心情很糟很苦恼。要从失败中走出来非常困难。这里热到了 55℃。"

当然，困难再大也难不倒科罗廖夫。经过百折不挠的探索，1957 年 8 月 21 日，苏联首枚洲际弹道导弹 P-7 终于发射成功，创造了发射人造卫星的运载火箭条件。这枚行程可达 7 000 千米、能够打到美国本土的洲际导弹令苏联人倍感自豪，它同时也是世界上第一枚多级火箭。

作为成功者，科罗廖夫奠定了苏联火箭第一人的地位，可由于苏联害怕美国等西方国家刺杀科罗廖夫，严令他从此隐姓埋名。塔斯社报道："多级洲际弹道导弹已于日内发射。""火箭试验进展顺利，完全证实计算和所选定的结构是正确的。火箭在前所未有的高度上完成了飞行。在短时而远距离的飞行之后，火箭在预定区域降落。"世界上很少有人知道，这枚洲际导弹的总设计师是科罗廖夫。塔斯社同时还报道："核武器和热核武器（氢武器）也于近期内进行了成功的试验。"

P-7 洲际导弹后来改装为"卫星号"运载火箭。它由中央芯级和 4 个助推级火箭捆绑而成，共用了 20 台主发动机和 12 台游动发动机。火箭全长 29.167 米，最大宽度 10.3 米，起飞重量 267 吨，起飞推力达 398 万牛，是当时世界上最大的运载火箭。

1957 年 10 月 4 日上午，苏联拜科努尔航天中心的人造卫星发射塔上，竖立着一枚大型火箭。火箭头部装着一颗圆球形的有 4 根折叠杆式天线的人造卫星"斯普特尼克 1 号"。随着火箭发动机的一声巨响，火箭升腾，在不到两分钟的时间里消失得无影无踪。火箭发射成功，人类从此进入宇宙航行时代。

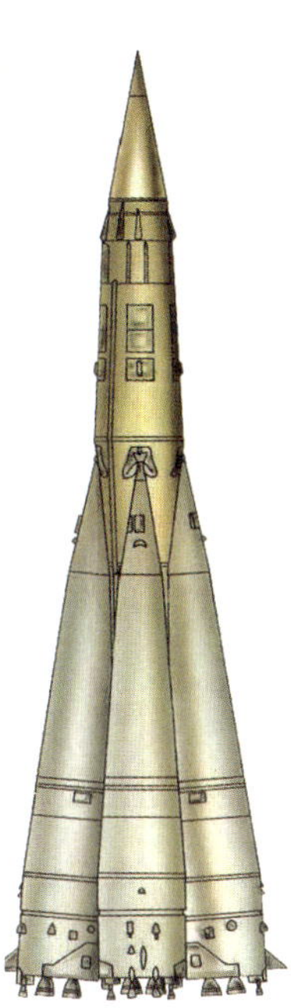

苏联研制的 P-7、P-16、P-9 导弹

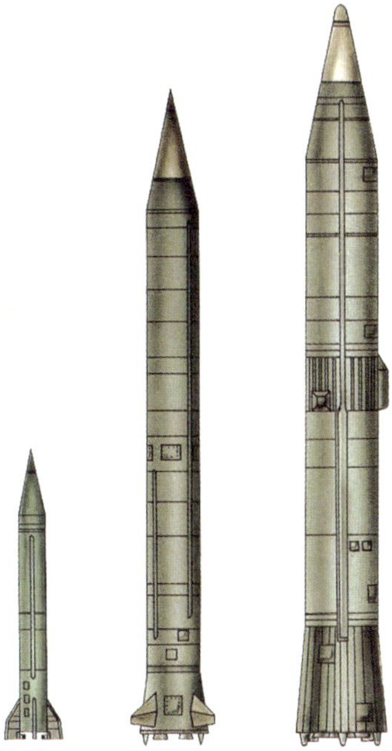

苏联研制的 P-11M、P-12、P-14 导弹

苏联早期研制的导弹

苏联研制的 SS-18 和 SS-25 导弹

苏联 20 世纪 70 年代中期研制的导弹

苏联 20 世纪 60 年代和 70 年代研制的导弹

知识卡

液体火箭发动机

液体火箭发动机是使用液体推进剂的化学火箭发动机。是液体推进剂火箭发动机的简称。它的特点是结构较复杂，使用不便，但比冲较高，能多次启动，便于推力调节，在导弹、火箭和其他飞行器上广泛应用。推力可小到 0.01 牛，大到 8 兆牛以上；长度和直径几厘米到几米。其主要由推力室、推进剂输送系统和发动机控制系统等组成。

3.3 “撒旦”出世

当今世界上威力最大的核导弹是俄罗斯 P-36M 洲际导弹（北约代号为 SS-18“撒旦”），可以携带 10 个分导式弹头，每个当量为 75 万吨，是名副其实的“毁灭之王”，堪称俄罗斯镇国重器。由其改造的运载火箭更是身手不凡，实现了“1 箭 32 星”的世界纪录。五角大楼的将军们对它又恨又怕，以至于想方设法要把它纳入裁军条约，以便彻底消灭它。但它依然在俄罗斯的战略火箭兵中服役。2003 年俄方有消息称，SS-18 洲际弹道导弹将继续服役 10 ~ 12 年。由于其参与研发的厂家南方设计局划归乌克兰，战略武器的维护升级要通过邻国来完成，这是俄罗斯无法接受的，因此，该弹按计划将于 2020 年代被新一代 RS-28“萨尔马特”重型洲际导弹所替代。

P-36 重型导弹由俄南方设计局设计，南方设计局是苏联著名的导弹设计机构，当时任该设计局领导的是被

SS-18“撒旦”陆基洲际弹道导弹

尊称为苏联导弹“教父”的弗拉基米尔·费多罗维奇·乌特金。1967年乌特金进入南方设计局领导层，主持了多种洲际弹道导弹设计，SS-18就是他的得意之作。

乌特金1923年10月17日出生在梁赞州叶拉赫图尔区的普斯托博尔镇。1941年夏天，乌特金以优异的成绩从卡西莫夫市第二中学毕业。卫国战争爆发后，他应征加入了苏联红军。他先学通信，曾任通信团的报务员。因作战勇敢被授予红星勋章和二级卫国战争勋章，以及其他各种奖章。1946年他进入彼得格勒军事技术学院学习，1952年，乌特金毕业分配到位于第聂伯罗夫斯克的南方设计局担任工程师，从此走上了导弹研究之路。1967年，乌特金被任命为南方设计局第一副总设计师兼第一副局长，1971年任总设计师兼局长。从1986年起，任南方科学生产综合体（包括南方设计局、南方机械制造厂、机械制造工艺研究所和一系列其他机构）的总经理。从1990年11月到2000年2月，乌特金一直担任俄罗斯太空研究院中央机械制造研究所的所长。他直接参加了现代运载火箭和航天器的设计和制造工作。这首先包括已列装的能与美国相抗衡的四种战略导弹。因此，乌特金理所当然地在苏联火箭制造业的杰出代表中占有一席之地。比较公认的，在这些杰出的代表中，首屈一指的当数谢尔盖·科罗廖夫和米哈伊尔·扬格利。

科罗廖夫的杰作有世界上第一枚洲际弹道导弹P-7（用这种导弹改造的火箭将第一颗人造卫星和尤里·加加林乘坐的“东方1号”飞船送上了轨道）、P-9和PT-2。此后不久，科罗廖夫转向航天方面的研究。由扬格利领导的南方导弹设计局成了洲际弹道导弹研究领域的主要机构。

在扬格利生前，苏联从未透露过他的情况。世人还是从1971年10月他逝世时，苏联公开发表的悼词里第一次知道这个名字。扬格利毕业于莫斯科航空学院，随后又进入航空工业研究院深造，在航空工厂担任过总设计师助手、副厂长、飞机试验站主任和飞机设计局副总工程师。1946年5月21日，他被委任为航空工业部特别局高级工程师。扬格利曾与德国专家共事两年，并且接触了许多缴获的德国秘密文献资料。1954年4月，在第聂伯罗彼得夫斯克的南方机械制造厂成立了586特种设计局（1966年改名为南方设计局），由扬格利主持。该设计局的第一个产品是P-12导弹，于1957年6月22日首次发射成功。这是586特种设计局的一大成就。1958年，赫鲁晓夫来到南方机械制造厂，与所有火箭专家们会面并视察了火箭组装车间，了解了新设计方案，十分满意。P-12导弹，西方称之为SS-4导弹，射程为1 930千米，速度为6.5马赫，战斗部重1.5吨，它就是1962年部署于古巴的中程弹道导弹，闻名的“导弹危机”使其大出风头。

米哈伊尔·扬格利

1960年6月，在卡普斯廷谷地的试验场试验成功的P-14（SS-5），是射程为3 500千米的中程弹道导弹。同年9月初又开始在秋拉达姆试验场试验P-16（SS-7）洲际弹道导弹。苏联领导人对它寄予了很高的希望，苏联战略导弹部队总司令、炮兵主帅涅杰林亲临现场指挥。

1960年10月24日，在发射前准备工作正在进行时

P-12 导弹以及其零部件

火箭在地面起火爆炸，现场人员死伤惨重。在场的涅杰林元帅当场丧生，发射台上的160名苏联宇航科学家也全部遇难，现场所有生物荡然无存，只留下硬币和钥匙。导致这场灾难发生的是一枚P-16洲际导弹。

扬格利幸免于难，他当时正在一个角落里吸烟。爆炸发生后，他立刻上前抢救，也被烧伤住院。重大悲剧的根本原因是当时的苏联领导人在导弹竞赛上狂热地赶超美国、不顾客观条件。截至1960年底，美国担负战斗值班的洲际弹道导弹已经达到40枚。为了抗衡美国，苏联必须在最短时限内造出并部署能够从苏联领土上发射并摧毁美国战略目标的洲际导弹。P-16型导弹就这样被赋予了充当苏联可靠导弹核盾牌的任务。

善后工作结束后，苏联领导人下令：应刻不容缓地重新开始试验 P-16 战略导弹，使其早日装备部队。因为国际上军备竞赛愈演愈烈，美国人也使出浑身解数研制了各类导弹，如“红石”、“丘比特”、“托尔”、“阿特拉斯”，并大力开发研究级别与 P-16 相当的“大力神”导弹。

1961 年 2 月 21 日，P-16（SS-7）洲际战略导弹第一次发射成功，它的射程为 11 000 千米，用的是两级可储液体燃料火箭。更主要的是，它装载的战斗部是热核装料，爆炸当量在 500 万吨以上，超级大国的军备竞赛由此进入了新的阶段。

扬格利最后的工作终结于战略导弹 SS-17 和 SS-18。在研究工作之初他为坚持自己的方案同许多著名学者及

SS-17 导弹

设计师发生了争执，他们都认为扬格利的方案不可能成功，但扬格利最终还是成功了。SS-18 导弹集先前各型战略导弹的优点于一身，把发射井启动装置的效率提高了 10 倍，并且具有自身防御能力，其制造技术直到今天仍是绝密文献。美国人知道了这种新导弹后，给它起的“教名”是“魔鬼的盾与剑”。1971 年，刚满 60 岁的扬格利因心肌梗死，过早地离开了人世。他的名字在他死后被安放在月球上，还被用来命名小行星。

扬格利去世后，乌特金忠实地接过了导师的接力棒，成为扬格利当之无愧的继承人。乌特金是典型的专家型领导，既是一位学者、设计师，更是苏联最大的导弹科研生产单位的领导人，还是一位具有战略头脑的思想家。他的高明之处在于：主要精力放在如何花最少的钱找到可供选择的技术解决方案，以便回应潜在对手相应武器的部署。即在达成目的、满足需求的前提下，采取的方案和措施尽可能省事、省时、省力，少走弯路、少犯错误。独创了非传统的解决方案，就是研制分导式弹头，研制通用的竖井导弹发射装置，解决一系列技术难题，以保证液体火箭在加注燃料后连续多年担负战斗值班任务，并解决导弹在核爆炸条件下的抗毁问题，客观上减缓了武器竞赛和各种武器部署的速度。例如，采用了分导式弹头和能够突破敌人反导防御系统的手段，迫使华盛顿放弃了“卫兵”陆基反导系统的研制计划，并在 1972 年签署了数十年后一直成为国际安全体系稳定基石的《反导条约》。乌特金正是因其“战略思维”而赢得同行广泛赞誉。

20 世纪 60 年代中期，冷战开始进入白热化阶段，这时在“确保相互摧毁”战略思想指导下，美苏两国将拥有完全摧毁对方的能力作为遏制战争的前提，因而走上了全面的核武器军备竞赛。在 60 年代这一回合，美国“民兵”导弹的部署和改进使其在武器竞赛中占据了先机。苏联难以接受这种严酷的现实，于是在 60 年代末开始发展第四代陆基核导弹 SS-18。

围绕采取何种方式应对美国的核威胁，苏联国内有两种不同的声音。

一种是宣扬并坚持“还击－迎击”的思想，即打击应在侵略者的洲际弹道导弹离开发射装置但还未到达苏联领土之时进行，因此不要求对导弹竖井进行特别加固，这种竖井当然要便宜一些。另一种是“确保还击”的思想，即必须在任何条件下，甚至在最不利的条件下都要确保对侵略者实施核报复的能力。两派争论激烈，被媒体称为“世纪争论”，甚至“小型国内战争”。乌特金的导师扬格利坚决支持后者。这一意见得到了许多科学家和国防部长乌斯季诺夫的支持，但反对者的力量也不可小视。因为这需要完全不同的竖井发射装置——高强度、可抗核爆炸、能抵御袭击并确保对敌人的目标发射导弹，无疑要多花很多钱，但是，只有这个方案才能确保自身核武器的安全性，使核遏制保持高度可靠和长久有效。最终发展射程更远、当量更大、分导式弹头更多的坚固地下发射井式的导弹核武器这一原则在战略导弹部队中得到了坚定的支持。其中，最著名的是P-36导弹家族。它们以SS-18“撒旦”的代号闻名于世。

SS-18“撒旦”洲际导弹发射

当然，在扬格利之后，苏联核导弹盾牌的积极建立者并不只乌特金一人。但可以肯定的是，乌特金在建立核导弹盾牌中发挥了系统性的作用，某些确

保核稳定的原则是与他的名字分不开的。乌特金是在确保核报复基础上建立最优核稳定的积极创立者。即使在美国的洲际弹道导弹和潜射弹道导弹的命中精确度大大提高的情况下，高度设防的发射井仍然使美国难以确定对苏联发射井实施先发制人的打击。

乌特金之所以不遗余力地研制“撒旦”，是为了维持20世纪后半叶的和平。他说：“我不想列举苏联周围那些数量不断增加的军事基地，也不想说出部署在那些基地上的武器数量。这是一种严重的威胁。我们设计人员一直在寻找取得平衡的途径。”这种令人恐惧的庞然大物就是一种选择。

在SS–18问世前，苏联战略核武器的主角是第三代洲际弹道导弹SS–9，专门用来打击美国洲际弹道导弹发射井，在当时也是“巨无霸”，具有威力大、射程远、精度高、威慑力强等特点。该型洲际导弹起飞重量最大为200吨，最大射程为12 000千米，圆概率误差最小为185 ~ 220米，导弹威力为千万吨级TNT当量，为世界之最。这是苏联历史上第一种对美国洲际弹道导弹构成实际威胁的武器。但地面发射系统复杂，导致发射井抗摧毁能力较差，而且作战反应时间长、服役期短，因此实用性不强，只能是纯粹的战略威慑武器。在其服役不到4年的1969年9月，苏联最高部长会议做出了研制其后继型SS–18导弹的决定。

早期的SS–18在结构布局方面基本与SS–9类似，但采用了更先进的技术和更紧凑的配置，使导弹结构重量减轻。在乌特金的组织领导下，SS–18导弹于1971年开始冷发射演练，1973年2月成功进行全程飞行试验。1974年12月，第一个P–36M团已经开始担负作战值班任务。初期服役的SS–18为单弹头，在乌特金的领导下，根据作战需要进行了一系列改进，以后又增加了多弹头型和大威力单弹头型，分别命名为SS–18 Ⅰ、Ⅱ、Ⅲ型。由于采用自主惯性制导系统，精度不是很高，即使是多弹头也要求具备较大威力，才能打击加固发射井等硬目标。而增大威力意味着增加弹头重量，这使其最多只能携带 8 个弹头。

科学家经过计算发现，若命中精度不变，弹头威力提高 1 倍，毁伤能力增加约 0.6 倍；若弹头威力不变，命中精度提高 1 倍，则毁伤能力增加约 3 倍。因此提高精度比提高威力的效果要好得多。提高精度有两个途径，一是提高目标点坐标的测绘精度，二是提高制导的精度。南方设计局立即着手改进 SS–18 的制导方案，使弹头打击精度由 500 米以上缩小到了 350 米以内，这就意味着可以用更小的弹头打击同样的目标，弹头数量由 8 个增加到 10 个。1979 年 11 月，苏联完成了新的分导式弹头试验，翌年 SS–18 Ⅳ开始服役。到 1983 年，新导弹全部替代早期部署的三种导弹，部署总数达到 308 枚，即达到了《美苏关于限制进攻性武器条约》规定的上限。

经过前期部署和使用，发现其庞大的体形增加了阵地安置和维护的难度。于是在 SS–18 Ⅳ还在试验的时候，南方设计局在 1979 年 6 月又推出了 V 型（P–36M2）方案，称为“长官”。新导弹的改进主要有以下几点。一是将二级火箭发动机完全浸入推进剂箱，使之融为一体。以前这种方案只用于潜射弹道导弹，可使导弹的外观尺寸明显缩小。二是相应改进了导弹的运输发射筒结构，使之更轻巧。三是将导弹的 10 个子弹头分两层配置在特制框架上，使弹头部分更加紧凑。SS–18V 型的飞行试验在 1988 年 3 月完成，并从 7 月开始担负战备值班任务。

与此同时，美国完成了“民兵”导弹 13 000 千米射程的飞行试验，而此时苏联射程达到 15 000 千米的 SS–18 Ⅲ型已经退役，美国在导弹射程方面占优势，这无疑是对苏联的巨大刺激，于是南方设计局又受命发展射程更远的 SS–18 Ⅵ型。新导弹将多弹头改为了单弹头，轻而易举地使射程达到了 16 000 千米，并于 1990 年 8 月 23 日开始服役。此后，苏联的解体使当时的南方设计局和俄罗斯战略火箭军处于前所未有的经济困境中，几

SS-18是苏联研制的人类最强大的洲际导弹

乎所有的设计和改进工作都处于停顿状态，SS-18的发展至此全面停止。按照最初设计，所有部署的SS-18会在2006年达到服役年限。

俄罗斯所以一再将SS-18延寿，自然有其不得已的苦衷。主要是弥补前期战略决策的失误。在20世纪90年代后期，俄对战略核武器的定位和未来发展一直存在两种意见。一是主张战略核武器应在俄罗斯军事政策上扮演一个重要角色，以战略火箭军出身的国防部长谢尔盖耶夫为代表；另一个是主张重点发展常规力量，以总参谋长克瓦什宁为代表。普京上台后，克瓦什宁得到了支持，战略火箭军很快被降为一个独立兵种，并大幅度削减了核武器，延缓了新型核武器的发展。这使俄罗斯海基和陆基核武器发展青黄不接，出现服役断档。SS-18 一再延寿正是基于这一背景。

但 SS-18 作为第四代战略导弹的经典，实际是导弹技术换代的巅峰之作，自然有其令人难以割舍的优势。

一是威力在当今世界首屈一指。SS-18 本身就是为打击发射井等加固目标而设计的，大威力是其第一指标。SS-18 单弹头威力甚至曾达到 2 000 万 ~ 2 500 万吨 TNT 当量，其多弹头型导弹可以携带 10 个 50 万吨当量子弹头，而美国现在唯一的陆基洲际弹道导弹“民兵”- Ⅲ携带的是 3 个 33.5 万吨当量子弹头。巨大的推力使其可以携带更大、更多的核弹头，在可以预见的未来，它很可能会成为绝无仅有的导弹“巨无霸”。

二是打击效率高。美国“和平卫士”导弹退役后，SS-18 成为世界上唯一的有 10 个分导式弹头的陆基弹道导弹。分导式弹头能够分别打击各自的目标，以一当十。由于子弹头多，可以很容易饱和攻击敌人的弹道导弹防御系统，因此最终在敌人阵地上空幸存的弹头比例也会较高。

三是打击精度较高。SS-18 Ⅳ型的精度已经达到 350 米以内，即使在今天仍不落后。

四是抗打击能力强。SS-18 在阵地建设中非常重视抗核打击能力。其发射井筒深 39 米，直径 5.9 米，经过 80 年代初期再度改良，已可承受每平方厘米 365 千克以上的压力。同期美国“民兵”导弹发射井的抗压强度只有每平方厘米 175 千克。此外，为抗近距离核爆打击，SS-18 的弹上和阵地电子设备都经过抗核爆电磁脉冲加固，使其具有很强的反击作战能力。

五是射程远。为了增大导弹射程，SS-18 在设计中主要采用两项新技术。一是采用冷发射。SS-18 装在玻璃钢制成的运输 - 发射筒中，然后再部署在发射井内。导弹发射时由安装在运输 - 发射筒底部的燃气发生器将导弹推出发射筒，一级主发动机在导弹出井后点火。这使导弹不需要耗费自身

SS-24“手术刀”导弹

的燃料而渡过了最费燃料的起飞阶段。二是导弹采用了燃料耗尽关机技术，充分应用了所带燃料，提高了燃料使用效率。此外，运输－发射筒冷发射技术还减少了日常对导弹的维护。

SS-18的这些优势，凝聚着乌特金的心血和智慧，更体现了他对巩固国家的防御能力做出的突出贡献。在他的领导下，南方设计局还研制成功了高效的固体燃料导弹“棒小伙”（北约代号为SS-24“手术刀”）。这种导弹不仅可以从竖井发射，还可以在铁路上机动发射。

乌特金还有一个重要贡献就是在武器研制的同时满足国民经济的一系列要求——新的材料和工艺、新的结构解决方案、新的方法，为国民经济发展节省了很大一笔开支。如1960年，在P-12（SS-4）导弹的基础上研制出了“宇宙号”运载火箭，将P-36（SS-9）导弹改造成“旋风号”运载火箭。1988年，研制环保型运载火箭。于是，便有了著名的“天顶号”火箭。这种火箭使用液态氧和煤油，可以将12吨重的有效载荷送上轨道，包括有人驾驶飞行器。火箭的第一级使用了侧翼加速装置。他还组织研制了50余种军用和民用科学研究卫星。如“宇宙”系列卫星，这一系列的卫星在已送上轨道的太空飞行器中占有相当大的比例。他积极参与在新的经济体制下国家对火箭航天领域管理的改革，为俄罗斯航天计划的制定做出了重要贡献。

俄罗斯陆基洲际弹道导弹老“撒旦”的地位不可替代。连美国都曾试图发展类似导弹来与之抗衡，但因造价高昂、技术复杂，最终里根和布什政府决定通过核裁军条约消减其威胁。

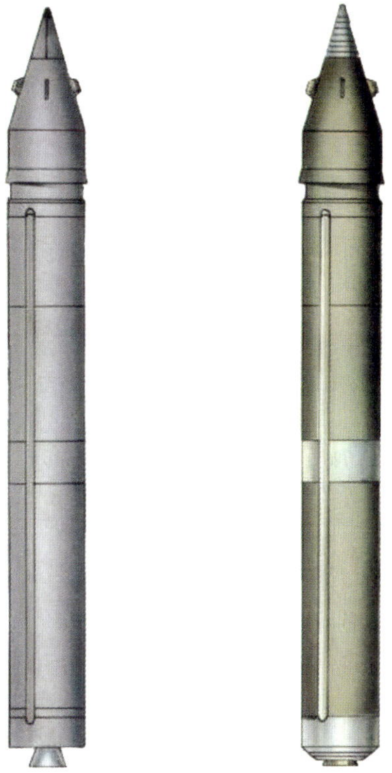

苏联的两种SS-24导弹

1991年，美苏签署了《第一阶段削减战略武器条约》，将老“撒旦”数量削减一半。1993年，美俄签署了《第二阶段削减战略武器条约》，要求俄拆除包括“撒旦”在内的所有陆基分导式多弹头导弹，只保留90个老“撒旦”发射井并改为部署其他类型单弹头导弹，但该条约至今尚未生效。

战略核武器造价昂贵、数量受军控条约限制，因此服役时间都比较长。“三叉戟Ⅱ”潜射洲际弹道导弹已服役20年并将超过45年，老“撒旦”使用寿命为30年，已接近服役最高年限。2009 年 12 月 24 日，俄罗斯从南乌拉尔的奥伦堡阵地发射一枚老“撒旦”，以非常高的精度击中了堪察加半岛上的设定目标，其目的就是检验其作战效能及技术指标，评估其延期服役的可行性。尽管老“撒旦”性能超群，但延期服役毕竟是权宜之举。老“撒旦”的接班问题到了俄罗斯必须面对和解决的时候了。

知识卡

固体火箭发动机

固体火箭发动机是使用固体火箭推进剂的化学火箭发动机。是固体推进剂火箭发动机的简称。当推进剂点燃后，在燃烧室中生成高温、高压燃气，经喷管膨胀加速，形成超声速气流从喷管中喷出，从而产生推力。它可作为火箭主发动机、火箭助推器和其他辅助发动机，广泛应用于导弹、运载火箭等飞行器上。它的特点是结构简单、体积小、工作可靠、使用简便、能长期贮存，但比冲较低，工作时间短，推力调节和重复启动较困难，发动机工作参数受推进剂初温影响较大。固体火箭发动机主要由燃烧室、装药、喷管和点火装置等组成。

3.4 更新换代

俄罗斯“三位一体”的战略核力量由洲际弹道导弹、战略轰炸机、弹道导弹核动力潜艇组成。弹道导弹核动力潜艇和陆基机动型洲际弹道导弹隐蔽性好、生存力强，适合作为核反击力量；战略轰炸机机动性好、突防能力强，但依赖陆上机场，适合进行核突击；“撒旦”这类固定发射井发射、使用液体燃料的重型洲际弹道导弹生存力差，但威力大、战备水平高，适合实施“先发制人”的核打击。

长期以来，俄罗斯弹道导弹核动力潜艇技术状态不佳，在航率不高。美军在 1987 年曾测算过，在对大西洋、北冰洋和鄂霍次克海展开 20 ~ 60

英国“无敌”号轻型航母，其舰的滑跃甲板十分明显

距起降战斗机起飞。与纯粹垂直起飞相比，采用短距滑跃起飞方式，可使舰载机节省更多的燃料，降低成本。如今，除英国外，意大利、西班牙、泰国等国航母都加装了滑跃甲板；就连目前世界上在役的最老航母，印度的“维拉特”号航母，以及“维克拉马蒂亚”号航母仍不愿舍弃滑跃甲板。

就连苏联当下唯一在役的“库兹涅佐夫”号航母，也依然采用滑跃甲板，所不同的是其直接起飞固定翼的重型和中型战斗机。

现如今，英国皇家海军正经历着旧航母“裸奔”，而新航母尚未入役的“艰难岁月”；但不管怎么样，我们都不应忘记英国对航母发展所做出的无数杰出贡献！

目前，美国在欧洲部署的导弹防御系统已邻近俄罗斯边界。尽管美国宣称是针对来自伊朗方向的中程弹道导弹，但该系统同样可以拦截俄罗斯的陆基洲际弹道导弹和潜射弹道导弹。面对美国打造的强力盾牌，俄罗斯不甘示弱。俄将某些主要大国奉行旨在获得军事领域压倒性优势的政策，特别是单方面建立全球导弹防御系统的行为视为最大威胁。俄军专家认为，建设进攻性系统的投入一般不到建设防御性系统的5%。发展新“撒旦”这种威力巨大的进攻性武器，就会使对手耗资巨大取得的防御优势尽失，这也是俄罗斯“非对称”战略的典型体现。俄试图表明：美国即使完成全球化、多梯次、太空部署的导弹防御系统，也不能保证其绝对安全，从而促使美国遵守核裁军条约，为新条约谈判创造有利态势，并避免卷入新的军备竞赛，以维持美俄间的军事平衡。

俄罗斯战略火箭兵部队肩负着核威慑和核打击使命，是俄罗斯“三位一体”战略核力量最重要的组成部分。俄罗斯三分之二的核武器搭载工具和超过一半的核弹头由战略火箭兵掌控。2009年底，俄战略火箭兵司令什瓦琴中将宣布，俄罗斯将研制新型液体重型洲际导弹，以替换即将退役的“撒旦”。随后不久，马克耶夫国家导弹中心、俄罗斯通用机械设计集团等单位开始新型导弹的预研工作，并参加项目竞标。2011年初，该项目竞标结束，马克耶夫国家导弹中心的方案脱颖而出。同年，俄国防部副部长波波夫金表示，俄国防部已将新型液体重型洲际导弹项目列入俄联邦《2011—2020年国家武器装备计划》，预定于2016年完成导弹设计研制工作，2018年装备部队。根据计划，俄罗斯将为新型液体洲际导弹拨款770亿卢布，约合16亿美元。

2011年4月，俄战略火箭兵高级将领透露，新型液体洲际导弹（被称为“萨尔马特”）将会在SS-18的基础上进行深度改型升级，预计起飞重量略小于SS-18，拥有更强的突防能力，可更加有效地突破美国导弹防御系统。

据马克耶夫国家导弹中心披露，“萨尔马特”导弹可携带10个重型或者15个中型分导式核弹头，射程大于10 000千米。为缩短研发周期，减少资金投入，新“撒旦”将在最大程度上利用已有的方案、技术、工艺及零部件。该导弹预计将可能采用“一体两型”的设计思路，其中：针对美国的方案，导弹起飞重量150 ~ 200吨，射程16 000千米，投掷重量达8吨，略高于SS-18；针对欧洲的方案，导弹射程9 000千米，起飞重量100 ~ 120吨，投掷重量5吨。两种设计都采用了分导式核弹头。“萨尔马特”采用井基冷发射方式，发射时先用火药蓄压器将导弹弹射到发射井上方20 ~ 30米的高度，然后导弹自行点火起飞；采用新型惯性－星光－卫星制导的复合制导方式，其分导式核弹头的打击精度比SS-18还高，预计在250米左右。由于导弹的投掷重量有所增加，其可配备种类齐全、数量更多的诱饵，突防能力显著提高。

2012年年底，俄军

“萨尔马特”重型洲际弹道导弹发射

航母的舰体结构继续沿用“尼米兹”级的结构，这就是最早的“CVNX”航母发展计划。

当然，新一代航母的发展并非一帆风顺。上述方案一出台，就遭到了不少海军高级将领的反对。

一次，有一位海军上将尖锐地指出：“天哪，这种旧瓶装新酒的方案怎么配称为新一代航母？”周围附和声一片。

在他和大多数海军将领看来，新一代航母必须是一种全新的设计，拥有全新的舰体、全新的动力、全新的电子设备和全新的武器装备，乃至全新的舰载机。

就在各种意见和方案争论不下时，美国海军宣布“CVNX 计划”将分别建造两艘不同的航空母舰，代号为“CVNX-1”和“CVNX-2”：前者是沿用“尼米兹”级舰体的“廉价”方案；而后者则是全新设计的“先进”方案。按照计划，“CVNX-1”舰于 2006 年建造，“CVNX-2”舰则于 2011 年开工建造。

其实，美国海军的这个方案与其说是建造两艘不同的航母，进行技术论证，倒不如说是要求国会增加拨款的一种手段。

对美国海军来说，自然更希望获得一种全新的航母；但它非常清楚：全新的航母在技术风险上和造价上绝对是难以控制的，而且要想直接通过国会巨额拨款难度很大。

相对而言，保守方案更容易通过国会拨款；但国会对于建造一艘战斗力提高有限的航母并不一定满意。

当然，美国国会那班人不是吃素的，也没那么好糊弄！国会在同意拨付 1700 多万作为“CVNX-1”新航母的前期预研经费后，立即要求美国海军赶快开展建造准备工作。

2002 年，美国海军向国会递交了一个全新的整合方案，方案代号为

的注管就落入水池，在几米的距离内停顿，滑梭移回原位，推动另一架飞机起飞。

通常，航空母舰上最多可装设4个蒸汽弹射器，每个蒸汽弹射器每分钟可推动两架飞机起飞。如果进一步剖析蒸汽弹射器，你会发现：它的总重量接近500吨；每次弹射最大输出能量可达到95兆焦耳，平均每次耗用近700千克蒸汽。

加装了蒸汽弹射器的英国“英仙座”号航母

现如今，使用蒸汽弹射器的只有美国、法国和巴西三家，但无论是法国还是巴西的蒸汽弹射器全部是由美国进口的。

鲜为人知的是，当年正是趾高气扬的美国“师从”日薄西山的英国，购买下的这项专利，并在之后做了发展。1951年，英国开始研发蒸汽弹射器，当年就获得巨大成功，并装在“英仙座”号航空母舰上进行了试验，“英仙座”号也属于前文提到的“巨人”级轻型航母。

斜角甲板，是英国在航母上的第二项创新发明。二战时期，乃至一些现代的轻型航母，飞行甲板为长方形；该形状甲板在使用上有很大限制，最明显的问题是飞机

“萨尔马特”导弹的战斗部不仅能配装核弹头，还能配装其他突防系统，美国目前尚无同类导弹。特别是，为应对美国的“全球快速打击”项目，俄国防部与总参谋部提出多种反制措施，其中之一就是RS–28“萨尔马特”重型洲际导弹。因此，此时重新研制液体洲际导弹也算是立足国情、积极稳妥的选择。

2014年，俄战略火箭兵司令卡拉卡耶夫在新闻发布会上声明说，“撒旦”导弹将至少服役到2022年。计划在2015年开始进行“萨尔马特”导弹样弹的调试工作。据他讲，“萨尔马特”的研制工作严格按照已经确定的进度表来进行，目前正在对个别组合件和装置进行测试。最新的试验基地也在建设当中。而且在研制开发过程中没有必要利用乌克兰国防工业。他声称，自1993年起，战略导弹部队的所有导弹都是由俄罗斯自己的企业研制的。

据2015年1月30日俄罗斯《独立军事评论》报道，俄国防部副部长尤里·鲍里索夫强调：今年，俄罗斯将开始对“萨尔马特”导弹进行试验，计划2018年至2020年完成该导弹系统的试验设计工作。2015年6月26日，俄一家军工企业透露，俄罗斯正在研制“萨尔马特”洲际导弹的样机，有望在10月完成。样机将与未来的作战型号具有相同的尺寸和质量。样机将携带假弹头而不是多弹头分导再入飞行器。发动机将不会点火。“萨尔马特”将飞到离地面数十米，然后在附近降落。

据介绍，该导弹60%以上部分在克拉斯诺亚尔斯克机械制造厂制造，工程师正在进行包括发动机在内的各个部件的生产，相关飞行试验预计将在2016年进行。

该导弹具备多种配置，能突破任何导弹防御系统，可将10吨有效载荷投向世界任何地方。目前有52套“撒旦”导弹系统担负战备值班。有人推测，“萨尔马特”导弹系统至少会生产两套。战略火箭兵司令卡拉卡耶夫称：“这些导弹将部署在克拉斯诺亚尔斯克边疆区的乌茹尔和奥伦堡州的多姆巴罗夫斯基镇。”据悉，正是该型导弹将担负对抗美国反导防御系统的任务。

俄国防部第4科学研究所研究中心原主任弗拉季米尔·瓦西连科少将介绍说，井基重型洲际弹道导弹不仅能够沿能耗最佳弹道以可预测的固定飞行方位角将弹头投送到目标，还能从各方向进行打击，包括通过南极投送弹头。飞行方位角数量多，迫使对方要进行环形反导防御。与扇形反导防御相比，组织起来要复杂得多，成本也高得多。此外，重型洲际弹道导弹上巨大的有效战斗载荷储备允许为它装备各种突防装备，它们最后能使各种反导防御系统的探测装备和打击装备疲于应付。俄罗斯副总理罗戈津曾公开宣称，战略核力量的技术装备正在以超前的速度更新，到2020年之前将100%更新，而不是原计划的70%。

俄罗斯总统普京表示，尽管经济衰退，俄罗斯的武器现代化将继续，俄罗斯核武库将在

苏/俄弹道导弹型谱

安装在航母中部左舷的“菲涅尔”光学透镜助降系统

在中央灯箱左右各竖排着一组红色闪光灯，如果不允许舰载机着舰，它发出闪光。此时，绿色基准灯和中央灯箱均关闭，告诉飞行员立即复飞，因此这两组红色闪光灯被称为“复飞灯”。复飞灯上有一组绿灯，叫作切断灯，打开时即是允许进入下滑的信号。

使用“菲涅尔”光学透镜助降系统后，舰载机着舰作业的风险大大降低了。

不过，令英国人遗憾的是，这套系统迄今也没在其发明者英国的航母上使用，而是“效力”于美、法、俄等国航母。

滑跃甲板的发明，是英国为中小型航母贡献的最后一项创新。20 世纪 70 年代末，英国政府决定大规模裁减军力，海军首当其冲。两艘大型航空母舰“鹰”号和“皇家方舟”号先后退役；取而代之的是“无敌”级轻型航母。

该级舰创新性地在舰艏首次采用了滑跃甲板，以供“海鹞”垂直 / 短

舰载防空武器提供火控雷达照射；同时还可以对进场降落的飞机进行跟踪引导。作战时，“福特”级航母不但可以用自卫武器攻击敌来袭目标；在必要情况下，也可以为编队其他战舰的防空导弹提供火控制导。作为一部集成化雷达，AN/SPY-3 型雷达在功能上可以同时取代现有的 AN/SPS-67 海面搜索雷达、AN/SPQ-9B 和 MK-23 近程跟踪和火控雷达、AN/SPN-41 和 AN/SPN-46 进场控制雷达。

双波段雷达中的 AN/SPY-4 雷达，则主要负责对海空的搜索，能精确地对目标进行跟踪分析，并将其数据传给 AN/SPY-3 雷达进行进一步的处理。在装备了双波段雷达以后的“福特”级航母，不再只是一座大型浮动的海上“攻防堡垒”；它的探测与指挥控制能力也得到了空前的加强，成了真正意义上的舰队核心。

对于人们最为关心的舰载机配置，“福特”级航母计划搭载 75—90 架舰载机。似乎在载机数量上并没有太大的提高，但由于“福特”级航母将装载批量 F-35C“闪电”型舰载机，从而实现战力质的飞跃。

F-35C“闪电”型战斗机，是世界上首款装备航母的第四代高超性能的战斗机。与空军的 F-35A 不同的是，舰载型 F-35C 飞机的机翼和垂直尾翼的面积有所加大，同时机翼和尾翼设计为可折叠的。在加油机协助下，其作战半径超过 2200 千米，被美国海军视为新一代空战利器。

除 F-35C“闪电”型战斗机之外，“福特”级航母还将装备 E/A-18G“咆哮者”电子战飞机；作为 E/A-6B“徘徊者”的替代者，在 F/A-18C/D“大黄蜂”机体上改进而来的 E/A-18G“咆哮者”电子战飞机，被美国海军誉为当今战斗力最强的电子干扰机，又是电子干扰能力最强的战斗机。

E/A-18G“咆哮者”电子战飞机曾有过非常神奇的“战绩”：在美军组织的一次比武中，E/A-18G“咆哮者”模拟击落了一架 F-22“猛禽”战斗机，这也是美军历次比武中 F-22 战斗机被首次击落，由此 E/A-18G“咆

认为核武器已具备与美国抗衡的实力，确立了“核战争制胜战略”，向西方表明苏联打一场大规模核战争的决心和信心。但70年代初，美国推出的“民兵－Ⅲ”型导弹可以携带3枚分导式弹头，每枚弹头可以瞄准不同的目标，而此时苏联的分导技术才刚起步。这使苏联人再次感到了危机。终于在70年代中期，苏联推出了世界上最大的SS–18液体推进导弹。虽然该导弹也有10个分导式弹头，但由于是液体推进，体积庞大，所以不仅发射反应时间长，而且无法机动，与以高精度见长的美国导弹相比，这无疑是致命的弱点。解决这两个问题就必须首先解决固体燃料推进技术，以省去液体推进剂烦琐的发射准备程序，实现快速反应，还可以实现导弹的小型化，使地面机动成为可能。

在20世纪60年代研制固体燃料导弹的单位，除了第1设计局之外，还有南方设计局和苏联第1科研所（于1967年改称莫斯科热技术研究所）。

“白杨”洲际导弹

莫斯科热技术研究所研制的公路机动型洲际弹道被西方称为 SS–16，于 70 年代中期完成，但未装备部队。1975 年，莫斯科热技术研究所以 SS–13 导弹为基础，开始研制新型的公路机动型洲际导弹，1977 年，苏联政府正式下令研制“白杨”公路机动型导弹，代号为 PT–2ПМ，西方编号为 SS–25。1983 年，“白杨”导弹开始试飞，经过 70 多次试飞后，于 1985 年开始正式列装。“白杨”导弹的弹体由俄罗斯沃特金斯克机器制造厂制造。

“白杨”弹道导弹是世界上第一种以公路机动部署的洲际弹道导弹，可携带一枚或多枚分导弹头，发射准备时间约两分钟，射程超过 1 万千米，飞行速度快，并能作变轨机动飞行，具有很强的突防能力。从 1985 年 7 月第一支装备“白杨”导弹的部队在约奥什卡·奥拉开始担负战备值班以来，俄罗斯相继成立了多个“白杨”导弹师。目前巴尔瑙尔师拥有 36 辆“白杨”战略核导弹发射车，根据车载计算机系统的指挥，它们定期进行

进入发射阵地的俄军“白杨”机动式弹道导弹系统

4.1 陈绍宽和他的“航母蓝图”

说起中华航母梦，不能不先提一提中华航空梦。中华航空梦最早应该可以追溯到1909年9月21日。这天，被誉为“中国航空之父”的冯如驾驶着从机翼、方向舵、螺旋桨到内燃机等大小部件全部自制的飞机——“冯如一号”，在美国奥克兰市上空翱翔了800米后安全着陆。这一航程比1903年美国莱特兄弟首次试飞距离要远3倍以上，使当时西方世界为之震惊。中国人能够制造飞机并熟练驾驶它，特别是后来冯如携带着他的团队自制的两架飞机以及制造机器回国效力，自然勾起许多有识之士对于大型战舰与飞机完美结合的航母的无限遐思。

冯如自制的“冯如一号”飞机

然而，中国真正拥有雏形航母，那还是1926年的事。东北海军在秦皇岛成立了一支“水上飞机队”，最初在葫芦岛设立了陆上场地。张作霖聘请原滇军唐继尧麾下的云南航空处飞机师、华侨黄社旺担任中校队长，并将1923年就购买的“镇海”号运输舰改装为水上飞机母舰，同时为它配置了由法国订购的两架“施来克”FBA-19水上飞机。

这种法国研制的“施来克”FBA-19型水上飞机，是“施来克”FBA-17型的改进型；机长12.87米，翼展8.94米，主机为220千瓦的“伊斯帕诺·斯维萨”前拉式发动机，速度达180千米/小时；这架飞机的飞行高度还曾

“福特”级航母的航行想象图

“CVN-21”计划，即“21世纪核动力航空母舰”。该方案整合了“CVNX-2”计划中的很多新技术，要求对舰体进行全新设计，材料上也要求使用新研制的钢材。

不过，新的“CVN-21”航母结构和“CVNX-2”比起来相似度达到了80%，同时也应国会的要求对预算进行了压缩。因为美国国会清楚：美国海军的惯用手法是，先提出一个较低的价格让国会批准建造计划，然后再不断地增加预算。

没费多大周折，这个新方案作为“21世纪水面舰队”计划的一部分获得了国会的批准。2004年8月，美国海军正式宣布首批建造三艘“CVN-21”型航母。2007年1月，美国海军宣布为了纪念于上月刚去世的美国前总统杰拉德·福特，将新的航母命名为“福特”号。航母弦号

27。该型导弹从 1994 年 12 月开始试飞，到 1997 年 7 月共成功试飞 4 次。1997 年 12 月地下井发射型的首批两枚部署在位于乌拉尔南部的塔季谢沃导弹基地。1998 年 10 月和 12 月“白杨 -M”导弹又试飞两次，第 5 次试验导弹发射后不久就爆炸了，第 6 次试验成功。俄战略火箭军称第 5 次试验为发射自毁爆炸试验，第 6 次为正式装备前的最后鉴定试验。“白杨 -M”导弹是国外部署前飞行次数最少而成功率最高的陆基洲际弹道导弹。为何“白杨 -M”导弹飞行试验成功率高，有专家分析其主要原因：一是“白杨 -M”导弹的总体设计与“白杨”导弹大体相同，到了 1992 年，“白杨”导弹已进行了 52 次飞行试验，有很好的技术基础。二是对“白杨 -M”导弹进行的改进主要是运用经过飞行试验验证的新技术成果。三是飞行试验前通过大量地面试验，首次飞行试验前曾进行过约 150 次试验和检测。

“白杨”弹道导弹

这样既保证了飞行试验成功，又节省了研制时间和经费。

“白杨 -M”是“白杨”导弹的改进型，是 20 世纪 90 年代世界上技术性能最先进的单弹头战略弹道导弹。时任俄火箭兵总司令的索洛夫佐夫上将声称，“白杨 -M”导弹的技术性能比美国陆基战略导弹要领先 5 ~ 6 年。该型导弹的主要设计者、莫斯科热技术研究所所长兼总设计师尤里 · 索洛莫夫诺夫认为，这是俄罗斯固体燃料弹道导弹进一步改进过程中的重大一步。该型导弹于 1998 年 12 月 27 日正式开始战备值班。俄罗斯从 1993 年初开始进行“白杨 -M”导弹工程研制到 1997 年 7 月完成研制飞行试验，持续时间不到 5 年，是陆基洲际导弹中工程研制周期最短的型号之一，其重量 47 吨，长近 23 米，安装有固体燃料发动机，能以“疯狂”的速度拔地而起，可以摧毁 1 万千米以外的目标。而无论敌人以什么样的方式拦截，

“白杨 -M”洲际弹道导弹

“福特”号下水后，移往纽波特纽斯船厂3号码头，进行为期28个月的舾装与测试

座核反应堆提供，配备13500V输配电系统，可以为航母提供20万千瓦的电力。有了如此强劲的电力系统，才使得“福特”级上安装双波段相控阵雷达成为可能；同时舰上以前一切需要以蒸汽为能源的设备都改为了以电力为能源，这样可以大大提高舰上设备的操作安全性。

最直观的好处是，厨房一类舰上火灾高发地区在换装电力能源后，可以有效地减少火灾等意外事故的发生。

和最先进的DDG-1000“朱姆沃尔特”级驱逐舰一样，“福特”级安装了双波段相控阵雷达。这种雷达类似于“宙斯盾”系统中的相控阵雷达，将雷达4个阵面紧贴在舰桥侧面，而不像传统雷达安放在舰桥顶部或桅杆上。

这也是美国海军史上首次给航空母舰安装不用旋转的相控阵雷达；该雷达系统由两部分组成，即一部工作于X波段的AN/SPY-3雷达，以及一部工作于S波段的AN/SPY-4雷达。

前者的主要作用是可以探测“隐形巡航导弹”一类的目标及对一系列

性制导，导弹直径、长度和发射重量比白杨导弹略有增加。两者最明显的区别是“白杨 -M”的整流罩更大而且改变了外形，“白杨 -M”的第一级没有折叠的栅格翼和稳定翼。“白杨 -M”的主要改进是在分系统运用了更先进的固体发动机、具有特殊弹道的弹头、命中精度更高的制导系统以及快速发射等新技术成果，战术技术性能指标明显提高，如投掷重量提高 20%，达到 1.2 吨。命中精度提高，采用在大气层外进行目标特征匹配的雷达地图匹配制导技术，避免了弹头高速再入大气层后形成“黑障区”对地图匹配造成的影响，保证了精度，发射井发射时圆概率偏差 100 米，公路机动发射时为 300 米，在世界同类

“白杨 -M”洲际弹道导弹

导弹中名列前茅。反拦截性能显著增强，俄军方人士认为，这种导弹可以突破任何导弹防御系统（穿透率为 60% ~ 65%）。抗核爆失效距离从 10 千米减小到 0.5 千米。使用寿命从 10 年延长到 15 年。部署方式除与“白杨”导弹一样采用公路机动发射以外，还采用地下井发射。据称，“白杨 -M”可在接到作战命令 5 分钟内发射。

“白杨 -M”的总体设计特点反映了战略弹道导弹发展的新趋势，即战略弹道导弹现代化发展的主要途径已不是研制总体设计全新的型号，而是通过在推进、弹头、制导和发射等分系统上采用新的技术成果，全面提高现有型号或改进型号的打击能力、突防能力、生存能力，延长使用寿命，增强可靠性和安全性。其中四大技术令“白杨 -M”导弹身手不凡。

一是速燃技术。其第一级、第二级取自 SS-20，但采用了大推力速燃发动机技术，第一级还安装了大直径新型速燃固体发动机，推进剂的装填量相当大。第三级是新研制的，采用了最先进的推进剂——复合推进剂丁羟加奥克托今。在结构设计上，该导弹还首次采用了 3 台巡航固体燃料发动机，使导弹的功率更加强大，具备助推段快速助推和机动助推的能力，能够在飞行初始段很快加速，不仅大大缩短了发动机的助推段工作时间，而且整个飞行过程所需要的时间也比以前的战略导弹大大缩短。新型发动机技术还使“白杨 -M”导弹能在大气层内实现关机，从而使天基红外探测器难以发现、监测和跟踪导弹的行踪，美国的国家导弹防御系统难以对其实施有效的跟踪和拦截。

二是变轨技术。导弹机动变轨是指改变导弹基本上沿着不变弹道飞行的轨道，以有效突破敌防御系统的拦截。“白杨 -M”导弹由于采用了新的空气动力学设计，其飞行弹道已不是普通的惯性弹道，在飞行过程中可机动滑翔，从而多次改变弹道高度。其弹头也具有特殊的弹道，反导系统难以发现和跟踪。在导弹的末助推推进与控制系统中，包括 4 个互通的燃气发生器。每个发生器有两个喷管，由燃气阀根据控制系统的指令打开或关闭，控制末助推级的飞行和弹头的释放。每个燃气发生器可由发动机按照预设的程序带动旋转，以改变控制力的方向，并实现机动变轨，从而提高导弹的反拦截性能。

三是分导技术。分导式多弹头就是一枚导弹发射多个分别沿不同轨道飞行、瞄准不同目标的子弹头。每个子弹头就是一枚可以产生巨大杀伤效果的炸弹，即使这些弹头被击毁，也可以大大消耗拦截导弹的数量，从而使后续导弹得以突防。有关研究证明，当子弹头数为 5 ~ 15 时，导弹的突防概率趋近于 1，就是说，拦截导弹将无从拦截。“白杨 -M”导弹最初设计的是一种单弹头导弹，但在投掷重量和其他相关技术上留有改装为多弹头分导式导弹的接口。其目的就是在必要时使俄罗斯的核威慑能力能成倍增加。即将装备部队的新一代“白杨 -M”导弹就是这样一种可携带多枚弹头的分导式导弹。面对铺天盖地的来袭弹头，美国反导系统无能为力。

四是加固技术。抗核加固技术就是在弹头表面包覆特殊材料，以防止拦截导弹的核辐射、电磁辐射；也可在导弹上采用硬度大的合成材料提高导弹抗击拦截导弹碰撞的能力。为防止敌人在反导系统中使用核弹头进行拦截，“白杨 -M”导弹弹头采用了多层壳体结构，不仅提高了弹头的结构强度，有效防止在非直接撞击条件下核爆炸效应对其产生的壳体熔化、烧毁、断裂等，还可以吸收、衰减和屏蔽核电磁脉冲等的辐射能量，使反导系统很难对其进行拦截。

“白杨 -M”导弹对核爆炸的失效距离仅为 500 米，而世界上同类导弹弹头的失效距离为 10 千米。此外，该型导弹的控制系统还采用了人工智能技术，可使电磁脉冲干扰失效，使导弹具有良好的抗干扰性及飞行的安全与稳定性，有效规避敌方的导弹防御系统。首次使用的 3 台巡航固

俄总统普京视察“白杨-M”机动型战略导弹部队

体燃料发动机功率强大，不仅可增加导弹战斗部的重量，也可使导弹能够比其他俄制导弹以更快的速度飞行，大大缩减导弹在轨迹主动段中的时间和高度，同时，数十台辅助发动机、操纵仪表和设备使这种快速飞行很难被敌方预料到，从而极大地提高克服敌各种反导弹防御系统的能力。虽然美国的侦察卫星极力跟踪所有的“白杨-M”导弹试射，但据俄专家估计，美国人至今也不明白，该导弹是如何“逃过”美电子监测系统的。即使美国人事先了解这一导弹系统的战术技术性能参数，但他们也未必会搞清这一问题。由此不难理解为什么俄罗斯得意扬扬，而美国忧心忡忡。

“白杨-M”导弹是在“白杨”导弹基础上研制的，按照常规，应该采用陆基机动部署方式，但事实上，“白杨-M”优先采用了地下井部署方式，其原因可能与地下井发射技术的改进以及公路机动发射系统的不安全和作战保障费用高等有关。

公路机动部署的不安全性。如易出交通事故，SS-25

多功能发射车上部过重，易于出现翻车等事故。而“白杨 -M”导弹的发射质量比 SS-25 导弹还大，而且使用底盘为更长的八轴多功能发射车，所以采用公路机动部署可能有更大的不安全性。尤其是迄今为止洲际弹道导弹中只有 SS-25 导弹采用公路机动部署，这种部署方式的经验也比较少。

公路机动部署费用昂贵。和“白杨”导弹一样，需配备相当数量的作战保障车，部署一台多功能发射车所需人员比地下井式发射需要的人员多 5 ~ 6 倍。

多功能发射车生产厂在白俄罗斯。用于“白杨 -M”导弹公路机动部署的八轴多功能发射车底盘的生产及发射车总装都是在白俄罗斯的明斯克汽车制造厂，虽然在俄罗斯的库尔干有可能生产这种重型的运载发射车，但是这个因素也会影响公路机动部署的数量。

地下井发射的生存能力得到提高。“白杨 -M”导弹发射所需的准备时间很短，据称一旦预警系统确认战略导弹基地受到核攻击，“白杨 -M”导弹可在几分钟甚至几十秒钟内从地下井发射。另外，“白杨 -M”导弹将部署在经过改进的 SS-19、SS-18 大型导弹的地下井中，为了适应弹径较小的“白杨 -M”导弹，这些地下井要添加钢筋混凝土衬层，这样也会提高井中导弹的生存能力。

“白杨 -M”导弹可与任何发射装置配套。该系统可利用现有的设备，与现有作战指挥、通信系统兼容匹配，这可使装备部队的费用减少一半以上。据称，接纳这一新型武器系统，只需在发射井中安装 30% 的新设备，其余的稍加改装即可。

1998 年 12 月 27 日，按照总统叶利钦的命令，俄罗斯战略火箭军的第一个“白杨 -M”导弹团，部署在俄罗斯南部萨拉托夫州的塔季谢沃导弹基地，装备 10 枚地下井基导弹，并正式开始战斗值班。1999 年 12 月，俄罗斯战略火箭军装备了第二批“白杨 -M”导弹。第一个“白杨 -M”导弹

运输导弹和将导弹放入发射井的车辆

团建立时，时任俄罗斯国防部长伊戈尔·谢尔盖耶夫亲自参加了该团的建团仪式。根据《第二阶段削减战略武器条约》，俄罗斯可部署300枚机动式“白杨-M”导弹，俄罗斯称“白杨-M”导弹将是21世纪头30年内保持世界稳定的战略核武器。但截至2015年，俄罗斯实际只部署了60枚地下发射井“白杨-M”导弹、18枚公路机动“白杨-M”导弹。

知识卡

固体导弹

固体推进剂导弹是以固体火箭发动机作为动力装置的导弹。简称固体导弹。固体战略导弹都携带核弹头。固体战术导弹多数携带常规弹头（战斗部），少数携带核弹头；有的既可携带常规弹头，又可携带核弹头。固体导弹结构简单，发动机燃烧室壳体同时又是导弹弹体的一部分。推进剂直接浇铸或制成药柱装填在燃烧室内，点火容易，加速性好，能适应失重状态下工作，便于贮存，适合不同阵地部署和多种发射方式。导弹发射前准备简便，维护方便，反应迅速，附属设备和专用车辆等地面设备少，发射操作人员少，便于机动。固体推进剂比冲较小，发动机的推力调节和多次启动困难。

3.6 “死亡列车”

俄罗斯北方名城圣彼得堡有座“火车博物馆”。进入博物馆大门，人们的目光首先会被一列导弹列车吸引。这件展品是冷战时期大名鼎鼎的“手术刀”（北约编号为 SS–24）铁路机动型洲际弹道导弹列车，被称为“死亡列车”，它是世界上第一种进行过实战部署的铁路机动战略导弹系统。俄罗斯是世界上唯一实战部署过这种导弹的国家。20 世纪 80 年代，在辽阔的西伯利亚原野上，经常出现一些只有 6 ~ 8 节车厢的神秘绿皮火车。这些神秘的火车从来不停靠在城市，都是在边远的隐蔽地点停放，且有武装军人严密守卫。这些列车就是苏联的秘密武器——机动弹道导弹列车。

莫斯科铁路博物馆中的 SS – 24 导弹列车

20 世纪 60 年代末期，苏联已逐步解决了大型固体推进剂药柱浇铸工艺、推力矢量控制、稳定燃烧等技术难题，并研制了第一种有三节推进器的固体导弹 SS-13。它在 1965 年 5 月公开亮相，并在 1968 年起开始服役，精度圆概率误差约 1 海里（1 852 米），总共部署了 60 枚，全都在佩斯克试爆中心附近的雅西卡欧拉一带。随后又经过固体洲际导弹 SS-16 的试验性论证，苏联的固体燃料推进技术已日臻完善，终于在 80 年代推出了集分导技术、固体推进技术、地面机动技术于一体的 SS-24 和 SS-25。这时美苏已经由“确保相互摧毁”战略转向了“确保相互生存”战略，因此，双方都出现了公路和铁路机动的战略导弹设计方案。由于此时美国也才刚刚提出地面机动的“侏儒”导弹方案，因此苏联的这两种导弹可以说是开第四代战略弹道导弹之先河，说明战略导弹已进入全面成熟和兴盛的时期。主要特点是采用了先进的复合材料、高能固体推进剂、先进的惯性制导和复合制导技术，机动部署，命中精度达百米级，对硬目标的打击能力大大提高。

20 世纪 70 年代后期，“手术刀”由南方设计局负责研制。南方设计局在苏联享有盛名，成功设计了 SS-9、SS-15、SS-17、SS-18 等导弹，其中 SS-9 是苏联第一种列装的多弹头导弹（非分导式），SS-18 是苏联第一种具有 10 个分导式弹头的战略导弹，可见南方设计局在多弹头导弹设计上有一定的技术优势。1982 年 10 月，SS-24 进行了首次飞行试验，1987 年开始服役。从那时起，一共部署了 3 个铁路机动导弹师，每个师 4 个团，每个团配备 1 列导弹列车，共 12 列导弹列车，每列导弹列车上都配备了 3 枚 SS-24 型导弹，是一座名副其实的运行在钢轨上的核武器库。3 个师分别驻扎在莫斯科附近的科斯特罗马、乌拉尔山脉的彼尔姆，以及西伯利亚的克拉斯诺亚尔斯克附近。这些导弹列车能够在常驻地 1 500 千米范围内执行战斗巡逻任务，并在数月内自动执行战斗执勤。导弹列车可以在行进期间发射导弹，也可以在停车期间发射。

在第四代战略导弹中，SS-24的设计可以说是别具一格。它是一种由巴甫洛格勒机器制造厂制造的三级固体洲际弹道导弹，也是世界上第一种以铁路机动方式部署的现代陆基洲际弹道导弹。SS-24使用的铁路发射车载重量120吨。除了车首有3台机车牵引之外，从外观上看与普通的货运列车几乎没什么差别，有的车厢上甚至还印有“载重135吨”“轻型货物专运”等货运说明字样。列车中间的一些车厢像是没有窗口的铁路保温车，然而却比铁路保温车要长得多，接近客车车厢的长度。这些车厢采用的是货车的转向架，甚至是采用四轴转向架。在导弹列车的机车后面有几节全封闭式的“冷藏车厢”，这些车厢的长度比普通冷藏车要长一些，车上装有电动液压力臂式升降器、导弹保护筒、车顶盖可向两侧打开并有供发射用的悬臂式稳定器。铁路机动型SS-24，是以一列发射列车作为一个作战单元，一列标准的导弹列车通常由20节车厢组成，包括牵引单元、指挥通信单元、生活单元、保障单元和发射单元，即3台内燃机车和17节车厢组成的列

列车内部指挥控制系统

车。而最小发射单元为3节车厢，其中1节装有可直立起来的发射座，另外两节用来提供支援与搭载人员。在实际执勤中，导弹列车通常由6～8节车厢组成,其中有两节发射车厢各装1枚导弹,电源车车厢、测控车车厢、指挥通信车车厢各1节，其余为人员生活车。导弹列车作战区和作息区由数个车厢隔离开，除战备值班人员，谁也无权进入作战禁区。列车内的装置与普通列车没有太大的区别，不同级别的包房属于不同级别的长官，列车还有军官食堂和士兵食堂及医护室等保障设施。列车平时停放在导弹基地的车库内或支线、专用线上，战时可做长距离的机动转移，由于带有自行测量装置，可在铁路上的任一点实施发射。所以，即使摧毁了相关的铁路线和火车站，只要不直接摧毁导弹列车，导弹都可以完成核打击任务。

该导弹发射车具有防探测、防监视和武器控制系统，打击能力与SS-18、SS-19相比，各有千秋，是一种能够有效打击硬目标的武器。它特别适合苏联国情。苏联地大物博，幅员辽阔，铁路网极其发达，运动中的列车可以在茫茫林海和铁路隧道中穿行，躲避卫星侦察和核打击。对这一难以捉摸的新对手，美国感到了前所未有的恐惧，他们对该导弹既害怕又佩服，于是给了它一个文雅而又有威胁的绰号——“手术刀”。

在西方电影中SS-24曾多次以“恐怖核弹列车”的形象出现。其实，利用火车作为发射平台的设想由来已久，并非苏联人原创。二战末期，德国军方试图保护V-2导弹及其发射装置免遭美英空袭，也试验了从火车车厢发射V-2导弹。20世纪50年代末期，美国就曾考虑把当时研制中的“民兵－Ⅰ”型导弹部署在火车上。当时想在10节车厢中以3～5节有可掀盖的车厢作为导弹发射车，其他则为支援车厢，但由于种种原因未能实现。而苏联借鉴这一思路很快设计出了世界上第一列铁路机动陆基洲际弹道导弹的专用列车，在世界核武器争霸上拔得头筹。它具有许多优点。

一是机动灵活，生存力强。SS-24导弹长21米，直径2.35米，1节火车车厢就可以放下，而且高度不受苏联境内山区铁路隧道的限制。俄罗斯媒体称，高度集成的指挥和发射系统使 SS-24 导弹在值班时始终处于可发射状态，反应速度非常快。该导弹的最小发射单位为 3 节车厢，其中 1 节装有可直立起来的发射座，另外两节用来提供支援与搭载人员。3 节车厢组成的发射单元的机动性很高，可以在发射后立刻进行移动躲避。数十个火车头带着 3 节车厢一组的发射单元轮流作战值班，时刻不停地快速游荡在幅员辽阔的苏联国土内，即使有美国卫星实时侦察，而预先装定目标资料的导弹从美国飞到苏联境内也要数十分钟，在此期间导弹列车可以轻松跑出近百千米，甚至可以就近找到一处铁路隧道或山区峡谷隐藏起来。导弹列车时速可超过 100 千米，可大范围“漫游”，敌方很难追踪定位。根据美国的测算，苏联有长达 12 万千米的铁路线，即便动用 150 枚洲际导弹进行打击，成功摧毁导弹列车的概率也仅有 10%。因其具备较高的生存性，在遭到敌方第一波攻击后生存下来的概率较大。从理论上讲，美国对它进行有效打击几乎是不可能的。

二是威力强大，突防能力强。该导弹的射程为 10 000 千米，可以配备 8 ~ 10 枚分导式核弹头，每个弹头的当量为 10 万吨。分导式弹头又称“独立多重重返大气层载具”，这 8 ~ 10 枚弹头可互不干扰地分别对不同的目标发动攻击。这种多弹头攻击是突破导弹防御的较好方式。当时美国虽然已部署部分导弹防御系统，但即使今天，美国的反导系统要分辨真假弹头和应付多弹头饱和攻击还是力不从心。分导式多弹头可以造成比多弹头当量总和还要大的破坏效果。研究表明，用 3 枚 20 万吨当量的弹头对近似圆形的大城市实施攻击，并使炸点呈合适的三角形，其毁伤效果相当于 1 枚 100 万吨当量核弹头的爆炸效果。

三是制导多样，打击精确。SS-24 采用惯性加星光修正的制导方式。星光制导是利用弹上星光跟踪器跟踪观测恒星星光的方法，来确定导弹运动相对于地面的位置。SS–24 的打击精度达到了圆概率误差 200 米，这对于射程 10 000 千米的战略导弹来说已经很高了，也使 SS–24 基本具备了打击硬目标的能力。

四是发射可靠，部署灵活。SS–24 导弹在出厂前装入铁路发射槽车的发射容器内，发射时用蓄压器的燃气将导弹弹射出筒，接着导弹在空中点火工作，这就是所谓的“冷发射”。地面和水下机动的战略导弹一般都采用“冷发射”方式，可以避免导弹发射时产生的巨大尾流对地面发射车辆或舰艇造成破坏性的烧蚀。由于 SS–24 卓越的性能，在装备部队时，又增加了地下井发射方式。地下井发射用的导弹在出厂时呈水平状态放入多功能发射容器，用装弹运输车将其运往发射阵地，然后起竖并将导弹和发射容器一起放入地下井。

苏联曾计划部署 600 多枚 SS–24 导弹，但直至 1991

“死亡列车”SS–24 铁路机动战略导弹系统组图

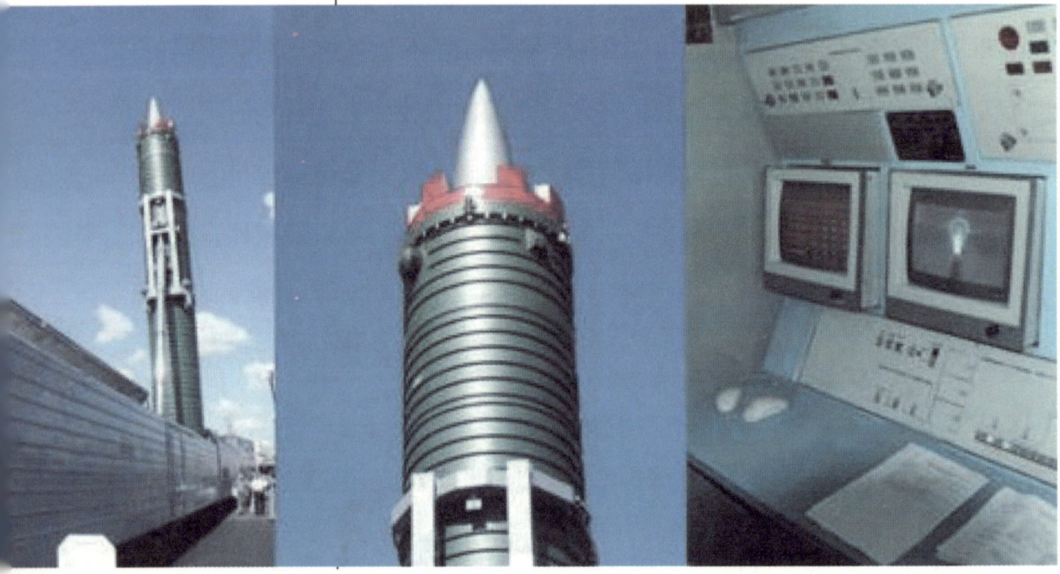

年苏联和美国签署《第一阶段削减战略武器条约》时，只部署了89枚SS-24，其中有36枚部署在铁路机动导弹发射装置上。首列SS-24导弹列车隶属于俄战略弹道导弹机动发射列车第10师，部署在俄中部的科斯特罗马，不定期在境内巡逻值班。导弹列车和普通列车在外观上非常相似，敌方难辨真伪，几乎无法从俄罗斯境内每天数千列普通货列中发现它。一旦出现核危险，根本无法判断在铁路上行驶的哪列列车是洲际弹道导弹发射列车，对其先发制人的打击就更无从谈起。只要有一辆SS-24导弹列车逃过首次核打击，就可给美国以难以承受的打击。因此，自从苏联装备了这种世界上独一无二的武器后，美国就如芒刺在背，坐卧不宁。最初，美国被迫监视苏联境内的所有列车，18颗军用间谍卫星在苏联上空全天候监视，搜集任何有用的情报，这使美国情报机构应接不暇，而效果并不明显。因为任何导弹列车在地下隧道中都可以与普通列车交换身份，

苏联铁路机动战略导弹发射

使卫星难辨真假。

为了拔掉这个“眼中钉”，美国借苏联解体之机，向俄罗斯施加压力。美国先是与俄罗斯达成政治协议，要求俄铁道式导弹系统不再进行战斗巡逻行驶，而是停在常驻地内，从而使俄罗斯上空的美军间谍卫星数量从 16 ~ 18 个减少到 3 ~ 4 个。尔后，美国利用俄经济困境，以国际货币基金组织援助为诱饵，迫使俄同意削减并最终销毁 SS–24。

尽管《第一阶段削减战略武器条约》明确要求销毁 SS–24，俄罗斯在国际压力和国内困难的情况下也被迫进行了大幅度削减，但到 2000 年 7 月，仍有井基的 10 枚，携带弹头 100 个；铁路基的 36 枚，携带弹头 360 个。也就是说，签订条约后近 10 年来，俄罗斯只削减了井基的，而对铁路机动型的一枚也没舍得削减。直到 2001 年 11 月，俄罗斯才最终迫不得已开始销毁铁路机动型的。2005 年 4 月，俄国防部长命令，从 4 月 1 日起俄军撤销驻车里雅宾斯克州卡尔塔雷和科斯特罗马州境内的两个战略导弹师的编制。2005 年 8 月 15 日，俄战略火箭兵司令索洛夫佐夫宣布，截至 8 月 12 日，俄已将铁路机动型 SS–24 全部、永久性地拆除。至此，这种世界上最难对付的战略武器已经成为历史烟云。

井基 SS–24 最初部署时间是 1987 年，但 1994 年一次就销毁了 46 枚；铁路基的最初装备时间是 1989 年，2001 年开始了销毁工作。这对于一种战略导弹来说部署时间太过短暂，俄罗斯痛下决心既有技术原因，也有政治上的考量。

一是导弹性能降低。当时俄罗斯装备的洲际弹道导弹，其中 60% 已经超过了保质期，必须从发射筒（井）中将导弹拆除并返修。因为有毒的化学推进剂可能开始变质或性能下降，导弹的电气性能也已降低，特别是核弹头中的核材料也可能衰变，难以保证射程和精度，必须进行保养。

二是设计寿命短。SS–24 的设计寿命只有 10 年，虽然努力延寿，也只延长了 5 年，生产最晚的导弹也是 1991 年出厂的，到 2005 年已完全超过了正常使用年限。机动式导弹一般都在密封的发射容器内，几乎始终处于使用状态，但在发射筒中不可能进行维护和检修，必须返厂维护，而生产该导弹的巴甫洛格勒机器制造厂属乌克兰，苏联解体后该型导弹无法送原厂返修。另外，处于警戒状态的导弹惯性制导组件的系统寿命的期望值只有 3 年，而俄罗斯第四代导弹惯性制导平台的主要生产商克哈琼尼也在乌克兰，因此，俄罗斯要么不断换导航组件，要么不断减少值班导弹数量。

三是与西方利益交换。美国早就对这种性能卓越的武器怕得要命，于是向苏联施加压力，并将 SS-24 列在削减战略导弹名单的前列，特别是《进一步削减战略武器条约》要求全部销毁容易诱发第一次打击的陆基洲际分导式多弹头弹道导弹，并从 2003 年起双方不得生产、拥有、试验和部署多弹头洲际导弹。而俄罗斯政府认为，俄大部分陆基多弹头导弹寿命到期，生产厂家又在乌克兰，无法更新，所以做个顺水人情，将削减 SS-24 等导弹作为争取政治上的主动、争取西方经济援助的利益交换筹码。

四是核政策调整。苏联解体后，国力严重衰退。苏联以前具有的常规力量优势已不复存在，甚至没有能力与北约打一场大规模常规战争，也没有能力大量发展和生产核武器、保持一个庞大的核武库。但面对北约东扩和大规模毁灭性武器扩散的威胁，俄罗斯为继续维护核大国的地位，维护其国家安全，放弃了不首先使用核武器的政策，并放宽了核武器的使用条件，宣布在受到生化武器攻击时，也可能使用核武器还击。这就使俄罗斯即使在核武器数量减少的情况下，也可以维持对西方必要的威慑程度，已没有必要耗费大量资金维持核武器储备和值班。

五是经费短缺。冷战后，俄罗斯面临的最大威胁是国内经济持续衰退。普京执政前，俄国防预算只能达到实际需要的三分之一，而且 70% 用来支付军饷，仅有 30% 用于军事训练、新式武器的采购和研制。普京上台

俄军用铁道导弹系统生产车间

伊始，就以战略火箭军改革为突破口，大幅削减员额，退役老化武器，并将航天部队分离出去。据透露，2000年前后，俄装备采购经费的80%用在了“白杨-M”的生产制造上，而加快SS-24的削减无疑可使有限的装备维护和发展经费集中在少而精的战略核武器上。

六是新型武器的出现。俄罗斯虽然削减了SS-24，但“白杨-M”成了新世纪俄罗斯唯一的陆基战略弹道导弹，它将部分接替SS-24的战略使命，成为俄罗斯战略威慑的主力。俄罗斯一方面将一部分“白杨-M”部署在修整过的SS-24发射井内，以减少费用；另一方面集中财力研发多弹头型“白杨-M”，让公路机动型“白杨-M”服役。可见，“白杨-M”基本具备SS-24的全部特点，并担负了两种型号SS-24的几乎所有战略任务。美俄的战略核争霸并不会因为“手术刀”的退役而有所停顿。

随着近年来俄罗斯与西方关系的再度恶化，特别是在乌克兰问题上的尖锐对立，美国以及北约的军事举措令俄罗斯深感不安。2014年11月16日，时任美国国防部长哈格尔在美国加州举行的“里根国防论坛”上表示，新的国防创新倡议将重点开发新武器系统，以保持美国的军事主导优势。美国的举动自然激起俄罗斯的防备之心，面对美国反导系统的不断挤压，为应对美国“全球快速打击”计划，同时走出本国核武库日益老化的困境，俄罗斯急需一种有效且相对“廉价”的核武器来平衡美国的核威慑。《第三阶段削减战略武器条约》并不禁止制造新的导弹列车。导弹列车就是其中一个选择。2014年12月13日，俄战略火箭兵副司令费拉托夫发表声明：俄将恢复制造导弹列车。2014年12月17日，俄罗斯战略火箭兵司令卡拉卡耶夫表示，在美国实施“全球快速打击”计划的背景下，为提高俄罗斯陆基战略核力量的生存力，有必要考虑部署铁路机动型洲际弹道导弹。2014年年底，卡拉卡耶夫直截了当地表示，新型导弹列车从2018年开始装备部队，它将与10年前彻底销毁的导弹列车有较大区别。这真是语惊四座。这个冷战时期被称为“死亡列车”的终极杀器，或许真要重出江湖了。

俄制 SS-24 铁路机动型洲际弹道导弹起竖

美国“全球快速打击”计划，旨在对敌方关键和重要目标实施远程、精确、快速打击，依靠其

超高飞行速度，可轻易突破现有防空反导体系。2013 年，普京指出，“从打击能力上看，远程常规高精度武器已经接近战略核武器。拥有这些武器的国家，其进攻能力会得到极大提升”。俄罗斯将美国在欧洲部署导弹防御系统、实施“全球快速打击”计划和加强北约国家的战术核力量，视为对国家安全的三大威胁，其中，俄罗斯在远程常规高精度武器研发上远远落后于美国。“全球快速打击”对战略核力量的威胁，主要体现在井式发射的洲际弹道导弹和陆基机动型弹道导弹上，对升空的战略轰炸机和水下巡航的弹道导弹核潜艇威胁不大。因此，重启导弹列车，也可视作为应对“全球快速打击”的“非对称”措施。

据俄塔斯社报道，导弹列车重出江湖预示着俄罗斯正经历军事转型。在未来几年，俄罗斯将会完全更新其核武库，减少与美国核材料方面的合作。俄罗斯战略火箭兵司令卡拉卡耶夫披露，开发导弹列车的技术条件已经完全成熟，新型导弹列车可能会采用现役“亚尔斯”导弹或在研的“边界”新型固体推进洲际导弹的部分技术，特别是速燃发动机技术、分导式核弹头技术等，可携带多枚分导式核弹头，理论上无法被敌方完全拦截。研制中的铁路机动导弹系统作战效能相当于井式战略导弹的一个师。和 SS-24 导弹系统相比，俄罗斯新型铁路机动战略导弹系统将采用新的列车技术，导弹列车的集成程度和自动化程度将进一步提高。按照他的说法，在研的铁路机动导弹长约 23 米，重量低于 50 吨，符合俄铁路部门颁布的“特种货物运输要求”，不仅方便运输，而且便于隐蔽。

退休的俄军工专家索罗门诺夫称，新的导弹列车绝非上一代导弹列车的简单复制，而是一种全新的武器系统，具有重量轻、尺寸小、突防能力强等多种优势。有消息人士透露，俄罗斯这次将研制的新型导弹比苏联时期的“手术刀”更轻便，导弹的重量预计为 47 吨。新型导弹列车的车厢外观与标准冷藏车厢相似，能在任何铁路轨道上运行并发射，很难被追踪定位。据俄罗斯媒体报道，该项目早在2013年就已启动，由莫斯科热技术研究所设计，2019年服役，初期将部署1个师，下辖5个团，每个团拥有1列导弹列车，每列列车搭载6枚导弹。预计这种武器系统将至少服役到2040年。

据透露，新型导弹列车以“亚尔斯”公路机动型洲际弹道导弹为基础研发。“亚尔斯”导弹为“白杨-M”的多弹头版本，每枚导弹可携载4个分导式弹头。新型导弹相当于铁轨上的“白杨-M”，除具备威力大、突防能力强等优点外，它机动范围更大、机动速度更快、技术状态更稳定、战备水平更高、对环境的要求更宽松。自然，缺点是不能离开铁路线。

铁路机动弹道导弹系统面临的主要挑战是寿命有限、需要补充燃料以

RS-24“亚尔斯”机动型固体燃料洲际弹道导弹

及动力装置容量低（如果由内燃机车驱动）。早在20世纪80年代初期，核导弹列车项目就拟采用快速裂变反应堆机车。然而，该类型机车未被实际生产出来。2011年2月，俄罗斯国家铁路公司高级副总裁瓦列金·戈巴诺维奇对记者表示，铁路运营商和国企俄罗斯联邦原子能机构计划于2011年年底前对外公布一项新的核动力列车设计方案，但未见后续报道，看来核动力列车还比较遥远。

2006年，尼古拉·库兹涅佐夫以燃气涡轮发动机为基础设计出了液化天然气燃气轮机机车。2009年，该机车工程样机因可在测试轨道上拉动总重达15 000吨的159节车厢而被载入吉尼斯世界纪录。该机车一次性填充燃料后可行驶1 000千米，这是理想的导弹列车。锡纳拉集团计划为俄罗斯铁路公司生产40辆该类型机车，以供在偏远北方和远东地区使用。

知识卡

比　冲

比冲是指火箭发动机的推力与推进剂单位时间质量消耗量之比，或单位质量推进剂所产生的冲量。又称比推力或推力比冲。它曾被定义为：火箭发动机推进剂单位时间重量消耗量产生的推力或单位重量推进剂产生的冲量。比冲大致等于火箭发动机有效排气速度。比冲越大，在单位时间内产生要求推力所消耗的火箭推进剂越少。它是综合评定火箭发动机性能的重要参数之一，直接影响导弹或火箭的有效载荷和飞行距离（射程）。比冲的大小取决于推进剂性能和发动机的类型、结构和工作参数。为了反映发动机空间的利用程度，有时采用体积比冲（或密度比冲）作为衡量指标。它表示单位体积推进剂所产生的冲量。其数值等于推进剂密度和比冲的乘积。

3.7 "蜘蛛"转世

"蜘蛛"导弹诞生于20世纪70年代早期，以美国为首的北约和以苏联为首的华约组织在东德西德和捷克一线形成对峙。当时，苏联境外欧洲部队装备的武器反应能力较低，对北约欧洲空军基地的打击能力十分有限。苏联陆军装备的"飞毛腿B"系统采用液体燃料，作战反应时间长，准备和发射大约要90分钟，不便于机动隐蔽，生存率低，打击效果也较差。因此，苏联机器制造设计局研制了代号为"奥卡"的替代系统，其反应时间少于30分钟，使用较易维护的固体燃料导弹，射程为400千米，超过了"飞毛腿"的300千米。这就是"蜘蛛"导弹，

SS-23"蜘蛛"导弹

西方编号为SS-23。其设计师是谢尔盖·涅波别季梅。

谢尔盖·涅波别季梅1921年出生于俄罗斯梁赞州，小时候十分淘气，但他从小就对机械非常感兴趣。1938年中学毕业后他考入了莫斯科国立鲍曼技术大学。在苏联卫国战争期间，作为一名大学生他在离前线不远的地方挖过战壕。尽管他没参加过战斗，但亲眼看见了飞机和坦克。从那时起，他就开始思考如何能制造出对付这些铁甲的武器。1945年毕业后他前往位于俄罗斯的机器制造设计局工作。第二次世界大战期间，苏联是世界上装备迫击炮最多的国家，但是迫击炮的射程不远。为了增加射程，他设想，当导弹被射出时，让它在飞行中加速。通过不懈的努力，他最终设计出了世界上先进的射程为400千米的“奥卡”导弹。该型导弹于1977年开始研制，1978年进行首次飞行试验，1979年正式生产，1980年开始装备部队。

谢尔盖·涅波别季梅

“奥卡”为单级固体近程弹道导弹，弹长 7.52 米，弹径 0.97 米，起飞重量 3 990 千克，可携带 1 枚常规弹头，也可携带 1 枚化学或核弹头，核弹头威力为 20 万吨 TNT 当量。与“飞毛腿”导弹一样，在飞行过程中，“奥卡”导弹的弹头与弹体互不分离。“奥卡”导弹武器系统以导弹旅为基本作战单位，每旅辖 2 ~ 3 个发射营，配备 12 ~ 18 部发射架。苏联共装备了 7 个导弹旅，每个旅有 12 ~ 18 辆运输 – 起竖 – 发射车，每辆车载弹 1 枚。

从 1980 年开始，“奥卡”导弹陆续装备苏联和其他华约国家陆军，以填补战略导弹和远程火炮之间的火力空白，并很快在阿富汗战场上投入使用。在阿富汗的反游击作战中，“奥卡”取得骇人战果，有时甚至代替战机实施“定点清除”，被阿富汗游击队称为“种族灭绝者”。

SS–23 的部署使苏军在欧洲大陆对西方国家形成了一定优势，到 20 世纪 80 年代中期，SS–23 已具备 500 千米射程的能力，速度最大可达 9 马赫。由于当时没有战区导弹防御系统，因此北约对它毫无招架之力。美国及北约盟国的情报显示，“奥卡”导弹携带有电子对抗系统，再加上采用复合制导，导弹攻击不受天气影响，即

SS–23“蜘蛛”战术导弹

使是美国当时研制的“爱国者-1”防空导弹也难以招架。一旦发生大规模战争，华约国家就能用“奥卡”导弹覆盖美军部署在西欧的绝大多数重要目标。一时间美国和北约盟国谈“奥卡”而色变，并给它起名“毒蜘蛛”。

从1981年10月开始，美国和苏联展开削减中短程进攻性武器的谈判。在长达6年的谈判中，美方坚持苏联必须把部署和未部署的射程在500～5 500千米的导弹全部销毁，而且以后不得试验、生产和拥有这些武器，“奥卡”导弹也在其列。就在双方僵持不下的时候，1982年3月至4月，墨西哥钦乔纳尔火山喷发，火山灰上升到两万多米高空，形成一个3 000米厚的火山灰云层，从墨西哥一直散布到沙特阿拉伯上空，直接导致苏联农作物大面积绝收。苏联只能从国外进口粮食，而美国恰恰又将

行进中的SS-23“蜘蛛”战术导弹

粮食作为战略物资，出台减少三分之一耕种面积的决定，导致国际粮价飞涨。美国国务卿舒尔茨不无得意地向苏联放话：为了人民，克里姆林宫用核导弹来换口粮，这是很自然的事情。1985 年 5 月，戈尔巴乔夫当选为苏共中央总书记和国防会议主席，成为苏联最高领导人。他试图以“新思维”来缓和美苏矛盾，提出：“在核大战的背景下，没有一方是胜利者，苏联必须竭尽全力避免核战争的发生。”受此影响，美苏核裁军谈判再次进入快车道。在与美国总统里根进行电话交谈时，戈尔巴乔夫默认了销毁导弹的条件，以换取美国取消对苏联的粮食出口禁令。

1987 年 12 月 8 日，美苏首脑在华盛顿签署了历史上第一个销毁核武器的国家条约——《苏联和美国关于消除两国中程和中短程导弹条约》，简称《中导条约》，于 1988 年 6 月 1 日开始生效。该条约的目的就是销毁和禁止美苏两国射程在 500 ~ 5 500 千米地面发射的弹道导弹和巡航导弹，以及有关保障设备。在条约中苏联满足了美方要求销毁“奥卡”导弹及其配套设施的要求，并允许美国专家进行现场核查。但是销毁“奥卡”导弹受到军方强硬派的极力反对。他们的理由是：“奥卡”导弹的射程为 400 千米，在《中导条约》限制之外。为压制住军方的反对，戈尔巴乔夫命令在卡普斯京亚尔靶场进行“奥卡”导弹的发射试验。试射“奥卡”导弹必须得到该型导弹的设计者——苏联机械制造设计局总工程师谢尔盖·涅波别季梅的签字，但是涅波别季梅拒绝签字。戈尔巴乔夫仍下令将导弹运到发射场，并在发射场周围部署了一个警卫团。但是当时的国防部长亚佐夫和总参谋长阿赫罗梅耶夫都不愿意在没有涅波别季梅的签字情况下试射导弹，所以“奥卡”导弹的超远程发射试验终究没能付诸实施。

尽管如此，“奥卡”导弹最终也没能逃脱被销毁的命运，106 部“奥卡”导弹发射装置、306 枚“奥卡”导弹（含出口到华约其他国家的导弹）及其生产线，在美国专家的监督下被彻底销毁，就连设计图纸也被烧毁大半。

拆卸了弹头的
SS-23 导弹

苏联解体后，俄罗斯受到美国和北约的打压，安全形势日益恶化。特别是 1994 年，北约提出东扩计划，大大刺激了俄罗斯。总统叶利钦及时做出反应，支持机械制造设计局复活“奥卡”导弹。

73 岁的涅波别季梅带领学生四处搜集流失的资料，走访曾参与过“奥卡”导弹研制的人员，逐渐复原出完整的设计图纸，最终于 1995 年进行了首次飞行试验。随后在继续试射的同时展开指挥车、发射车、保障车的研制工作，并于 1999 年在莫斯科航展上进行了展示。为了吸引潜在的国外客户，该导弹以马其顿亚历山大大帝的波斯语“伊斯坎德尔”来命名。亚历山大大帝在中东和南亚地区的影响至今仍然很大。

2004 年，俄罗斯国防部宣布完成一种新型导弹的试验，这种导弹采用了全新技术，即使美国“爱国者”导弹织成反导“天网”，对其也无能为力。这种神秘导弹就是苏联“蜘蛛”导弹的转世之作——“伊斯坎德尔”导弹，西方编号为SS-26。该型导弹作为“蜘蛛”的后代，它身上有“蜘蛛”的痕迹，但不是“蜘蛛”导弹的简单复制，而是采用了20世纪80年代以来的许多高新技术，其战术技术性能指标有进一步的提升，能够做出较大幅度的机动规避动作，有效突破反导系统的探测和拦截。它不仅是俄罗斯陆军最先进的短程精确打击武器，也是世界上最新最先进的地地战术弹道导弹，代表了战术弹道导弹的发展趋势，是俄罗斯反制美国反导系统的一张王牌。俄罗斯将其部署在边境地区，对美国在东欧国家部署的“爱国者-3”反导系统构成直接威慑。

“奥卡”导弹主要是满足军方作战的需要，没有考虑到国际政治形势和经济利益，“伊斯坎德尔”则要灵活得多。它有两种型号：出口型“伊斯坎德尔-E”和本国使用型“伊斯坎德尔-M”。本国使用型与“蜘蛛”导弹的最大变化是导弹的射程为480千米（增程后射程可达2 000千米），完全符合《中导条约》限制的500千米以内。每套发射系统有两枚导弹，导弹弹头重480千克。这一重量符合国际上对500千克以上弹头载荷的限制，因为核弹头载荷一般都在500千克以上。该系统可用于打击敌战役纵深目标，能很容易地突破敌防空反导防御，而且它采用了新的任务规划系统，打击的目标不仅可由卫星和飞机指示，还可由常规情报中心和炮兵观察所提供，目标照片还可通过扫描输入计算机，自动瞄准定向装置甚至可在雾天和暗夜工作，据称全球只有该导弹系统具备这一能力。因此，它在世界武器市场上地位特殊，只需要少量购买就可以大大改变力量对比。由于国际上禁止出口300千米以上的导弹，为了导弹出口，通过增加弹头重量，将其改进成射程50 ~ 280千米的出口型。这种导弹主要用于摧毁各种地面火力武器、航空系统、反导系统、机场和指挥所等目标，正常反应时间为4分钟，抗干扰和突防能力都非常强。

“伊斯坎德尔”为陆基机动型战役战术导弹，由弹头、仪器舱、发动机和尾段组成，可搭载常规弹头或核弹头。仪器舱内装有制导控制系统。动力装置为固体火箭发动机，采用复合推进剂。尾段外侧固定4个可折叠栅格翼，出口型改为“十”字形配置的三角形尾翼。“伊斯坎德尔”有着显著特点。

“伊斯坎德尔”战术导弹系统

一是命中精度高。采用惯性制导加卫星导航加景象匹配制导等多种制导方式。单独采用惯性制导时，导弹在280千米射程上的命中精度（CEP）约为30米；采用惯性加景象匹配制导时，理论上CEP优于2米。2007年5月29日，俄军在“伊斯坎德尔-M”导弹武器系统上发射R-500巡航导弹获得成功，监测数据显示，CEP达到1米。

二是毁伤能力强。可携带集束子母弹（装填54枚子弹）、高爆弹、侵彻子母弹、钻地弹、空气燃烧弹和电磁脉冲弹等多种类型的战斗部，可对不同类型目标实施有效打击。据透露，若突击敌防空连、反导连发射阵地、机场、指挥机构等典型目标，通常只需1～2枚导弹，毁伤能力是美陆军战术导弹系统的2～3倍。

三是突防性能好。使用特殊复合材料，其外形近似锥体，起飞后迅速抛掉表面突出部分，使弹体更加浑圆，能够有效降低导弹的雷达波反射面积，增加雷达的探测难度。此外，导弹在飞行过程中还可多次做偏离发射平面的机动，要对其实施拦截十分困难。该武器系统既能发射弹道导弹，又能发射巡航导弹，可使敌方导弹防御系统顾此失彼，降低拦截概率。俄军方表示，其突防能力可与“白杨-M”媲美，能穿透当今世界上任何一个导弹防御系统。

四是使用环境条件要求低。可在 ±50℃范围内使用，在除沼泽地和流沙地以外的任何平地上都可实施发射。其光学导引头（末端景象匹配制导）在暗夜、有强烈的电磁干扰等环境条件下仍能稳定地工作。此外，该型导弹服役时间为 10 年，在野外条件下使用可连续 3 年不需进行大的保养。

俄罗斯研制的“伊斯坎德尔”战术弹道导弹

五是反应速度快。可直接通过空间、空中、地面侦察平台获取目标信息，并可在 10 秒钟时间内完成弹着点确定，导弹飞行参数计算，光学导引头匹配用地形、地物信息准备等实施导弹突击必需的工作内容。其发射车

可随机选择发射地点并自主确定所在位置的大地坐标，战斗中只需3人便可完成发射操作。从展开设备到导弹发射仅需4分钟，即使由行军状态转入阵地发射，也可在6分钟内发射导弹。

“伊斯坎德尔”导弹于2005年开始列装。到2006年底，组建了第一个导弹营。2007年，一个装备“圆点”导弹（俄罗斯编号9K79-1，北约编号SS-21）的独立导弹旅开始换装“伊斯坎德尔”导弹。预计到2016年前，俄军装备5个“伊斯坎德尔”导弹旅。

在2011年5月9日的胜利日阅兵中，由8辆“伊斯坎德-M”尔导弹发射车组成的机动战术导弹方阵，仅先于最后出场的“白杨-M”洲际导弹在红场上亮相，其重要地位可见一斑。其发射车采用俄制BAZ-6909型四轴卡车作为底盘，方方正正的驾驶室后面是电源箱和双联装导弹发射系统。其“隐式”储藏车厢上设计有可折叠开合的舱盖，发射导弹时，舱盖需提前打开，随后两枚并列放置的导弹缓缓在车尾竖起，最终与地面成90°夹角。机动部署时，导弹储藏车厢完全闭合，与一般的重型厢式运输卡车差别并不大，从外观上甚至看不出装有导弹的迹象。据美国“全球安全”网站披露，

吊装“伊斯坎德尔-M”导弹

“伊斯坎德尔-M”系统配备有两枚采用固体推进剂的单级9M723K1型导弹。这种先进的导弹有效射程为400千米，可携带常规弹头或核弹头，具备“类似弹道导弹”的能力，并在末段飞行过程中释放诱饵，突防能力惊人。

至2011年，俄罗斯对战区纵深目标的远程精确打击能力主要依靠空军战斗轰炸机和战略轰炸机以及陆军的战术导弹来实现。但俄空军现役的苏-24、图-22、图-95等空中打击平台多为苏联时期的家底，对地精确打击能力与美欧先进战机有不小的差距，对战区纵深目标的打击的重担自然落到了地对地战术导弹的肩上，而“伊斯坎德尔”正是其中的佼佼者。俄军在阅兵式上高调亮出“伊斯坎德尔”，就是想告诉外界，单凭先进导弹，俄军照样打得准、打得狠。

2014年9月20日，据俄罗斯之声报道，在俄罗斯东部军区举行的“东方-2014”军事演习期间，俄陆军成功发射了“伊斯坎德尔-M”机动战术导弹训练导弹。实践表明，“伊斯坎德尔”战术导弹综合体具有高度机动性和灵活性，可在20分钟内进入战斗准备状态，并可以命中几百千米外的目标，精度约为30米。

知识卡

圆概率偏差

圆概率偏差是指在弹着平面上，以平均弹着点为中心，包括50%弹着点的圆半径值。又称圆概率误差、圆公算偏差。它是衡量导弹弹着散布或密集度的尺度之一。导弹的散布，像炸弹、炮弹散布一样，是典型的随机现象。即从一次投射结果看，带有偶然或不确定因素，但在大致相同的条件下，从大量投射结果看，却呈现出一定的统计规律。试验结果表明，弹着散布有以下特点：①各弹着点环绕着一点散开，该点叫弹着散布中心或平均弹着点。②越接近散布中心弹着密度越大，越远离散布中心弹着密度越小。③具有对称性，且在以散布中心为中心的同一圆或椭圆上各处弹着密度相等。具有上述特征的散布叫正态散布或高斯散布。

3.8 “边界”突破

2013 年 6 月 6 日莫斯科时间 21 时 45 分，俄罗斯军方在南部阿斯特拉罕州的卡普斯京亚尔靶场成功试射一枚新型洲际弹道导弹。该导弹从移动发射架上发射升空，弹头在预定时间内击中指定目标，试验非常成功。俄官方首次正式披露新型洲际导弹代号“边界”。

俄国防部战略火箭兵发言人伊戈洛夫表示，此次试射旨在确认导弹的技术性能、发射程序和组件的可靠性。他说：“这种战略导弹的试射于 6 日晚顺利完成，所有弹头都命中位于哈萨克斯坦巴尔哈什靶场的指定目标。这是俄军第四次试射这种导弹，在正式列装之前，还需要完成一次试射。”前两次是从普列谢茨克航天发射场发射，目标位于库拉靶场。后两次发射从卡普斯京亚尔靶场发射，目标位于萨雷—沙甘靶场。前两次射程为 5 800 千米，后两次射程为 2 000 千米多一点。可能这是在检验导弹性能的平直弹道测试发射。如果洲际弹道导弹也能完成赋予中程弹道导弹的任何任务的话，就没有必要研制中程弹道导弹，因而单方面脱离了《中导条约》。

俄国防部 7 日证实，俄军已成功试射一种全新的洲际导弹，声称“足以击败美国现有和未来的反导系统”。俄军总参谋部作战总局局长扎鲁德尼茨基表示，“边界”洲际导弹将于 2016 年前装备部队，开始战备值班，首个装备新型导弹的导弹团于 2014 年正式建立，目前正在着手建立相关机构和对人员进行培训。但他并没有过多透露战略导弹的性能，只是表示：“‘边界’导弹的精度、战斗力和机动性都比俄军现有的战略导弹大大提高，这将大幅提高俄罗斯战略核威慑力。”战略火箭兵司令卡拉卡耶夫多次表示，“边界”导弹将会部署在远东地区，编入伊尔库茨克州导弹兵团。当然，

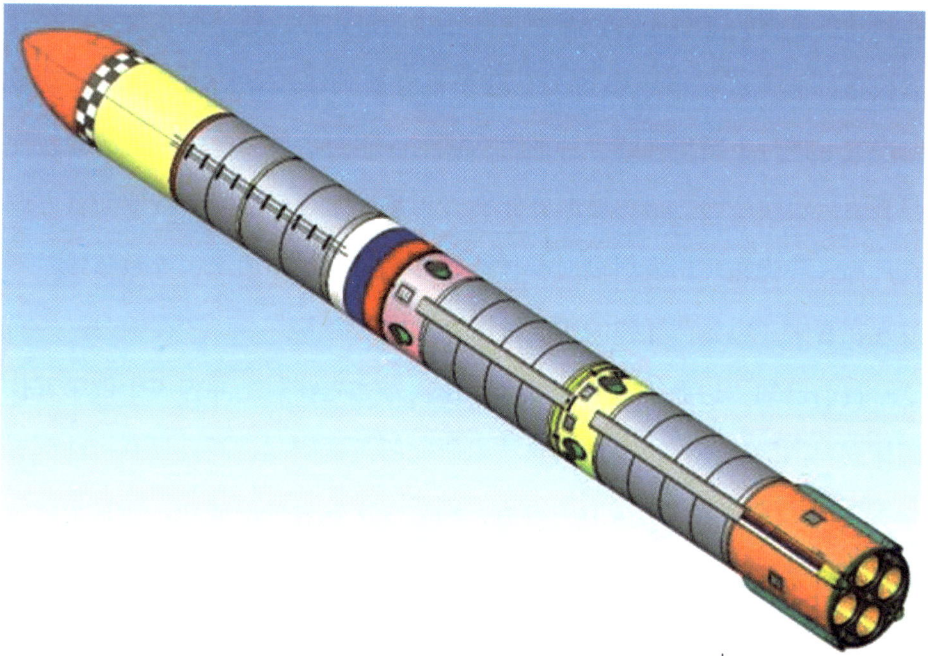

RS-26“边界”洲际弹道导弹外形推测图

这些计划也可能发生变化。俄副总理罗戈津7日也表示：“我们密切注视被称为‘反导系统杀手’的新洲际导弹进行的发射试验。无论是美国现在的还是未来的反导手段都无法拦截这种导弹。”

当被问及俄罗斯洲际导弹测试时，五角大楼导弹防御局发言人里克·莱纳承认：“我们的导弹防御技术并不以任何方式威胁到俄罗斯的战略威慑力。”一直对俄战略核力量保持高度关注的美国“华盛顿自由灯塔”网站8日分析，该导弹将加强俄罗斯在洲际导弹领域的优势地位。俄罗斯新型洲际导弹克制美国反导系统的绝招可能是超高速和多达10枚的分导式多弹头。

“边界”导弹最早曝光是在2011年3月，莫斯科热技术研究所总设计师索罗门诺夫透露，有款新型洲际导弹已研制3年，研制重点是导弹的核弹头和再入飞行器，使其具备更强的突防能力。新型导弹还将改进火控、通信等系统，以提高作战指挥能力。当年9月27日，俄罗斯在普列谢茨克靶场的一个移动发射装置上进行了新型洲际导弹的首次试射，不过由于第一级出现故障，导弹升空后很快坠毁，最终坠落在距离发射场8千米的地方。俄罗斯官方调查后称，导弹在飞出发射筒时弹体旋转并刮过发射筒边缘，导致坠毁，不过现在看来“边界”导弹的研制进度并没有推迟多少。

目前已知“边界”（另外一个工作代号“先锋”）导弹属于俄第五代固体燃料洲际导弹，由莫斯科热技术研究所负责研制，而且只有机动部署版本。该型导弹在首次试射失败后，随后3次发射全部成功，而且最后两次是在俄境内的卡普斯京亚尔靶场发射，命中哈萨克斯坦萨雷—沙甘试验场内的目标。之所以选择萨雷—沙甘靶场，是因为美国侦察设备无法有效观察导弹的飞行过程，选择这条试飞航线意味着俄军的目的是测试新型弹头。在其他情况下，俄军洲际导弹试射应当从俄北部的普列谢茨克发射，飞向堪察加半岛的库拉靶场。这种情况也让美国一些专家有理由认为，俄罗斯正在制造新型中程导弹，用来摧毁欧洲境内的目标，特别是美国在此部署的反导阵地。

“边界”导弹在国际协议中的正式名称是RS-26，继承自RS-24“亚尔斯”。西方按其数十年来形成的传统将其命名为SS-X-29。而北约称其为SS-27Mod2。莫斯科热技术研究所进行了新型导弹的草图设计。2006年至2009年进行了全面研制工作。“边界”导弹的战术技术性能仍然保密，目前只知道它至少能够配备4枚分导式核弹头。可以推测，它将在很大程度上实现与“亚尔斯”和“圆锤”导弹的统一化，至少它们都使用相似的两级推进机制，只是导弹发射重量要小得多，约为30吨。间接证据是，2008年莫斯科热技术研究所与明斯克轮式牵引车辆厂签订了为新型导弹系统机动发射装置制造运输车的合同。这种轮式运输车尺寸显著小于以前为

“白杨 -M”和“亚尔斯”导弹系统专门研制的运输车，载重量也小很多（前者 50 吨，后者 80 吨）。新型导弹的发射重量很容易计算，不应超过 32 吨。至于运输发射容器的尺寸，对直径没有特别限制，而长度不应超过 13 米。可见，正是新型导弹的尺寸而不是测试发射的射程成为美国担忧俄罗斯《中导条约》遵守情况的原因。由于 RS-26 导弹使用双重工作代号，因此还能得出结论：莫斯科热技术研究所实际上是在制造一种导弹的两种型号。两者虽然射程不同，但是在突破反导系统方面的性能极其相似，特别是拥有新型机动弹头。将来“边界”导弹将替代机动式“白杨 -M”和“亚尔斯”导弹系统。

莫斯科热技术研究所很可能按潜射弹道导弹的技术研制了新型洲际弹道导弹。导弹不是用于安装在发射井中，只研制了机动型。因此在技术任务书中未对其抗冲击性提出很高的要求，因为没有承受近距离核爆炸对导弹发射井的冲击负载的必要性。“白杨”的多余重量也是双部署方式造成的。这是几年前计划的以“圆锤”为原型的洲际弹道导弹和潜射弹道导弹的通用导弹。前两级来自“圆锤”，第三级由 3 个合在一起、装于“圆锤”导弹通用中段、直径较小（0.8 米以下）的独立级组成。为了使改进后的洲际弹道导弹能布置在标准运输发射容器中，不应长于 3.6 米。据悉，弹道导弹采用 1.1 型和 1.3 型两种固体燃料。前者的动力成分高于后者，所以在预定发射重量和投射重量的情况下，前者的射程更远。1.1 型燃料还具有更好的技术性能、机械强度、抗开裂和颗粒化稳定性。因此，它对意外点火比较迟钝。同时，1.1 型燃料更容易爆燃，其敏感度接近普通炸药。因为对洲际弹道导弹的安全要求比潜射弹道导弹严格，所以前者（“民兵”和“白杨”）使用 1.3 型燃料，潜射弹道导弹（“三叉戟Ⅱ”和“圆锤”）使用 1.1 型燃料。对潜射弹道导弹来说，可能每一级都装备采用高沸点燃料组分的 3D39 型流体燃料火箭发动机。燃料为二甲基肼（庚基，偏二甲基肼），氧化剂是四氧化氮。以前，该发动机曾被作为 R-29RM 潜射弹道导弹分离组件的发动机装置使用，表现良好。正是该发动机具有所有所需要性能，并且能放入 0.8 米的最大截面。

与固体燃料火箭发动机相比，液体燃料火箭发动机具有一系列无可争辩的优势。首先是可多次启动，在推力值改变范围大，能横倾操纵。最有名的潜射弹道导弹——“三叉戟Ⅰ”和“三叉戟Ⅱ”在第一级和第二级工作段无法横倾操纵，只能进行俯仰操纵和偏航操纵。在飞行的头 120 秒钟所积累的横倾误差由第三级来纠正，后者需要以必要角度进行修正转弯。导弹主动段应延长至进入稠密大气层，达到 25 ~ 27 分钟。但这并不意味着第三战斗级的巡航发动机将一直工作。姿态控制发动机将只短时间开机，以提供规避机动（在 100 ~ 300 千米高度段规避 GBI 和 SM-3 反导导弹）所需的脉冲。弹头在垂直于速度矢量的平面上机动，在任何情况下，甚至在数值很小的情况下也会导致反导导弹制导中断。在进入稠密大气层时，大约从 80 千米高度及其以下战斗级已经不受巡航液体燃料火箭发动机控制，而是受气动面——水平安定面——控制。弹道导弹头部正是从这一高度以较大的负加速度值积极制动。在不到一分钟的时间内，头部的速度从每秒钟 7 000 千米降至不足 3 000 千米。因此应短时间启动发动机装置进行补充助推，以超过“末段高空区域防御”第二梯队防空导弹系统的最大工作速度。

新系统（暂时只是机动型）将从 2015 年年底开始装备韦波尔佐夫第 7 近卫师和伊尔库茨克第 29 近卫师，取代老式“白杨”导弹系统。据西方专家估计，俄罗斯战略火箭兵将有近 250 具洲际弹道导弹发射装置，其中只有 78 具配备单弹头导弹，其余的将配备携带分导式弹头的三种新型洲际弹道导弹——RS-24、RS-26 和 RS-28。老旧的苏联洲际导弹届时将退出历史舞台。

知识卡

分导式多弹头

分导式多弹头是指按预定程序机动飞行并逐次释放子弹头的导弹弹头。它能分别攻击相隔一定距离的数个目标，也能沿不同弹道集中攻击一个目标。从而提高了弹头的突防能力、命中精度和毁伤效果。分导式多弹头由母舱和子弹头组成。母舱包括整流罩、释放装置、末助推控制系统和制导装置等。子弹头由壳体、核装置、引爆控制系统等组成。

3.9 “圆锤”出击

2005 年 12 月 21 日，俄罗斯国防部宣布，北方舰队“台风”级战略导弹核潜艇“德米特里·东斯科伊号”在白令海水下成功发射一枚“布拉瓦”海基洲际弹道导弹。它的战斗部飞越 6 000 多千米，准确命中堪察加半岛库拉演习场上的靶标。这次水下发射成功标志着俄罗斯“三位一体”战略核威慑能力已成为俄罗斯大国地位的有力支撑。这是该型导弹首次水下发射，也是它在国家飞行设计试验框架内的第二次发射试验。

“布拉瓦”潜射弹道导弹，名叫“圆锤”，音译为“布拉瓦”，北约编号为 SS–N–30。长 12.1 米，直径 2 米，发射重量 36.8 吨，战斗部全重 1.2 吨，可携带 6 ~ 10 枚分导式核弹头，该导弹射程可达 8 000 千米以上。该弹可在水下发射，隐蔽性好，生存能力强，射程不确定，能够对美国本土的重要城市构成威胁，具有极大威力。为了能够突破美国反导系统，俄罗斯在设计弹头时采取了多项措施，如加装防辐射及电磁干扰的防护罩，增加诱饵装置等。此外，“布拉瓦”导弹可携带6 ~ 10个分弹头，分别攻击不同的目标，突防能力极强，作为俄军最引人瞩目的新型战略武器，研制及试验屡经挫折，走过了坎坷的发展之路。

“圆锤”新型潜射洲际弹道导弹

“布拉瓦”潜射弹道导弹的研制可追溯到1998年，是“白杨-M”洲际弹道导弹的潜射改进型。“布拉瓦”导弹完全借鉴了“白杨-M”型陆基洲际弹道导弹的研制经验，具有突防能力强和圆概率误差较小等特点。该导弹与“白杨”外形相似，只是射程略微降低，为8 000千米。“布拉瓦”仍然采用三级火箭助推，使用固体燃料作为推进剂。与液体燃料火箭导弹相比，“布拉瓦”导弹具有更长的待命时间、更快的反应速度，在接到发射命令后数分钟之内便可发射。导弹的发射重量略低于“白杨”，“白杨”导弹的发射重量为47吨。导弹的载荷为1

枚55万吨TNT当量的核弹头。“布拉瓦”导弹弹头段安装有PBV助推系统，由它负责控制投放弹头，这些弹头通过自带的惯性导航系统和“格洛纳斯”（全球卫星导航系统GLONASS）接收机定位。据俄方称，弹头的命中精度达到350米，但令人奇怪的是，这一精度要低于俄罗斯其他先进导弹的精度，如“白杨”的命中精度为21.9米。

苏联解体之前，其海军一直处于世界海洋强国之列。除了庞大的水面作战舰艇作为后盾之外，在数量上占据优势的“台风”级弹道导弹核潜艇和“德尔塔Ⅲ”、“德尔塔Ⅳ”级弹道导弹核潜艇，成为支撑苏联作为世界海洋强国的精神和力量支柱。1973年，苏联海军要求马卡耶夫设计局为“台风”级战略核潜艇研发单枚重100吨、

“德尔塔”级核潜艇

最大射程1万千米的潜射战略弹道导弹。这种名为“轻舟”（SS-N-23）的潜射导弹设计可携带10枚分导式核弹头，1979年开始研制。一开始受当时美国研制“三叉戟”固体导弹的刺激，苏联决定研制SS-N-20固体潜基弹道导弹。由于受技术上的限制，从1980年1月SS-N-20导弹首次飞行试验到1982年12月，共进行了33次飞行试验，至少有9次是失败的，这令苏联人很不踏实。于是，重又上马研制液体潜基弹道导弹。这就是SS-N-23问世的背景。“轻舟”1986年服役。“轻舟”采用了复合制导系统，全程惯性制导，在第二级火箭分离后，首先进行一次星光导航校正，接着进行一次卫星导航校正，对飞行弹道进行纠偏。第三级火箭分离后，4枚分导式核弹头可分别攻击各自的目标。命中精度与美国“海神”潜射导弹相近，约500米。

在苏联解体初期，鉴于经济严重衰退和难以承受庞大军费开支压力，俄总统叶利钦实施了历史上前所未有的大规模裁军计划，俄海军遭受了一场灾难性的裁减。经过近10年大规模裁军，俄海军作战实力急剧下降。

苏联解体不仅使俄地缘政治形势发生了巨大变化，也使俄安全环境恶化。在失去了东欧大片的“缓冲地带”之后，以美国为首的北约将目光转向了波罗的海三国和中亚地区，并频繁举行各类大规模的军事演习。面对如此严峻的国际形势和复苏缓慢的国内经济状况，俄推出了“现实核遏制”战略，即不盲目追求与世界军事强国在规模上保持均势（无论武器装备数量还是人员编制数量），而是积极建立以核武器装备为主、常规武器装备为辅的威慑力量。

2001年3月，普京总统上台后，提出了“走向远洋和重振海军”的口号。在继续奉行“现实核遏制”战略的前提下，俄国家杜马先后通过了“俄海军2010年前政策要点”和“俄2020年以前海洋理念”。在“俄海军2010年前政策要点”中，俄海军强调加快建造新型核动力弹道导弹潜艇的步伐，以期提高俄海军战略核力量的作战能力。就在通过该要点几个月后的12月13日，美国总统布什宣布，美国将单方面退出1972年与苏联签署的《限制反弹道导弹系统条约》。美国此举意在打破30年来美俄在核武器上的均势。为了找回失去的平衡和尊严，更为了应对美国国家弹道导弹防御系统，俄开始大力研制进攻性分导式弹道导弹。

随着经济的缓慢复苏和军费的逐年增长，俄海军开始恢复演习演练，俄海军圣·安德烈旗重新飘扬在大洋上空。2004年11月17日，俄总统普京指出："俄已经研制出一种能够突破任何国家反弹道导弹系统的先进武器。"普京的讲话语惊四座，立即受到了国内外媒体的高度关注。而普京所说的先进的武器系统就是2个月前，刚刚完成水下抛射试验的"布拉瓦"新型潜射洲际弹道导弹。

1999年，俄罗斯马卡耶夫设计局提出了"深蓝"潜射弹道导弹的设计。"深蓝"潜射弹道导弹是"轻舟"潜射弹道导弹的改进型。但是从2004年2月"深蓝"进行了3次试射均告失败，普京震怒，下令查明原因并终止了马卡耶夫设计局由陆基"白杨-M"弹道导弹改为潜射"圆锤"导弹的任务，将任务转给了莫斯科热技术研究所。马卡耶夫设计局迅速找到了原因，并指出了军方操作上的问题，于3月17日进行了两次试射均告成功。随后又在6月和9月分别各成功试射了1次，并于2005年和2006年各成功试射了1次。2007年7月25日，普京总统宣布"深蓝"导弹正式服役，预计其服役期可达到2030年以前。

"深蓝"导弹长14.8米，弹径1.9米，起飞重量40.3吨，最大投掷重量2 800千克，最多可携带10枚分导式单弹头。单弹头当量约10万吨。导弹采用液体火箭发动机，可以在任何气候条件下从潜艇在水下位置发射，最大射程8 300千米。弹头装备了突破反导系统的设备，增强了抗电磁脉冲干扰的能力。"深蓝"导弹可在潜艇下潜深度55米、航速6 ~ 7节的情况下，在同一个扇面内发射，发射方向可以是相对于潜艇航行的任何一个方向，还可进行16枚导弹齐射，具有极强的攻击力。装备该型导弹的“德尔塔Ⅳ”核潜艇可以在北冰洋的冰层下航行，具有噪声低、隐蔽性高的特点。俄北方舰队母港在摩尔曼斯克，部署在这里的战略导弹，可以避开美国意欲在捷克部署的反导系统雷达的探测，具有较强的突防能力与生存能力。

在2004年2月“深蓝”3次试射失败的情况下，俄国防部长谢尔盖耶夫决定以公开竞标的形式启动研制“布拉瓦”新型潜射洲际弹道导弹的计划。有两个单位参加了竞标活动：一个是马卡耶夫设计局，另外一个则是专门为俄战略火箭兵研制“白杨-M”洲际弹道导弹的莫斯科热技术研究所。

在招标会上，莫斯科热技术研究所首先拿出了自己的竞标方案：在借鉴研制“白杨-M”洲际弹道导弹的经验基础上，“布拉瓦”导弹弹头的重量将比“轻舟”轻三分之一，射程将与其基本相同，但是，分导式核弹头的制导性能将超过“轻舟”，能够突破敌任何弹道导弹防御系统。还有两个优点更吸引俄军方：一是“布拉瓦”具备通用性，即同一种型号发动机既可以用于陆基，又可以用于海基不同型号的导弹，从而缩短了研制周期，节省了研制经费。二是由莫斯科热技术研究所研制的“白杨-M”洲际弹道导弹试射时的成功率极高，在13次试验过程中，仅仅失败了1次。

在随后的新闻发布会上，俄国防部选择了莫斯科热技术研究所研制“布拉瓦”新型潜射洲际弹道导弹。到2004年底，俄海军“德米特里·东斯科伊号”潜艇在白令海成功地完成了水面和水下抛射“布拉瓦”导弹模型试验。2005年9月27日，该艇在白令海水面，向位于堪察加半岛库拉靶场发射了一枚“布拉瓦”新型潜射洲际弹道导弹，准确地命中了目标。2005年12月21日，该艇在同一地点水下成功发射了一枚“布拉瓦”导弹，并命中了目标。

“布拉瓦”潜射战略弹道导弹的研制成功，使俄罗斯的战略核打击力量大大增强，它克服了“白杨”导弹在发射的初始阶段易被美国卫星探测并遭拦截的缺陷，可以在大洋的任何位置发射，利用潜艇的隐蔽性能，实现突然袭击。另外，新导弹的研制时间要比前几代导弹快了 2 ~ 3 年，这对于俄国内洲际弹道导弹制造业来说简直就是奇迹。俄国防部长伊万诺夫称，“布拉瓦”导弹发射成功表明，俄海军能够在 2007 年将其正式装备到“北风之神”级核动力弹道导弹潜艇上，这将使俄海军战略遏制能力如虎添翼。

负责此次发射试验的“德米特里·东斯科伊号”核动力弹道导弹潜艇属于“台风”级潜艇首艇，于 1981 年

“布拉瓦”潜射导弹

12月开始装备苏联海军北方舰队，主要目的是与美国“俄亥俄”级核动力弹道导弹潜艇相抗衡。尽管该型潜艇号称世界上吨位最大，但是噪声过大、机动性差和维护费高等缺陷直接影响了其作战能力的发挥。鉴于此，1991年，该艇返回苏联北德文斯克北方机器制造厂进行改装，尔后被命名为“德米特里·东斯科伊”。该艇先是接受了“轻舟”导弹的试验任务，随后又接受了“布拉瓦”导弹的试验任务。

在“布拉瓦”初试成功后，俄国防部就向红宝石设计局下达了按照“布拉瓦”设计方案改进最新一代“北风之神”级战略核潜艇的任务。“北风之神”级第四代核动力弹道导弹潜艇首艇为“尤里·多尔戈鲁基号”，

吊装“布拉瓦”潜射导弹

于1996年开始在北德文斯克北方机器制造厂建造。由于当时俄罗斯经济状况不佳，建造经费不能按时到位，新艇的下水时间一拖再拖。普京执政后表示为新艇单独拨款，“尤里·多尔戈鲁基号”的建造工程才步入正轨。

“北风之神”级战略导弹核潜艇的具体战术技术指标如下：水面排水量14 720吨，水下排水量17 000吨，艇体尺寸为长171.5米、宽13米、吃水10.5米，水面最大航速12 ~ 16节，水下最大航速26 ~ 27节，最大潜深450米，安全工作深度400米，人员编制130人。为了确保其优异的水下航行性能及隐身效果，俄克雷洛夫中央科研所对艇体结构进行了大量分析、研究和试验，在数个方案中优化选择了近似拉长水滴型的流线造型，与971型“阿库拉”级（北约代号“鲨鱼”）相似。这种外形结构能够在保证水下高航速的同时，减少艇体与水流之间的摩擦，降低航行时的噪声。

“北风之神”的主动力装置为1座OK–650型压水反应堆和1座汽轮机，双轴推进。其中OK–650型压水反应堆也是“台风”级的主动力装置，最大功率为380兆瓦，汽轮机的最大输出功率为74 570千瓦，强劲的主动力装置使得该级艇的最大水下航速达到27节，水下机动性能超过美国的“俄亥俄”级。另外，“北风之神”还装有2个低噪声推进电动机，用于水下低航速时的安静航行。在“阿库拉”和“奥斯卡”等上一代核潜艇降噪成就的基础上，其水下静音性能又提升了一大截。首先，艇体表面贴敷了厚度超过150毫米的高效消声瓦，同时主机等主要噪声源安装了整体浮筏式双层减震基座及隔音罩，艇内机械装置也进行了降噪设计，设计人员还在消除红外特征、磁性特征、尾流特征等方面均采取了一些独到的隐形措施。

在其他主要作战性能指标上，“北风之神”级比“台风”级要有很大提高，“北风之神”级上安装了一套“公共马车”型作战控制指挥系统和一套“斯卡特”型综合声呐系统，同时整艘艇的设备自动化程度大大提高，艇员人数比“台风”级的163人大幅减少，与“俄亥俄”级的134人接近。

从整体战术技术指标上看，955 型“北风之神”级战略核潜艇达到了俄海军的基本作战要求，与美国“俄亥俄”级潜艇不相上下，各有千秋，能够替代体积庞大、效费比不高的“台风”级承担战略核反击的重任。出于国家战略利益的需要，俄海军必然坚定发展新一代的弹道导弹核潜艇，以弥补现有舰艇与美国之间的差距。

“北风之神”级首舰“尤里·多尔戈鲁基号”于 2006 年下水，第二艘“亚历山大·涅夫斯基号”于 2007 年下水。“北风之神”级利用自身隐蔽性能，可在汪洋

第五代战略核潜艇“北风之神”级首艇“尤里·多尔戈鲁基号”

大海的任何位置发射“布拉瓦”，实施突然性攻击。以“北风之神”级为潜射平台的“布拉瓦”能克服“白杨”导弹在发射初始阶段易被美国侦察卫星捕捉并遭受打击的风险。它在发射后跃升至数米高时，随即启动固体燃料主发动机，在飞行初期就获得了极高的速度，令现役美国导弹拦截系统对它无可奈何。“布拉瓦”体内配有多台小型辅助发动机，可在飞行过程中随时改变轨迹。这种独特的机动变轨方式将使美国自认为严密的先进的导弹防御体系白忙活，甚至会被摧枯拉朽般撕成碎片。

“北风之神”级战略核潜艇是俄罗斯在苏联解体后研制的最新型战略核潜艇，将成为未来数十年俄海上核威慑的中坚力量。该级别核潜艇主要用于维持与美国的海上战略平衡，被认为是美国“俄亥俄”级战略核潜艇的劲敌。按计划，俄罗斯在2020年前将建造8艘携带“布拉瓦”导弹的“北风之神”级战略核潜艇。

俄海军2020年以前战略核力量发展构想，一是对现役的“轻舟”潜射洲际弹道导弹“德尔塔Ⅳ”级核动力弹道导弹潜艇实施改进，以期延长该级潜艇的服役年限。二是为“北风之神”级潜艇研制弹重约为35吨和采用固体燃料推进的“布拉瓦”新型潜射导弹。第一项任务已经基本完成。第二项任务“布拉瓦”导弹的研制面临许多考验，其可靠性还有很大差距，必须不断改进。

2009年12月9日，挪威北部特罗姆瑟市居民一大早就发现本市上空出现一个不同寻常的自然景观：一个巨大的蓝色“螺旋”。当地媒体猜测，这有可能是俄罗斯“布拉瓦”导弹发射失败造成的。

据媒体披露，“布拉瓦”导弹身价不菲，该计划至少花费1 000亿卢布，其首艘母艇“尤里·多尔戈鲁基号”耗资230亿卢布，由导弹衍生的其他费用无法计算。批量生产每枚也要5 000万美元，而单枚生产需要5 ~ 6倍的费用。如果再算上设计、实验室试验等，费用就更高了。预计试射一

RSM-56“布拉瓦”飞行示意图

共至少花费了12亿美元。而这些费用都出自海军预算。高额费用，多次失败，一种巨大的挫折感在俄罗斯普通民众中蔓延。

面对“布拉瓦”导弹的连续受挫，俄国内纷争再起。有的认为，应继续执着地试射下去；有的反对，认为它巨大的开发和测试成本限制了海军其他任务，应该终止计划；还有的认为，发展时机不成熟，先放置一段时间。何去何从？“布拉瓦”导弹发展陷入困局。“布拉瓦”导弹及其这类高新武器装备，就其地位来说，承载着国家的战略愿望，是名副其实的“撒手锏”装备。它们耗资巨大，价值重大，风险也很大。因此，审慎选择发展时机，尤为重要。

2010年3月，俄罗斯海军从巴伦支海的一艘战略核潜艇上成功试射了一枚“轻舟”潜射弹道导弹的改进型——“深蓝”潜射弹道导弹。这是该导弹继2009年取得3次圆满成功试射之后，又一次取得成功。在俄研制“布拉瓦”潜射弹道导弹屡屡失败的情况下，“深蓝”导弹的优异表现无疑为发展前景堪忧的俄罗斯海军注入了一剂“强心针”。

俄罗斯国防部新闻局2010年10月7日称，俄海军“德米特里·东斯科伊号”战略核潜艇当天在白令海水域成功试射“布拉瓦”海基洲际弹道导弹。“布拉瓦”导弹弹道数据正常，弹头成功击中位于堪察加半岛库拉靶场的目标。

此前，俄军方曾12次试射“布拉瓦”导弹，7次因技术故障失败。在2011年12月9日发射失败后，俄军方数度推迟试射，以弄清和解决失败原因。俄武装力量总参谋长马卡罗夫2012年9月表示，如果未来数次“布拉瓦”导弹试射失败，军方将重新调整该型号导弹生产的整个流程，但他强调俄军方不会放弃发展“布拉瓦”导弹，并将继续对该导弹进行测试直到可以服役。

由核潜艇从水下发射的潜射弹道导弹，是俄罗斯进攻性战略核力量的重要组成部分，也是实施第二次核打击的中坚。俄罗斯潜射弹道导弹采用液体火箭推进，至今技术已经非常成熟。在固体潜射导弹技术发展尚未成熟之前，俄罗斯不会放弃液体潜射导弹，甚至会不断改进和更新。从发展思路上看，从苏联到现在的俄罗斯，一直在探索发展固体潜射弹道导弹，经历了由液体到固体，中间又回到液体，目前采取研制固体新型号和改进液体旧型号两者并举的潜射导弹发展之路。固体潜射导弹将是俄罗斯潜射弹道导弹发展的必然方向，但也是目前发展中的一大瓶颈，已严重阻碍了海基核力量的有效打击力。一直以来，俄罗斯海上核力量在“三位一体”核力量中所占比重较低，难以发挥威慑力。为了提高核力量的生存能力，俄罗斯将加强潜射战略弹道导弹的研制生产，加大海基核力量比重。

2014年9月10日，俄罗斯“弗拉基米尔·莫诺马赫号”战略核潜艇从白令海水域向堪察加半岛成功试射了一枚“布拉瓦”洲际弹道导弹。俄国防部新闻发言人科纳申科当天对媒体说，发射是在水下进行的，导弹运行正常，弹头成功落到堪察加半岛的库拉靶场。显而易见，俄罗斯海基战略核力量在维护国家安全中正在发挥越来越重要的作用。

知识卡

战略导弹发射可靠性

战略导弹发射可靠性是指战略导弹在规定的发射条件和规定的时间内按程序与要求，发射成功的可靠程度。以概率形式表示时，则称战略导弹发射可靠率。它主要取决于导弹及其地面设备等的可靠性和维修性，同时还与操作人员的心理状态、技术水平和操作熟练程度等有关。

第 4 章 长缨护神州

1950年6月25日，朝鲜战争爆发。1950年9月15日，美军在仁川登陆，不顾中国政府的多次警告，快速向北推进，直逼“三八线”。在这种咄咄逼人的形势下，美国前副总统华莱士竟然写信给毛泽东说：“如果新中国在学会制造卡车和拖拉机之前学会了制造坦克，这将是一个世界的悲剧。”朝鲜战争最惨烈的时候，遭到重创的美国人不断放风说，要以核打击摧毁中国的军事力量。面对美国的核威胁和核讹诈，中国领导人不得不考虑研制自己的原子弹。也就是在这一年，毛泽东一连三次观看兵器展览，后来又视察了组建不久的人民海军。他说：“无论抗美援朝战争的结果如何，都要搞国防工业的建设与军工生产。”尽管我国一穷二白，但发展捍卫国家安全的镇国利器，已经成了毛泽东和老一辈革命家们坚定不移的决心和意志。

4.1 艰难起步

新中国成立不久，党和政府就开始考虑发展自己的导弹技术。但技术瓶颈很难克服。被誉为“中国导弹之父”的钱学森回国后，这项工作得以有序展开。

钱学森1911年12月11日出生于上海，1934年从交通大学毕业，考取了清华大学公费留学。1935年8月离开中国，进入美国麻省理工学院航空系，学习成绩一直名列前茅。一年后他开始转向航空工程理论，即应用力学的学习。1936年10月他转学到加州理工学院。他是慕名而来的，加州理工学院航空系有一位他仰慕已久、大名鼎鼎的空气动力学教授冯·卡门。当时冯·卡门是这一领域的权威，后来被誉为“超声速飞行之父”。冯·卡门第一次见到钱学森时，向他提出几个问题，钱学森思维敏捷而又富于智慧的回答令冯·卡门非常满意。钱学森成为冯·卡门领导的哥根海姆航空实验室的一名研究生，是冯·卡门的得意门生和得力助手。这个实验室后来成为美国火箭技术的摇篮，钱学森就是在这里进行火箭技术研究最早的三名成员之一。1945 年初，钱学森成为以冯·卡门为团长的空军科学咨询团的成员，曾随该团的考察小组到欧洲考察航空和火箭技术。

钱学森回国后受到毛泽东的亲切接见

1953 年他发表了《从地球卫星轨道上起飞》，为低推力飞行力学奠定了基础。1954 年他出版了《工程控制论》一书。1955 年回国前他向冯·卡门辞行时，冯·卡门激动地说："你现在在学术上已超过了我！"

据钱学森回忆，第一个跟他说搞导弹的是陈赓大将。1955 年秋末冬初，钱学森回国不久，在科学院工作。科学院领导说："你刚回来，先去看看中国的工业吧，中国工业最好的是东北。"钱学森就这样到了东北。在哈尔滨，他与军事工程学院的院长陈赓大将见了面。陈赓请他吃了顿晚饭。席间，陈赓问他："中国人能不能搞导弹？"他说："为什么不能搞？外国人能搞，我们中

陈赓

国人就不能搞？难道中国人比外国人矮一截？”陈赓大将说：“好！”

事后有人告诉他，陈赓那天上午从北京赶到哈尔滨就是为了晚上接见他。钱学森听了很感动。

1955 年 12 月 26 日下午，钱学森和陈赓到北京医院高干病房，看望彭德怀元帅。三人在交谈中一致认为，别人有了导弹，我们也要发展自己的导弹。

其实，早在 1954 年 10 月，赫鲁晓夫率领代表团参加中国国庆 5 周年活动时，毛泽东就曾请苏联帮助我国发展导弹、核武器，但赫鲁晓夫一口回绝。

俗话说：万事开头难。20 世纪 50 年代中期，中国钢铁产量只有几十万吨，工业基础就连制造飞机、军舰、火车和汽车都十分困难，更别说制造导弹了。要想在一个科学技术水平落后、工业基础薄弱的国家，白手起家地发展导弹技术不是一件易事。当时国内对是否研制导弹有两个声音。一个是等等看。第一个五年计划时期，我国 100 多项重大工业项目的建设，都是以苏联提供的技术资料为基础的。我们的技术水平低，不可能独立起步进行工业建设，导弹技术在国际上又是新兴项目，国内的技术人员除极个别“海归”外，都没有看见过导弹。勉强上马，必然造成浪费，不如先看清楚别人是怎么搞的再说。另一个是应该上马。任何新的技术产品，都是从无到有，经由“没有人看见过”的状态开始的。如德国的V–2导弹，在开始研制时，它的总设计师布劳恩也一定没看见过实物，而只是提交论证报告，经批准后进行研制。他从1936年开始，6年后实现初次成功发射。我国虽然技术落后，但中国技术人员在1956年的水平，不会比德国人20年前的水平低。而且已知导弹是可以造出来的，只要下定决心，共同努力，一定可以成功。就在这两种意见相持不下的时候，国外报纸杂志披露，美国人已获得了德国V–2导弹的技术资料和科技人员，仿制成功，并制成了新的“下士”导弹。

叶剑英

有一次叶剑英元帅在家请钱学森夫妇吃饭，陈赓也在。吃完饭，他们说找周恩来总理去，总理就在三座门。见到总理后，叶剑英、陈赓向总理汇报搞导弹的事。总理叫钱学森写个材料，怎么组织一个研究机构。后来总理在西花厅参加

了一次会，会上把研制导弹的事定了下来。

1956 年 2 月 17 日，钱学森向国务院报送了一份《建立我国国防航空工业的意见书》，从组织领导、科学研究、设计和生产等多方面，对发展我国的导弹技术提出了宝贵建议。《意见书》题目中的“国防航空工业”，指的就是导弹武器，之所以用这个提法，完全是出于保密的考虑。钱学森的《意见书》引起了党和国家领导人的高度重视。当时中国已有一批导弹专家和核物理专家，却缺乏制作“两弹”的材料。钱学森表示材料困难程度大，如苏联能帮助解决便可使工作进度大大提前。1956 年苏共召开的“二十大”揭开了斯大林问题的盖子，东欧随之发生政治动荡，苏共中央主席团内又掀起“倒赫”风潮。此刻国际形势的变化使赫鲁晓夫在政治上有求于中国。

1956 年 2 月下旬，为了向中央军委扩大会议做战略方针的报告，彭德怀多次找包括聂荣臻在内的军委领导商谈，力主开始导弹和核武器的研究。1956 年 3 月 14 日，周恩来总理主持召开军委扩大会议，主题是关于中国发展导弹技术的设想和规划，钱学森在会上做了《发展我国导弹技术》的重要报告。会议决定组建由时任中央军委副主席的聂荣臻任主任的航空工业委员会，作为导弹航空事业的领导机构，直属国防部。在毛泽东主席和周恩来总理的领导下，聂荣臻开始组织领导研制“两弹”的工作。中国研制导弹、原子弹的大幕徐徐拉开。

这一年，主管国防科研的聂荣臻主持制定了十二年科学规划，其中要求研制射程 500 ~ 600 千米的地对地导弹。聂荣臻受命领导科技工作和研制“两弹”任务后，反复考虑，认为首先要组建研究机构及组织科技队伍，这是科学研究方面奠基性的工作，否则一切就无从谈起。聂荣臻在与一些著名科学家座谈、论证的基础上，向国务院、中央军委提出了《关于建立中国导弹研究工作的初步意见》，建议成立导弹研究、管理机构。1956 年

4月18日，聂荣臻向中共中央、中央军委报告，建议中国政府派代表团赴苏联谈判，谋求苏联在国防新技术装备、实物样品、资料以及技术专家等方面给予技术援助。周恩来圈阅该报告后，于1956年5月26日专门主持召开中央军委会议，讨论研究了聂荣臻的意见，确定由航空委员会负责组建国防部导弹管理局和国防部第五研究院（简称五院），在航空委员会的领导下，负责导弹的研究、设计、试制任务。聂荣臻还明确提出了建立五院的三条原则，并经毛泽东批准：自力更生为主；力争外援；充分利用国外已有的科学成果。明确了五院的工作方向。

聂荣臻

为了缩短我国导弹技术起步阶段的摸索过程，1956年8月，李富春副总理写信给苏联部长会议主席，希望苏联政府“在建立和发展导弹制造事业方面给中国以全面援助”。

1956年初秋，李富春率贸易代表团出访莫斯科，再次提出希望苏联帮助中国发展导弹、核武器，克里姆林宫则干脆不接话茬。但为表示友好姿态，又同意在苏联的中国留学生中先抽调 50 人改学导弹、核武器的专业技术知识。10 月，航空工业委员会组建了导弹管理局（国防部五局）和导弹研究院（国防部第五研究院）。1956 年 10 月 8 日，在北京西郊解放军第 466 医院简陋的食堂里，聂荣臻对坐在台下的 200 多人宣布：经过中央军委批准，国防部第五研究院正式成立，由钱学森任院长，王诤、刘秉彦任副院长，领导大家从事火箭、导弹的研制工作。会上，聂荣臻说，在座的各位是中国火箭事业的“开国元勋”，现在人手少，但只要大家团结一心，艰苦奋斗，中国的火箭、导弹事业一定会有美好的前景。随后，钱三强、王淦昌、邓稼先、朱光亚、陈能宽、周光召、彭桓武、郭永怀等一批杰出科学家，先后走进了导弹与核武器研制工作的行列。中国导弹和核武器的研制工作从此走上正轨。

11 月，中国又决定设立由宋任穷任部长的第三机械工业部（后改为第二机械工业部），主管核工业建设和核武器的研制工作。

五院刚成立时，中苏双方曾就建立和发展我国导弹技术进行谈判，但苏联不愿提供全面援助，只同意接收 50 名火箭专业留学生和提供两发供教学用的 P–1 导弹，即苏联仿制的德国 V–2 导弹。1956 年 12 月 25 日，钟夫翔和林爽等作为中方代表，与苏方代表普列奥布拉任斯基等，商谈苏制两发 P–1 液体近程弹道导弹的移交程序及其实物讲解等问题。12 月 29 日，中苏双方举行了交接、验收及签字仪式，钟夫翔和林爽等出席了仪式。1957 年 1 月 2 日，钟夫翔、林爽等又同普列奥布拉任斯基一行商谈 P–1 导弹授课计划及有关问题。五院的科技人员在老专家的指导下，利用苏联提供的两发 P–1 导弹实物，进行了测绘、通电试验和取样分析，增加了对导弹的感性认识。

1957 年 6 月末，赫鲁晓夫在掌握军队的朱可夫的支持下，在苏共中央全会上击败了多数中央主席团成员（政治局委员），却未摆脱内外交困的处境。7 月上旬，赫鲁晓夫派苏共中央主席团成员米高扬来华介绍情况并寻求支持。毛泽东主持中央开会研究后，考虑到赫鲁晓夫是苏共领导中比较好打交道的一位，决定表态支持苏共中央的决定。利用这一机会，7 月 18 日，聂荣臻提出应与苏方交涉核技术援助，周恩来请示毛泽东后马上做出安排。此次苏方反应空前迅速，7 月 20 日苏联驻华总顾问阿尔希波夫即代表政府答复同意。解密的俄罗斯档案表明，赫鲁晓夫不顾苏联军方坚决反对，拍板决定了对华提供核技术援助。1957 年 9 月 7 日，以聂荣臻为团长的 31 人中国政府工业代表团（实际上是国防新技术代表团）乘坐一架苏制伊尔 –18 专机，从北京南苑机场起飞，赴苏联谈判。钱学森是代表团重要成员。途中，聂荣臻问钱学森："造苏联的 P–2 导弹，你有把握吗？"

钱学森说："就看这次去苏联的结果了，只要他们肯提供有关的设备和火箭样品，保证能行！"

聂荣臻接着问："你觉得还有什么困难吗？"

钱学森

钱学森想了一下，说：“不是有一句谚语‘困难就像老鼠，听见脚步声就吓跑了’吗？”

说完，两人哈哈大笑起来。

聂荣臻又问钱学森：“如果没有外援，可以在七八年内研制出像美国‘诚实约翰’一类的无控制火箭，那如果能争取到苏联的帮助，能否提前造出比‘诚实约翰’性能更先进的火箭来？”

钱学森回答说：“也许不用5年。”

中苏从9月9日开始了艰难曲折的正式谈判。苏联方面主谈的是别尔乌辛和国防部一位中将。在整个谈判过程中，中苏双方都受到了克格勃的监视。中国代表团分别下榻于别林斯基大街别墅和苏维埃宾馆的大门口，专门有一个克格勃中校坐在那里，了解代表团成员的行踪以及苏联人的进出。中国代表团由于事先做了充分的思想准备和拟定了周详的应对措施，因此，分头取得了一些进展。20多天后，双方终于达成了协定草案。聂荣臻立即派宋任穷带着这份协定草案回国向中央汇报。宋任穷昼夜兼程，连倒几次航班才飞回北京。他一下飞机，就直奔中南海。随后，毛泽东、周恩来等中央领导在一起开会讨论了这个草案，提了一些局部的修改意见之后，便予以批准。该草案也获得了苏联方面的批准。10月15日，中苏两国的代表团举行签字仪式，聂荣臻和别尔乌辛分别代表两国政府郑重地签上了自己的名字。

按照《国防新技术协定》，苏联将援助中国建立起综合性原子工业，提供几种导弹的全部技术资料，帮助研究生产原子弹、导弹并提供样品，出售核工业设备，并派遣专家来华协助仿制工作。这是苏联在历史上给予中国最重要的一次战略性援助。聂荣臻对此特别指示说：“有了苏联图纸和技术资料，可以加速导弹事业的发展，但我们不要忘记自力更生。在仿制每一类型导弹（弹道、防空、海防）时，要吃透它的设计理论。仿制成功后立即开展自行设计战术指标更高的同类国产导弹。”

赫鲁晓夫还邀请毛泽东到莫斯科参加十月革命纪念节活动和世界共产党、工人党会议，毛泽东答应前往。1957 年 11 月 2 日，毛泽东亲自率代表团赴苏联参会，给予赫鲁晓夫很大的支持。其间，毛泽东在莫斯科接见中国留学生时发表了“希望寄托在你们身上”的著名讲演。

正是在这次访苏之际，当时的苏联领导人赫鲁晓夫向毛泽东提出了这样一个观点，就是面对毁灭整个地球的可能，核武国家在考虑是否走向正面冲突的时候势必将会投鼠忌器。而毛泽东立即反驳说：“原子弹并没什么了不起，我看它也是纸老虎。”赫鲁晓夫没有听懂毛泽东的话。许多年后，他在回忆录里仍然引用这段话，并且认定毛泽东是“疯子”、“战争狂人”。波兰的哥穆尔卡也曾抱怨说：“你们中国人多，可我们波兰呢？我们只有 5 000 万人口，叫我们怎么个死法？”他也没有听懂毛泽东的话。但当时的美国总统艾森豪威尔听懂了，他曾叹息着对白宫

毛泽东在莫斯科发表重要讲演

办公厅主任杰里帕森斯将军说：“原子弹的最大威力是在发射架上，而不是飞出去之后。毛泽东是一个极难对付的人物，恐吓、威吓对他没有用。”毛泽东一回国，就召开中央军委扩大会议，在介绍了访苏的基本情况和当前国际形势之后，严肃指出：“苏联这张核保护伞靠不住，我们要不受人家欺负，就不能没有核武器这个东西。”发展核武器和组建战略导弹部队驶入了快车道。

知识卡

战略导弹武器系统生存能力

战略导弹武器系统生存能力是指战略导弹武器系统遭袭击后还具有的作战能力。通常用生存概率表示，是衡量战略导弹武器系统作战能力的重要指标之一。它主要取决于导弹武器的反应时间和机动能力、伪装程度和被发现概率、导弹数量和阵地配置密度、战略侦察和反导系统的防御能力，以及导弹武器和阵地加固水平等。提高生存能力的主要措施有：研制部署小型化高机动性能的战略导弹武器系统；采用隐身技术等手段严密防护和伪装；提高戒备率，采用机动灵活的发射方式，缩短反应时间；合理配置阵地，进行抗核加固；提高战略侦察预警能力和建立反导系统，及时拦截来袭导弹等。

4.2 一波三折

1958 年，苏联帮助中国设计了一系列核设施并提供了所需设备，派出近千名专家，建成了铀矿、核燃料棒工厂、研制基地及核试验场。1958 年 9 月，苏联援助的重水反应堆建成，直径 1.2 米的回旋加速器也运到移交，中国正式进入核工业建设和研制核武器的新阶段。

赫鲁晓夫在核弹、导弹领域援华，实际上一开始就带有勉强性，许多项目都有所保留。据当年来华的苏联专家在 20 世纪 90 年代发表的回忆录称，他们奉命只能介绍 1951 年以前的原子弹设计方案。中方在认真学习苏联技术并引进设备时，对核武器的研究一开始便以本国专家挂帅，自行制定研制规划，这种“以我为主”的原则使外援中断后研制工作仍能进行。

中国的发展包括必须抵御外部威胁的核力量发展，这很快会威胁到当时美苏主宰世界的格局，这使赫鲁晓夫在其地位巩固后又对援华尖端项目感到后悔。1960 年夏在中苏出现政治论战后，同年 7 月赫鲁晓夫决定撤走全部专家，中止多数合同，对华的导弹和核技术援助全部停止。有关专家在临走前，也不再答复各种技术问题。导弹仿制的收尾工作，也受到了一些影响。赫鲁晓夫中断对华援助，伤害了中国领导人和人民群众的感情。不过从中国“两弹一星”事业的进程看，苏联前期的援助还是大大节省了中国的研制时间。苏联中断合同撤走专家，毕竟留下了一堆“半拉子”工厂，比我们白手起家要好得多。从“两弹一星”的整体进程看，苏联撤走专家造成的影响并不算太大，这是因为中国领导人和项目负责人事先有远见，引进苏联的设备时便立足于自己掌握和主导核心技术，并能具备综合配套能力。

确定开始研制原子弹时，要同时考虑其运载工具。原子弹以及氢弹只有准确投向敌方，才可形成有效打击力。轰炸机或是火箭发动机驱动的导弹，是两种最有力的运载手段。但究竟我国以哪种运载手段为研究重点，国防科研系统内有争论。经过反复研究，多数人认为，中国不像美国那样拥有强大的远程航空兵，即使研制出轰炸机，在无制空权的情况下也难突防进入敌后纵深。于是，中央军委最后确定了“两弹（导弹、原子弹）为主，导弹第一”的方针，这使研制工作从起步时便有了一个适合中国实际情况的正确指针。1960 年夏季以后，中国的科研人员完全依靠自己的努力，仍能使“两弹一星”事业以很快的速度发展。

当时的国际形势，加之中国三年自然灾害，也导致我国围绕“两弹”的一场争论。那时，中苏关系恶化，苏联准备撤走其专家，原来答应售给

苏联专家在中国

中国的材料、元器件、设备、仪器、样品等，都拖延了交货时间，不打算给了；美国等西方国家，仍然拒绝承认新中国，对我们实行敌视政策；国内正处在三年自然灾害时期，经济很困难。在这种大背景下，出现了中国的导弹航天事业是上马还是下马的争论。主张下马的人认为：我们现在造导弹，一是造不起，二是造不成。“造不起”是说造导弹需要花很多钱，而我国经济基础薄弱，没有那么多钱。“造不成”是说我国的科学技术水平低，恐怕造不出来，造不出或造出来不能用，岂不白花了钱。中央和军委的一些领导也在权衡利弊。

1961 年夏天，在北戴河召开的国防工业委员会工作会议上，关于“两弹”的争论达到了高潮。主张“两弹”

研制工作下马的同志强调，导弹、原子弹技术高度复杂，没有了苏联的援助，依靠我国尚不发达的工业和科技力量，很难造出“两弹”；花钱太多，应把有限的钱用到常规武器上，大谈“你打你的原子弹，我打我的手榴弹”。当时陈毅元帅力主上马，并说：“就是当了裤子也要把原子弹搞出来。”贺龙、聂荣臻、叶剑英等元帅对此也表示完全赞成。刘少奇主张首先要把情况摸清楚再定。这一意见上报后，得到毛泽东的认可。根据这种先做考察再定决心的正确态度，中共中央派副总参谋长兼国防科委、国防工办副主任张爱萍组织调查。聂荣臻坚决反对“两弹”下马，他把“两弹”看成是“命根子”——国家的“命根子”。在激烈争论的那些日子里，聂荣臻不断找人谈话，研究调查的结果，更坚定了继续领导研

邓颖超与穿军服的钱学森握手

制“两弹”的信心和决心。

其实，聂荣臻之所以坚持“两弹”的研制不能下马，有一个重要原因，就是他相信中国人的聪明才智，相信中国大多数知识分子是爱国的。钱学森刚回国的时候，周恩来曾嘱咐聂荣臻：要好好对待钱学森。周恩来说，科学家是我们国家的精华，钱学森是科学家的一个代表。聂荣臻一直记着周恩来的这句话，从不敢怠慢，他对钱学森非常关心，无论是工作还是生活，都为钱学森考虑得很周到。聂荣臻要求五院的领导工作上给钱学森提供最方便的条件，安全上也要积极采取严格措施。他规定，没有他的批准，钱学森不得乘坐飞机。在业务技术上，聂荣臻极为尊重钱学森的意见，每次执行任务的时候，聂荣臻就打电话给他，说：“钱学森哪，这次试验任务你到靶场去，有关技术上的问题由你来决定，你们准备好了，觉得可以发射了，打个电话报告我就行了。”

1961年8月20日，聂荣臻签发了《导弹、原子弹应坚持攻关的报告》，直接上报毛泽东。报告说，争取3～5年或更长一些时间突破国防尖端技术是有条件有信心的。这个报告进一步增强和坚定了中央领导同志的信心，毛泽东和中央有关领导都圈阅同意。

事情定下来后，聂荣臻仍然有点不踏实，他请当时有关方面的负责人张爱萍会同国家科委副主任刘西尧、二机部部长刘杰等于1961年10月至11月进行了广泛的调查，张爱萍等人都是坚决主张研制尖端武器的。经过深入的调研后，这年11月14日，张爱萍等人给聂荣臻以及中央军委有关领导呈送了《关于原子能工业建设基本情况和亟待解决的问题》的报告。报告说：“经过近一个月的仔细调查研究，我们认为，1962年是最关键的一年，只要中央领导亲自负责，亲自领导，各项保障跟上去，两三年内，最迟在1964年，制成核武器和进行核试验是可能实现的。”这个报告上送后，经邓小平主持书记处会议讨论表示同意，并经毛泽东批准，最后确定还是继续上马。这份文件一直在毛泽东手上存放到 1962 年 12 月 27 日，没有人知道在这一年多的时间里，他究竟看了多少遍，但从前一页半上那铅笔画下的一道道红色、蓝色的标记看，毛泽东对这件事是多么关切和重视。接着，张爱萍和刘杰以二机部的名义，向党中央、国务院正式报告，提出争取在 1964 年，最迟在 1965 年上半年爆炸我国第一颗原子弹的“两年规划”。毛泽东于 1962 年 11 月 3 日批示：“很好，照办。要大力协同做好这件工作。”从此，中国核事业开始了新的征程，全国几千个单位大力协同展开攻坚战。

知识卡

战略导弹反应时间

战略导弹反应时间是指从战略导弹部队接到发射指令至导弹飞离发射装置的时间。它是战略导弹武器系统战术技术性能的重要指标之一。反应时间越短，作战能力越强。战略导弹武器系统的自动化程度、发射方式、发射准备状态和戒备等级等条件不同，反应时间也不同。缩短战略导弹反应时间的主要途径是提高导弹武器系统性能和部队的整体素质。处于高度戒备状态下并具有高度自动化测试手段的导弹，反应时间一般为数十秒至数分钟。其中，固体推进剂导弹比液体推进剂导弹反应时间短；导弹发射井发射的导弹比地面机动发射的导弹反应时间短。

4.3 零的突破

对于中国导弹研制策略，钱学森和聂荣臻协商后确定三步走的路线：先研制，后改进，再自行设计。研制，首先要仿制，就是要仿制苏联的 P–2 近程导弹。

苏联在签订《国防新技术协定》之初，还能如期履约。

1957 年 12 月的一个深夜，一趟满载苏联士兵和装备的军列悄然驶

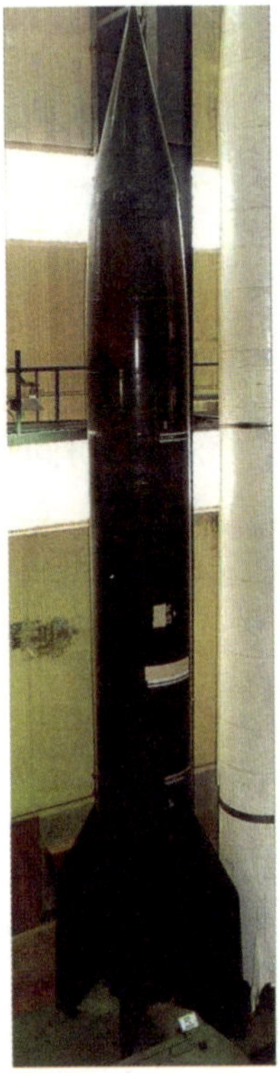

P–2 导弹

进北京南郊的一个站台。尽管周围漆黑一片，但是站台上却见不到灯光，只能看到一些手电筒晃动的微光；四周也听不到大声喧哗，只能偶尔听到几句俄语或汉语口令。所有这些现象告诉人们，站台上正在进行着一个极为秘密的行动。令人难以想到的是，这个军列将由布里奥·波列任斯基中校率领的苏军一个缩编的P–2导弹营官兵102人，连同两枚射程500千米的P–2近程导弹（由缴获的德国V–2导弹改进而成）和一套地面设备秘密送达北京。从此，我国开始仿制苏联的P–2近程导弹。

P–2导弹，是苏联第一代液体弹道式导弹，全长17.7米，最大直径1.65米，起飞重量20.5吨，射程590千米，命中精度圆公算偏差4千米。全弹由头部、稳定裙、酒精贮箱、液氧贮箱、中段壳体、仪器舱、尾段和发动机等几大部分组成，尾部装有4个梯形尾翼。推进剂为液氧和酒精，弹头采用常规装药。制导方式采用捷联式和无线电横偏制导。是当时苏联退役的武器装备。

为了尽快全面掌握导弹技术和培养导弹研发技术力量，国防部五院从三个方面展开了P–2导弹的仿制工作。其一是消化P–2导弹的生产图纸，为研制、生产做前期准备；其二是组织P–2导弹的试制生产，以期形成工业生产能力；其三是对生产图纸进行反设计，以便在仿制的同时进一步摸清导弹的设计原理、有关参数和导弹设计所需要的配套数据等。根据分工，导弹的试制生产主要以工业部门为主，国防部五院配合。

仿制P–2导弹是一个庞大的系统工程。首先要解决的就是设计图纸和资料。那时所有的图纸和资料都由苏联提供。1958 年 6 月，苏联提供的第一批 P-2 导弹武器系统的图纸资料运抵我国。国防部五院立即组织技术人员投入了紧张的翻译和复制工作。7 月的北京已是盛夏季节，酷热难当。但是翻译人员在十分艰苦的条件下，夜以继日地工作。留学回国的著名材料专家姚桐斌当时正患感冒，咳嗽得非常厉害，他把一些甘草片含在嘴里止咳，坚持审稿。忙碌的夜晚，钱学森和机关人员带着西瓜赶来慰问加班的人员，使人们倦意顿消、精神倍增。经过突击，第一批 P-2 导弹的图纸资料很快完成翻译，并下发到承制工厂。8 月，苏联导弹专家陆续来华，具体指导仿制工作。9 月，国防部五院正式将仿制 P-2 导弹秘密计划的代号定为“1059”，意为向 1959 年国庆 10 周年献礼，要求 1959 年 10 月前完成仿制，并进行首次飞行试验。

第一枚仿制的“1059”近程导弹

在翻译的过程中，研究人员发现，苏联没有提供火箭发动机试车以及试车台的资料。这是决定导弹能否出厂发射的决定性资料。当询问苏联有关部门时，他们答复说：等你们的发动机制成了，可以到我们苏联来试车。显然，苏联在提供资料时留了一手。钱学森知道后，坚

定地表示："即使是仿制，也一定要发扬我们的自力更生精神。苏联留一手，我们就自己想办法解决。"在图纸和资料不全的情况下，钱学森带领五院的科研人员勇往直前，攻克了一个又一个难关。

据一路护送的苏联专家讲，苏联交付的导弹样品只要加入推进剂就能上天，由于设计图纸和工艺资料尚未到达，而国家又急着要导弹，当务之急便是分解导弹结构，照猫画虎测绘出所有零部件的尺寸，以供生产部门仿制。

仿制的第一步就是拆卸。拆卸导弹绝非易事，从弹体、发动机（仅"1059"发动机就有1万多个零件）到每一螺钉、垫圈都要被细心地有序拆下，一一进行测量和详细登记，然后，再按照测绘结果绘制成零组件图纸，进行反设计。测绘结束后，再把零组件按原样装配好。因此，拆卸需要技术全面、严谨细致、动手能力强的专家。钱学森选了谢光选、梁守槃。

谢光选

一天，钱学森正在存放导弹的一家医院仓库里向技术骨干们讲解导弹。他的目光忽然停在了谢光选和梁守槃的脸上，说："我看拆卸导弹的事咱们这些只上过讲台的人恐怕不行……小谢、老梁他俩都在兵工厂干过，比咱们懂行。""既然钱院长话说到这份儿上，这活儿我是推不脱了，

老梁，咱俩就接了吧！怎么不说话？”谢光选边说，边用眼光扫着梁守槃那长满胡子的脸。梁守槃环视大家热切的目光，假装叹了一口气：“看来我想推也推不了啦。不过这事儿要以小谢为主，我打打下手没问题。”“行，就这么定啦。小谢能者多劳吧！”钱学森高兴地拍着谢光选的肩膀说。

很快工厂就加工出了一批零部件，然而，等到年底苏方的图纸运抵后一对照，才发现之前那种靠简单测绘生产出来的产品与尖端科技产品的技术与质量要求差距太大，先前自制的零部件大部分必须返修或者成为废品。蹒跚学步中的中国导弹事业还是很需要苏联的帮助。

在苏联专家的指导下，五院和试验基地的中方人员开始了针对苏制导弹的原理学习、操作训练和仿制工作。虽然苏联人只是允诺提供旧型号导弹的相关仿制技术资料，但这确实帮助当时的中国在短时间内组织起了一个生产导弹的协作网，这一期间中方人员不仅从苏联专家那里学到了技术，还自行研制了部分新材料和元器件，导弹生产开始逐步向立足国内的方向迈进。

中国人也为此付出了昂贵的代价，据当事人回忆，当时从苏联买来的资料几乎相当于一斤资料一斤黄金，而且在新技术产品上苏方提供的都要落后一到三代。负责落实协议的聂荣臻不得不提醒有关部门在接受样品时要注意检查是新的还是旧的。导弹技术是现代科学技术和基础工业成就的高度综合，是国家规模的庞大系统工程，它几乎涉及国民经济所有生产部门和各个技术领域。而刚刚成立不久的新中国，科学技术还很落后，“1059”导弹的仿制遇到许多意想不到的困难。

仿制没有研究和生产基地，科研人员就开展全国大协作。当时全国直接和间接参加仿制的单位有1 400多个，涉及航空、电子、兵器、冶金、建材、轻工、纺织和商业等各个领域，其中主要承制厂就有60多个。设备缺乏，就因陋就简，土法上马，自制简易设备，或者想方设法利用国内现有设备。

原材料短缺，就努力寻找代用材料，以解燃眉之急。例如，导弹发动机液氧活门的密封垫圈要求很高，按苏联图纸的规定，只能用3岁公牛犊臀部上没有鞭伤的牛皮制作。我国的设计人员没有简单地照抄照搬，而是结合自己的国情，在吃透技术文件的基础上，经过反复试验，合理制定了新的技术标准，不仅满足了发动机的设计要求，而且解决了材料的来源问题。导弹部段生产出来以后要进行强度试验，为了能有一个专用的强度试验室，技术人员在一个旧飞机库的基础上，用就地挖坑的办法，解决了机库高度不够的问题，并利用从飞机上拆下的旧

我国现存在北京理工大学的“1059”导弹

部件和自制的承力地轨，仅用半年时间就建成了一座简易强度试验室。在这个试验室里，技术人员们完成了“1059”导弹的320次静力试验。

P-2导弹的仿制并非一帆风顺。除了受到国家工业基础薄弱、生产能力低下的限制和要克服诸多材料、工艺难关外，还遇到了三重阻力。

一是碰到1958年的“大跃进”，部分科技人员产生浮躁、急于求成的情绪。在高指标、浮夸风的影响下，五院也有人提出了一些脱离实际的目标，并一度出现了轻视仿制急于搞自行设计的苗头，认为苏制P-2太落后，射程太近，为了以实际行动迎接“大跃进”，要自行设计。他们说：“现在全国人民都在赶超英美，我们再继续仿制下去，走苏联的老路，什么时候才能赶超英美呢？”为制止这种急于求成的思想，聂荣臻指示：我国导弹事业的起步工作，一定要通过仿制，“爬楼梯，大练兵”，向独立设计发展。他指出，仿制的目的是为了独创，但必须在仿制中把技术吃透，才有利于独创。五院随即召开了四级干部会议，会议强调：要充分利用已经争取到的外援，虚心向苏联专家学习，把能学到的都学到手。通过仿制，学习自行设计的本领。后来又明确地提出了“以仿制练兵，循序渐进”的指导方针。在仿制过程中，钱学森、刘有光多次在干部会议和全院大会上强调，对技术问题，一定要“不走样地学”。这样，虽然在仿制和向苏联专家学习的过程中，一度出现过生搬硬套和“冒进”的现象，但由于明确了“学习是为了独创”的指导思想，这些现象很快得到了纠正。

二是遭遇60年代我国经济状况最困难的时期。物资供应十分贫乏，生活困难，粮食不够吃，副食也极少，仿制人员有时只能喝一碗白菜清水汤、吃玉米饼。因严重营养不良，科技人员的身体素质普遍下降，不少同志得了浮肿病和夜盲症。尽管如此艰苦，大家没有一个叫苦，没有一个退缩，夜以继日地奋战在仿制工作的第一线。

三是中苏两国关系严重恶化。1960年7月，苏联政府单方面决定，在一个月内撤走全部在华的苏联专家1 390人，撕毁专家合同和合同补充书243个，废除科学技术合作项目257个。此后，又大量减少成套设备及关键部件的供应，从而给P–2导弹的仿制带来严重困难，原定的1959年10月完成仿制并进行首次飞行试验的目标未能实现。

1960年2月5日，导弹的第一个大部段——酒精贮箱仿制成功。接着，其余7个大部段也相继完成。一个多月后，由我国著名火箭发动机专家任新民亲自挂帅自行设计并施工安装的国内第一座大型导弹发动机试车台竣工验收。1960年3月9日，时任中共中央总书记的邓小平和陈毅元帅、北京市委书记刘仁，视察了试车台，连声说“好”。10月17日，聂荣臻和陈赓大将、张爱萍上将亲自参加发动机首次飞行前的典型试车，取得圆满成功。与此同时，“1059”导弹发射所用国产推进剂的理化性能已经分析、测定完成，符合发射导弹的质量和性能要求，否定了苏联专家提出的中国生产的液氧质量达不到要求、必须从苏联运来的断言。弹上仪器和地面设备等关键技术也取得了重大进展。有鉴于此，国防部五院于1960年6月28日向中央军委报告，争取“十一”前后完成第一批“1059”导弹的仿制任务，并进行飞行试验。毛泽东等党和国家领导人圈阅了这份报告。1960年秋，第一枚导弹总装圆满完成。

1960年10月23日0时45分，一趟由18节客、货和特种车厢组成的专列，满载“1059”导弹和仪器、地面设备与特种车辆，以及发射试验人员从北京启程，秘密驶向酒泉导弹试验靶场。此趟专列的警卫级别很高，沿途部署了担负双层警戒任务的民兵和解放军战士。10月27日，导弹安全运抵发射场。第二天，导弹进入技术阵地进行单元和综合测试。11月3日，“1059”导弹测试结束，被装上专用运输车送往三号发射场区。在那里，发射人员用高架起重机把导弹吊到起竖托架上。接着，载着导弹的起竖托架以步行的速度缓缓驶进发射工位，随后起竖托架上的液压装置把导弹竖成垂直的发射状态。操作人员登上工作平台，进行发射前的最后作业。

“1059”导弹虽然是按照苏联图纸制造的，但是所用的材料全部是国产的，这是中国有史以来第一次发射导弹，党和国家领导人十分关注这一次具有历史意义的发射。

1960 年 11 月 5 日，凌晨，酒泉导弹发射场上呈现出一派繁忙的景象。在探照灯的照射下，整个发射场坪明如白昼，竖立在发射台上的“1059”导弹俨然一把利剑直指夜空。尽管当地的气温已经下降到零下二十几摄氏度，但是在发射准备的最后关头，所有参试人员都全神贯注、一丝不苟地工作着。

11 月 5 日清晨，聂荣臻在张爱萍、赵尔陆、钱学森等人的陪同下，来到距离发射阵地 5 千米的指挥所。9 时 02 分 28 秒，发射指挥员下达了点火命令。随着一声惊天动地的轰鸣，发射台周围腾起一股浓烟，导弹的尾部向下喷吐出橙红色的火焰，随即拔地而起，直刺蓝天。这时，发射场上空天气晴朗，能见度很好。几秒钟后，垂直上升的导弹开始转弯，向远方飞去。与此同时，指挥中心不断传来各跟踪台站“发现目标，飞行正常！”和“跟踪良好！”的报告。7 分 32 秒后，导弹准确地命中 550 千米外的预定目标区。这是苏联单方面撕毁中苏《国防新技术协定》后，在天灾人祸面前，中国人民在国防科技方面取得的第一个重大成就。当发射成功的消息传来时，导弹发射场掌声和欢呼声响成一片。在人们尽情雀跃的时候，聂荣臻和张爱萍来到发射场坪向大家表示祝贺。聂荣臻高兴地对参试人员说：“同志们，你们辛苦了！大家好好地休息一下吧！”接着，他问一位年轻的导弹设计人员，竖立的导弹像什么？这位设计员回答说，像一把利剑高耸蓝天，直刺敌人的心脏。旁边的张爱萍连声称赞：“说得好！说得好！”

当晚，发射试验人员参加了发射场用部队“伙食尾子”（节约的伙食费）举办的庆祝宴会，四菜一汤，有西红柿炒鸡蛋、猪肉辣椒、炒豇豆和炖黄羊肉。豇豆是部队战士自己种的，黄羊肉是野外打猎来的。菜虽然品种不多，但是能够在20世纪60年代初国家遭受自然灾害的时候吃上这些东西，大家已经非常知足了。聂荣臻在庆祝宴会上兴奋地说，在祖国的地平线上，飞起了我国自己制造的第一枚导弹，这是我军装备史上一个重要的转折点！

继11月5日的发射取得成功之后，又于同年12月进行了两次导弹发射试验，均获得成功。试验结果表明，导弹达到了设计规定的战术技术指标。“1059”导弹（1964年改名为“东风–1”）的成功，是我军武器装备和航天发展史上的一个重要里程碑。它向全世界证明，曾经发明了古代火箭的中国，从此结束了没有导弹武器的历史。

P–2导弹的仿制，虽然是按照苏联的图纸和技术标准进行的，但是我国科技人员在仿制中着眼于学习自行设计的本领，除了下厂配合试制生产，解决工艺、材料问题和处理技术问题外，还对苏联提供的样机进行性能测试和理论分析，并在此基础上进行反设计，为后来转入新型号的研究设计，打下了一定的基础。

导弹的成功发射，标志着我国在掌握导弹技术方面迈出了可喜的第一步、关键的第一步，是我国导弹研制、生产的一个良好开端，不仅锻炼、培养了一支精干的技术队伍，而且建立健全了科研、生产配套体系，为我国走上自行设计、自主发展弹道式导弹的道路奠定了坚实的基础。从那时起，我国的战略导弹技术从无到有、从小到大、从单级到多级、从近程到远程、从液体到固体不断地发展，取得了举世瞩目的成就。

知识卡

制动发动机

制动发动机是指能产生与飞行方向相反的推力，使飞行器减速的小型辅助火箭发动机。主要用于运载火箭级间分离、航天器变轨及其进入某星体轨道和返回舱再入大气层时的减速。其特点是：体积小，质量轻，能在真空、低温、强辐射和大加速度条件下长期可靠工作。一个飞行器上可装有一台或数台制动发动机。其喷管排气方向与飞行方向一致或成一定角度，产生的推力使飞行器速度减缓或改变飞行方向。制动发动机有固体火箭发动机和液体火箭发动机两种类型。前者结构简单、工作可靠、比冲较低，广泛应用于较小飞行器的减速。后者比冲高，总冲量可以控制，能多次启动，用于制动质量大、落点精度高的飞行器。

4.4 老将出马

1957 年 3 月，为整合加强导弹研制和管理力量，中央军委将国防部的导弹管理局，即“国防部第五局”并入国防部五院。这样，五院就不只是研究机构，而且也是管理机构。导弹研制也不是一般的科研项目，而是一个巨大的系统工程。需要指挥数以万计的科技人员进行联合研制和生产，需要管理专家，在当时只能选优秀的高级指挥员来当五院的领导。究竟选谁，周恩来将目光投向了空军，因为导弹和飞机有相似之处。1959 年 12 月下旬，中央军委在广州召开军委扩大会议。会议期间，周恩来两次召开了研究“两弹”工作的小型会议。一次是研究搞原子弹的会议，刘亚楼、宋任穷、王秉璋等参加。一次是研究搞导弹的会议，钱学森等人参加，但是也通知了王秉璋。王秉璋想自己是在空军工作的，这与自己没关系，为什么要自己参加这两次会议，他不明白。回到北京后，刘亚楼对王秉璋讲：中央决定，要他俩去五院兼搞导弹；刘亚楼任院长，王秉璋任副院长，钱学森任技术副院长。那时，空军的工作很繁重，刘亚楼的主要精力仍放在

刘亚楼

空军，王秉璋的主要精力则放在五院。

王秉璋对此不理解，就去找周恩来，周恩来在怀仁堂北门西边的小屋里接见了他。王秉璋向周恩来报告说：“我不懂技术，搞不了导弹。”周恩来停了一会儿说：“你说你搞不了导弹，那么谁能搞？请你在老同志或将领中推荐一位。”王秉璋提不出来。周恩来说：“还是你去搞吧！导弹是带翅膀的，飞机也是带翅膀的。你是空军的，你们总还算是带翅膀的嘛！相近嘛！”

1960年1月6日，王秉璋到五院工作。3月18日，中央正式任命“刘亚楼兼国防部第五研究院院长，王秉璋兼国防部第五研究院副院长”。4月27日，五院向总政治部并国防科委呈报正式备案。“五院党委一致同意：刘亚楼同志为第一书记，王秉璋、刘有光、王诤三同志为书记，刘亚楼同志不在五院时，由王秉璋同志执行第一书记职责，掌管全盘工作。”

王秉璋由于不懂导弹，刚到五院时，就到下面的研究室、工程组了解情况。这期间，他以了解情况、向同志们学习为主，同时按照原计划进行五院的全盘工作。

1960年2月27日，中央军委扩大会议通过的《国防建设工作纲要》中提出：“国防工业建设的方针，在建立独立、完整的国防工业体系的目标下，应以原子弹、导弹为主，而以导弹为第一，同时注意发展电子技术，应以最大努力，集中一切人力、物力、财力来着手研究和解决这个问题。”

6月28日，王秉璋向当时兼任国防科委主任的聂荣臻和军委报告，提出了五院的任务和工作安排，主要是争取“十一”前后完成第一批苏联的P–2近程地地导弹的仿制并试射；1962年前自行设计出中近程地地导弹；建立健全科研生产、器材设备的全国协作网等。这个报告得到毛泽东和军委的批准。

为尽快落实报告中所确定的任务，7月10日，五院党委举行了第五次扩大会议。针对当时存在的问题和任务，王秉璋提出：全面安排，抓紧重点。研制工作应该设计一个，想一个，试制一个。“1059”是从仿制到自行设计转变的关键，要解放思想，大胆独创，要向适应转变方面多想、多摸，发现问题，解决问题，指导工作，总结经验。要求领导同志要深入第一线，分片包干，层层负责。要发动科技工作人员，找出规律，做出成绩来。总之，要做到高质、高量、高效率地完成各项任务。

“东风–1”导弹

1960年8月12日，在五院的苏联专家全部撤离，苏联单方面撕毁了援助我国研制、发展导弹

的合同。原先拟供应我国的试验设备（5个火箭试车台、5个冲压式发动机试验设备、4个大的试验台、8个风洞）的设计资料、专用设备和6种导弹的制造资料，除已到的部分外，未到的一些关键性设备和资料，再给的可能性不大了。这对中国刚起步的导弹事业是个严重的打击。针对这一情况，王秉璋立即召开五院党委常委会议，讨论研究用中国自己的力量研制导弹的计划和措施，并拿出了初步意见。8月14日至16日，王秉璋和王诤去北戴河，向聂荣臻、贺龙、刘伯承和罗荣桓做了报告。聂荣臻对五院的任务和工作安排给予了指示。五院党委把聂荣臻的指示向军委办公室做了汇报，接着，又和三机部的领导交换了意见。8月29日，五院党委召开第六次扩大会议，传达了上级的指示，讨论了贯彻执行的措施，并向军委写了报告。主要内容是：五院坚决贯彻中央和主席的指示，自力更生、发奋图强、埋头苦干，把中国自己的导弹和试验设备设计出来，用中国材料制造出中国式的导弹。

聂荣臻指示：导弹的研究和设计，五院为主，工业部门协助；仿制和成批生产，工业部门为主，五院协调组织。五院和三机部有关工厂完成P–2型600千米地地导弹的仿制后，成批生产任务移交工业部门接收。五院则集中力量，尽快搞成1 200千米和2 000千米的中程地地导弹和中程地空导弹。五院研究部门的近期任务，应以保证自己设计的三种导弹为重点，并以适当力量研究发展固体燃料、导弹发动机，并为自己设计的三种导弹进一步发展做准备。

1960年是五院大发展的一年，在编人数由17 000人增加到30 000人，技术干部由3 500人增加到10 000人，工人由9 000人增加到11 000人，导弹研制开始了从仿制到自行设计的转变。苏联专家撤走后，五院解决了一批带有关键性的技术问题；完成了P–2型600千米射程的地地导弹的仿制；开展了三种型号，即“东风–1”、“东风–2”（近中程地地导弹）和“红旗-1”（近程地空导弹）的设计；建成了一批试验设备；加强了内外协作。

为了稳定协作、加速导弹的研制和生产，王秉璋于1961年4月27日向贺龙做了工作汇报。贺龙做了五点指示：一、为了迅速发展火箭导弹技术，完全同意五院与三机部的22个工厂固定长期的协作关系，要多搞一些，今后凡与五院协作的工厂都要把任务固定下来，不必等回来上报批准后再办。二、争取在“十一”前把“东风-2”运往靶场试射。“543”型号（原系我国改进的苏联地空导弹，后改称“红旗-1”）也应如此，对其仿制和改造可做预先研究工作。三、五院第一个五年要搞5万人，第二个五年搞10万人，第三个五年要搞15万至20万人。四、要好好照顾科技人员的生活，特别是老知识分子，不仅让他们本人住好、吃好，就连他们的家属、小孩也要照顾好。五、211厂浪费严重，你们要向北京市委报告，取得他们的协助与支持，共同将211厂这次整风搞好。

“东风-2”导弹

4月28日，王秉璋、王诤、刘秉彦等11人又飞往杭州，向聂荣臻做了汇报并得到聂荣臻的指示。

随着形势的发展，中央军委对五院的导弹研制工作提出了新的要求。1962年7月11日至13日，王秉璋和王诤参加了邓小平主持的中央书记处研究导弹工作的会议。出席会议的有周恩来、林彪、邓小平、彭真、贺龙、聂荣臻、李富春、罗瑞卿和计委、经委、冶金、化工、石油、一机部、三机部的负责同志。王秉璋在会上做了汇报。他讲了五院在与全国各地的协作中哪些部件在哪个单位协作试制，哪些部件在哪些工厂制作。在汇报过程中，周恩来说，生产以常规为主，科研重点是突破尖端——导弹、原子弹。五院要和各方面密切协作，研制出以打破美国等8国的新半月包围圈为目标的导弹。邓小平说，五院不仅不要减人，还要投资。林彪说，军队要向导弹化方向走，常规武器和尖端导弹的研制不能兼顾时，宁可多把重点指向尖端；洲际导弹暂时不管，五院在中程导弹和稍加改进的“543”方面要打歼灭战。当晚，刘亚楼对王秉璋说，你用40分钟把问题都讲清楚了，讲得很好，打消了军委原来的一些顾虑，过去没有完全定的事都定下来了。

知识卡

导弹射程

导弹射程是指从发射点到弹着点（爆炸点）之间的直线或大地线距离。是导弹的主要战术技术性能指标之一。空空、地空等导弹的射程（射高或作战半径）指从发射点到爆炸点（目标）之间的直线距离；地地、潜地等导弹的射程指从发射点到弹着点或爆心投影点之间大地线距离。导弹的使用射程范围是以最小射程和最大射程表示的一个射程区间，最小射程以内的地域是导弹的射击死区（盲区）。作为导弹的一个重要战术技术性能指标，最大射程更具有使用意义。影响导弹射程的自身因素主要有弹头质量、弹上仪器设备质量、导弹的动力性能、结构设计和飞行弹道的选择等。

4.5 哀兵必胜

曾任邮电部教育司副司长、邮电部技术处处长兼邮电科学研究院筹备处主任的林爽，于1956年8月，在聂荣臻领导下，参加领导国防部五局和国防部五院的筹建工作。10月，被正式任命为国防部航空委员会五局（导弹管理局）副局长兼副总工程师。尽管我国的经济基础和工业技术基础都还十分薄弱，相当多的学科和专业技术领域尚属空白，但林爽和他的同事们仍以坚定的信心和百折不挠的毅力开始了制造导弹的工作。当时只有钱学森在国外参加过导弹的研究试验工作，其他大多数科技人员都没有接触过导弹，有些人连导弹这个词还不了解。根据钱学森的倡议，他们采用专家讲课和互教互学的办法，组织了关于导弹的各种专业知识学习。林爽一方面要组织和参加学习，另一方面还要领导和组织P-1导弹的拆卸、分解、测绘和重装复原工作，工作进行得紧张有序。与此同时，作为具体的领导者之一，他还在机构设置、人员选调、器材设备的购置、规划与计划的制订等方面做了大量的工作。

林爽

1958年1月，他参加了由钱学森、王诤、刘秉彦等组成的中国

代表团，同苏联的加里宁等人组成的代表团进行谈判，在苏联援建两个研究院、试制厂、飞行试验靶场及组织导弹生产等方面都取得了实质性的结果。林爽陪同苏联专家考察了北京、上海等地的有关工厂，进行了总装、发动机、控制系统、地面设备等的选厂定点。就仿制工作本身而言，从设计图纸、资料的翻译、消化，到技术、工艺、设备制造，直至材料、推进剂、元器件等，都是困难重重。他毫不气馁，知难而进，锲而不舍地推进仿制工作，带头学习和钻研技术，在充分消化、吸收的基础上组织反设计和制造。

1960年9月，为加速仿制和自行研制工作，成立了“1059”导弹和自行设计中近程导弹两个设计委员会，他被任命为两个委员会的主任委员。他不仅自己废寝忘食，勤奋努力，而且在工作中一直注意依靠专家、科技人员、干部和工人。同时，他尊重来华的苏联专家，虚心听取他们的意见，千方百计地学习他们的知识与经验，紧密结合中国的实际，不照搬照抄。例如，他不盲从苏联专家的结论，相信国内有关专家的分析计算结果，同意采用国产的液氧、酒精、过氧化氢作为液体火箭发动机的氧化剂。

在仿制工作取得重大进展时，独自设计和制造我国自己的导弹就提上了日程。自行设计的第一步怎么走，有两种意见。一是主张跨大步，直接搞中程。二是主张循序渐进，先搞一个中近程，同时做好新型号的技术储备。五院一个工作组提出，可以在“1059”的基础上改进一下，使射程达到1 200千米。这样做的好处是发动机的基本构件变化不太大，比重新研制、确立新型号要快得多；这个射程有实战价值，可以装备部队，而且还可以进一步锻炼技术队伍，提高科技人员的技术素质。聂荣臻考虑到中国还缺乏自行设计和制造的经验，一些关键技术还没有开展预先研究，表示赞同自行研制的步子迈得小一些，先对近程地地导弹进行改进设计，研制中近程地地导弹。

1960年6月，聂荣臻向中央军委呈递报告，阐述了关于自行研制地地战略导弹的总体设想。中央军委很快批准了聂荣臻的报告。苏联专家撤走后一个月，“东风 –2”的导弹研制方案便由钱学森提交给中央军委。在他的领导下，中国年轻的导弹科学家发愤图强，卧薪尝胆，把“生气”变成“争气”，只用了一个月时间，便完成了总体设计方案。方案得到批准后，中国的火箭、导弹科技人员和技术工人，便投入到紧张的研制工作中。与 P–2 相比，改动的地方比较多。主要有：提高了发动机的推力和比冲，增大了贮箱的容积，延长了发动机工作时间；弹体结构提高了质量比，将液氧箱的双层结构改为单层结构；控制系统起初仍带有 P–2 导弹的无线电横偏校正系统，后期改为全惯性控制系统，多是导弹关键部位。尽管有仿制 P–2 导弹的基础，但自行设计毕竟是第一次，设计资料、试验资料、参考资料都非常缺乏，甚至连导弹方面的设计手册、技术标准都没有。由于苏联已经对中国实行全面技术封锁，专家们只能参考可以搜集到的美国公开的资料。没有参考资料，又缺乏设计经验，中国人只能是“摸着石头过河”。从总体、分系统直至仪器设备的设计到制造，从地面试验到飞行试验，都有一系列的技术难题需要解决。为此，林爽作为设计委员会主任委员付出了艰辛的劳动，贡献了他的聪明才智。

第一枚中近程导弹的自行研制，是在国家经济最困难的时期进行的。五院在北京的科研基地正在建设之中，条件非常艰苦。由于缺乏最基本的营养，许多人得了浮肿病，忍受着饥饿，带病坚持工作。不少人工作和居住在一些阴暗潮湿的老平房里，有些人居住在临时搭起的军用帐篷里，还有些科技人员一起住大食堂，冷、热且不说，关键是大家没法看书学习，这对于知识分子来讲也是一件十分苦恼的事。更困难的是缺乏大型试验设施。由于没有专门的静力试验室，导弹的静力试验不得不在旧飞机场改建的临时试验场地进行。至于后来被认为至关重要的动力试验、环境试验和全箭试车的条件更是无从说起。

就是在这样艰苦的条件下，1962 年的春节前夕，由我国自主设计、制造的“东风 –2”中近程导弹试车成功。从上到下，中国人对这枚导弹充满了期待。春节过后，这枚导弹装上了西去的列车。到了发射场后，一身军绿的“东风 –2”巍然屹立在茫茫戈壁之中。当发射场控制室发出“15 分钟准备”的号令时，按条令，所有应该待在现场的人员，必须进入掩蔽部。然而，有许多科技人员因为过分激动，忘了隐蔽，偷偷地跑了出来。指挥员下达“点火”的命令后，只见那颗绿色的导弹，在烈焰中冉冉升空。遗憾的是，导弹起飞后 18 秒发动机起火，21 秒导弹失控，导弹从高空坠落下来，掉在距发射台 600 多米处，把地面砸了一个 20 多米深的大坑。飞行试验失败。急切盼望研制出“争气弹”的全体参试人员和五院上上下下都惊得目瞪口呆。在现场坐镇指挥的聂

“东风 –2”导弹

荣臻大为震惊。谁也没有亲身经历过如此巨大的事故。聂荣臻毕竟身经百战，关键时刻立即镇定下来。他安慰大家说：“大家不要灰心，成绩属于大家，错误由我负责。”在大家情绪低落、压力巨大之时，聂荣臻指示：既然是试验就有失败的可能，不要追查责任。吃一堑长一智，失败是成功之母，要总结经验教训，以利再战。

坐镇北京的钱学森内心也承受着巨大的压力。他立即乘专机从北京赴酒泉发射场，来给这支年轻的导弹研制队伍加油鼓劲。他说：“同志们，不就是摔下来一个‘东风-2’吗？今天它掉下来，明天我们将把它射上去，没有什么了不起的。”“我们不要怕失败，失败了，总结经验教训，再重来。经过挫折和失败，会使我们长才干，变得更加聪明。取得成功，对我们是锻炼；遭受失败，同样可以使我们得到锻炼，而这种锻炼则更为重要，更为宝贵。”在钱学森的指挥下，科研人员在现场对导弹的残骸认真进行检查、分析，并将所有的记录和录像资料带回北京，以便深入总结研究，找出失败原因，为下一步设计研制提供更翔实的材料。

林爽返回北京后反复地从自身进行反思，他认为对导弹这样一个复杂的系统工程缺乏科学、深入的认识，缺乏科学的管理制度和经验；在组织管理上责任制不够严格，特别是技术责任制不够健全。基于此，他围绕严格组织管理责任制和技术责任制，提出了一系列的改进措施：基于对导弹综合性、复杂性的认识，加强总体设计和研制管理，加强总体与分系统、各分系统之间，每个分系统的仪器设备、元器件之间等的联系与协调；健全设计师系统，严格技术责任制；遵守科研纪律，严格按研制程序办事，该做的地面试验要做充分，执行金字塔形的地面试验计划；严格质量要求，一丝不苟；制订计划流程图，加强指挥调度，当时的口号是“马不停蹄，风雨无阻”；明确研制单位试验队与发射操作部队的职责、分工，建立交接制度。他还就型号研制与预先研究、基础设施设备建设之间的关系进行了反思，提出了加强预先研究和基础设施设备建设的建议。

钱学森则利用星期天的下午时间，将导弹研制和实验工作各部位的负责人集中到他家，进行讨论、分析，他家的会客室就变成了会议室。在一面墙壁上，挂一块大黑板。各路专家集中起来，从总体方案的设计，导弹的稳定系统，各个系统之间的协调，系统使用的情况，全弹测试复查情况，一个环节一个环节地认真分析，细细检查。人们畅所欲言，各抒己见。不好说明白的，便在黑板上用公式和图画表达。因此，每次讨论完了，黑板上总要写得密密麻麻。

经过 3 个多月的分析、讨论和专题研究之后，钱学森召集了一次由各方面专家参加的大规模技术方案讨论会，弄清了“东风 –2”试飞失败的原因，主要是总体设计中没有充分考虑导弹细长体的弹性振动对控制系统、弹体与发动机结构强度的影响，由于弹体弹性振动引起控制系统失稳。另外，发动机结构强度有薄弱之处，造成管路断裂。大家也认识到，发射火箭是一项综合性的尖端技术，应紧紧抓住全弹系统的每一个环节的质量，并经过充分的地面试验，反复证明全部系统的合格性，才允许进行飞行试验。“导弹不能带着疑点上天”、“把故障消灭在地面”的口号，这是钱学森从失败中总结出来的深刻教训，成为我国后来火箭、导弹、卫星事业一条重要经验、原则和准绳。

钱学森归纳了大家的意见，决定重新审查修改设计方案。重新组织科研攻关，尔后加强地面试验工作，全面、彻底地解决“东风 –2”试验飞行失败暴露出来的问题。钱学森和林爽主持召开了一系列故障分析与采取措施的讨论会，总体部和各分系统都开展了大量的研究试验工作。总体部与控制分系统设计单位针对弹体的弹性振动进行了多项研究试验和反复计算；发动机分系统设计单位进行了多种方案的地面对比试验，并在结构上增强了抗震强度。总体部和各分系统研制单位一起制订了完整的地面试验计划，在两年多的时间里共进行了 17 项大型地面试验和 105 次发动机试车的考验，包括控制系统的综合模拟试验，控制、遥测、外测系统的综合匹配试验，发动机的性能和验收试车及全弹试车，全弹振动试验，运输试验等。根据研究试验结果，审查修改了总体设计方案，采取了相应的改进措施。还举一反三，组织了全面的查排故障疑点与隐患的工作。

在导弹研制过程中，发生了一个小插曲。导弹组装完毕后，工作人员发现少了一颗螺丝钉。王秉璋亲临现场，要求一定要找到那颗螺丝钉。现场没有找到，有人怀疑可能掉到弹体内了。王秉璋决定拆掉导弹。技术人员认为，这么大的导弹，少一颗小螺丝钉不会影响发射，如果分解再组装需要几个月的时间，会使军委批准的发射时间推迟好几个月。王秉璋力排众议，坚持要拆掉导弹。组装厂加班加点，用 25 天的时间拆掉了导弹，虽然没有找到螺丝钉，但却从弹体中发现了压垫板、铁丝、松香等杂物。王秉璋以此为戒，对工厂进行了整顿，并建立了 10 多项制度。导弹运到发射基地后，又发现新的问题，他坚持泄掉已经加注的燃料进行检查，因而使发射时间又推迟了几天。他这种“不带问题出厂，不带问题上天”的严格、认真的作风，保证了导弹的成功发射。

钱学森亲自组织设计、建造全弹地面试车台。他深知，火箭、导弹研制后期，必须首先进行地面大型试验。这种地面试车设备，可以在接近飞行状态条件下，考验运载工具全系统工作的可靠性与协调性。可以将设计、生产中的问题暴露出来，及早加以改进和弥补，避免在试验飞行中发生事故。正因为如此，这项工程的每一个环节都不允许有任何闪失，都必须是高质量。经过 400 多个日夜连续奋战，1963 年 9 月，全弹试车台工程终于完工了。这项工程包括 22 个系统，经严格验收，全部合格。1964 年春天，改进型“东风 –2”导弹在新落成的全弹试车台上进行试车，结果令人满意。大家对改进后导弹的飞行试验成功充满了信心。

“东风－2A”导弹

1964年5月4日，钱学森向国防科委主任聂荣臻详细汇报了改进型“东风–2”的研制情况。钱学森严谨求实的态度，得到了聂荣臻的赞赏。1964年6月中旬，改进型“东风–2”再次登上了西去的专列。也就从此时起，周恩来以及许多将帅的目光，开始注视位于我国西部的重镇——酒泉。

专列到达后，一切都在按计划有条不紊地进行。发射阵地，各种车辆穿梭，特燃站加注分队长方平，指挥官兵给导弹加注液氧、酒精。突然，一辆加注车的警报器响了，刺耳的警报声引发了一场忙乱。原来，加注液氧、酒精时，因为天气太热，温度太高，燃料膨胀、气化得厉害，导弹燃料贮箱内加不进所需要的燃料，并且溢出了一些。情况报到指挥部，张爱萍、钱学森、任新民等人都愣在了那里。

这是从来没遇到的情况，也是没想到的情况。火箭专家任新民粗略计算了一下，发现由于温度急剧升高，推进剂密度变小，射程肯定受影响，如果不能到达1 200千米外的落区，即便是导弹飞行过程完全正常，在落区的测量设备也用不上，数据自然拿不到，那这次试射也不能说是发射成功。钱学森提出，宁可推迟发射，也必须解决这个问题。基地司令李福泽说："那就想办法往弹体里多加一点推进剂嘛！"任新民告诉他，导弹燃料箱容量有限，已经加不进去了。李福泽道："现在夏天刚刚开始，总不能推迟到秋后发射吧。"

张爱萍坚决地摇摇头："绝不能无限期推后。"

面对突然出现的问题，指挥部领导和主要的科学家都在研究，由于戈壁滩的夏天白天温差不大，打天气的主意恐怕于事无补。钱学森认为，将来打仗，不可能选择天气。只能在导弹身上想办法。有人提出，主动把射程缩短一点。钱学森表示，不到万不得已，不能改变射程。再说，落区的测量设备都已经定位，不可能重新部署。张爱萍、任新民也不同意改变射程。

年轻的科技人员也在召开"诸葛亮"会，集思广益想办法。在一间大会议室里，几十个人你一言我一语，讨论了半天也没有什么高招。等人们讲得差不多了，中尉王永志站起来说："我建议，少加一点燃料，减少燃料的总重量。"人们一听，顿时哄堂大笑。有人说："王永志，开玩笑吧？由于推力不够射程才短的，再往外卸燃料？疯了？"结果，王永志的意见没有反映上去。但是，王永志认为自己的思路是正确的，是解决问题最现实的办法。

王永志

于是，他就大着胆子去找发射现场最高技术决策人钱学森。一个小中尉越级找院长，是需要勇气的。

晚上，他敲响了钱学森房间的门，说，卸掉一部分燃料，这枚导弹就会命中目标。

钱学森一愣："你说说理由。"

王永志说："把酒精倒出一部分，改变氧化剂和燃烧剂的混合比，通过减少燃料，使氧化剂相对增加的办法来达到产生同等推力的目的，这时起飞重量轻了，射程就大了。"

钱学森眼睛一亮："你的意思是，导弹发射到预定目标时，燃料和氧化剂同时消耗完，这样既不浪费，又消除了火箭承载的废重。"

王永志说："是的。就是要寻找到高温情况下酒精和液氧的最佳配比。"

钱学森踱步思考了一会儿，突然道："你算过要减少多少酒精吗？"

王永志说："我算了，可以卸掉 600 千克。"

钱学森："你用什么方法计算的？"

王永志递过一张纸："这是公式。"

钱学森接过来仔细看了一阵，兴奋地说："你大胆地逆向思维，和别人不一样，不简单！我看这个办法行！"

在后来讨论的时候，钱学森说："我看就按王永志的建议办！"

这件事情，让钱学森记住了王永志这个年轻人。多年以后，中国载人航天工程上马时，钱学森一再提议王永志担任总设计师。王永志不负众望，"神舟五号"飞船和杨利伟的成功升空，成为他一生中最精彩的一笔。这是后话。

1964 年 6 月 29 日上午 7 时，改进型"东风 -2"中程导弹第二次屹立在酒泉发射场的发射架上。钱学森作为发射现场的最高技术负责人，亲自测试了各个控制系统和各项仪表，表明性能良好。他这才回到指挥室，坐在张爱萍的身边。他没有说话，只是同张爱萍交换了一个充满信心的眼神。他们在等待发射时刻的到来。

“点火！”现场指挥员下达了命令。

随着操作员准确而谨慎地按动电钮，一声轰鸣，“东风 -2”导弹拔地而起。它尾部喷吐着长长的火舌，扶摇而上，直刺蓝天。瞬间，它倾斜了身躯，按照预定的轨道，向千里之外的荒漠飞去。不多时，落区传来报告：“东风 -2”精确命中目标！后来又进行了 16 次发射试验，15 次成功。自此，“东风 -2”导弹作为一种实战武器开始装备部队。自行设计中近程导弹的研制成功，是我国导弹发展史上一个开创性的壮举，是中国火箭史上一个新的转折点，标志着我国已掌握独立研制导弹的技术，也为后续导弹及其他航天型号的研制奠定了技术、管理、人才、物质方面的基础。

知识卡

面对面导弹

面对面导弹是指从地（舰）面发射攻击地（舰）面目标的导弹。西方国家一般把地面和水面、水下统称为面，所以他们的导弹一般被分为面对面导弹（SSM）、面对空导弹（SAM）、空对面导弹 (ASM)、空对空导弹 (AAM) 四类。按照发射地点和目标位置的不同，面对面导弹又分为地对地导弹、舰对地导弹、舰对舰导弹、岸对舰导弹、舰对潜导弹和潜对潜导弹。

4.6 倚天长剑

一旦有了核武器，就要考虑投射手段建设。洲际弹道导弹由于拥有全球覆盖的打击能力，在某些方面较空中投射方式有明显优势，成为军事大国所谋求的目标，凭借其超远程的打击能力成为大国军事政治博弈中分量最重的筹码。1957年8月21日，苏联第一型洲际弹道导弹R-7（北约编号SS-6，绰号“警棍”）发射试验成功，并于1959年入役。紧随其后，美国第一型洲际弹道导弹SM-65（“宇宙神”）在1958年11月28日完成全程试验，1959年入役。20世纪60年代我国掌握核武器技术之后，洲际弹道导弹也被提上了日程。自1964年6月，中国自行设计的第一枚中近程导弹连续8次飞行试验均获成功。更重要的是，经过一系列摸索、攻关，我国第一代导弹技术专家成长了起来。他们掌握了导弹研制的重要技术和基本规律，为以后各种型号导弹的研制成功奠定了基础，并直接为中国1966年10月进行的导弹、原子弹“两弹结合”试验的圆满成功做出了贡献。

1965年3月11日，在钱学森的主持下，《地地导弹发展规划》出炉。规划明确提出，要在1965年到1972年8年的时间里，研制中近程弹道导弹、中程导弹、中远程导弹和洲际导弹。这就是军工史上赫赫有名的“八年四弹”规划。1965年3月20日，周恩来组织召开第十一次中央专委会议，原则上通过了“八年四弹”规划，决定研制洲际导弹，编号命名为“东风-5”（DF-5，北约编号CSS-4），并下达了主要战术技术指标，要求1971年首飞，1973年定型。也就是在这一年，一批科技人员刚刚完成“东风-2”研制任务，转战到了“东风-5”的研制现场。

屠守锷

根据当时的技术水平背景，“东风 -5”的定位是一种井基发射、二级、液体推进的洲际弹道导弹。该弹由中国国防部五院（现航天一院，中国运载火箭技术研究院）设计开发。屠守锷被任命为该工程总设计师，主持洲际导弹方案论证。1961 年苏联撤走专家时，屠守锷在困境下走马上任国防部第五研究院一分院副院长，全面主持技术工作，经历了从仿制到独立研制的过程，经受了锻炼和考验，是位经验丰富的导弹专家。

1966 年 5 月，“东风 -5”开始总体方案的设计。遇到的技术难题很多，概括起来就是“十大关键技术”：大推力火箭发动机技术，计算机制导技术，推力矢量控制技术，新型突防技术，地下井热发射技术，等等。每一项新技术都是设计师们需要面对的“拦路虎”。

作为洲际导弹，“东风 -5”的精度要求非常之高，当时的晶体管计算机不能适应这项任务的要求，工程副总设计师梁思礼提出了一个大胆的设想，采用当时刚刚问世、运算速度较高的集成电路计算机。当时只有美国的“民兵 - Ⅱ”导弹采用了集成电路计算机制导技术，也不是很顺利，出了很多元器件上的问题。当时的苏联，正在开始想要搞还没搞起来。所以我们要上惯导平台和集成电路计算机方案，应该是一个很先进很大胆的决策。面对这样的新技术难题，“东风 -5”的设计师们想出了一个巧妙的方案，采取只会加减不会乘除的增量计算机，减少了三分之一弹上计算机的集成电路的量，降低了难度。

大推力火箭发动机对导弹射程非常关键。火箭发动机的推进剂选用了偏二甲肼作为燃料、四氧化二氮作为氧化剂。发动机的基础是北京万源的 YF–20B。导弹第一级发动机称之为 YF–21B，由 4 台独立工作的 YF–20B 发动机通过机架并联组成，航向控制采用泵前摇摆方案（单机沿弹体切向摇摆，摆角 ±10 度）；第二级采用一台主发动机 YF–22B 和 4 台游动发动机 YF–23B 组成。从技术源头而言，YF–22B 就是 YF–20B 发动机的高

梁思礼

空版。为了提高精度，导弹还采用了单组元无水肼弹头姿控发动机。制导系统选用平台－计算机方案，采用三轴稳定平台，静压气浮陀螺，先进弹载计算机（中国首台集成电路空间计算机）。液体推进剂的贮箱采用高强度铝铜合金，减重30%，可以有效提高射程。其他的研发重点还包括碳－石英端头防热材料、高硅氧布斜缠热压成型工艺制造等。

1966年5月开始的“文革”浩劫席卷全国，使蓬勃发展的导弹事业遭到严重破坏和干扰。屠守锷的科研工作遇到了空前的困难。面对铺天盖地的“大字报”和一个接一个的批斗会，他埋头于资料、图纸和各种数据，我行我素。曾有人看到，在气氛热烈的群众大会上，别人在慷慨陈词，他却凝神屏气，笔走游龙，旁若无人地演算公式。屠守锷的工作以不可思议的速度进展着，1968年，他拿出了远程导弹的初步设计方案。方案论证来论证去，研制工作就拖下来了，一拖就是几年。时任国防科委主任的张爱萍曾经这样点评“东风－5”：生于乱世，先天不足。

就在中国“东风－5”技术方案紧张攻关的时刻，超级大国的核威胁、核讹诈如同达摩克利斯之剑，悬在了中国人的头上。1969年8月28日，美国《华盛顿明星报》

报道：苏联欲动用中程弹道导弹对中国的重要军事基地以及北京、长春、鞍山等重要工业城市进行外科手术式的核打击。一时之间，核战争的阴云再次笼罩中华大地。

1969年6月14日，第一级发动机YF–21B试制成功。1970年6月完成导弹的技术设计。此后导弹投入小批量生产并开始测试，总共生产01批次“东风–5”共6枚。1970年11月，“东风–5”进入总装厂，开始总装测试。副总设计师梁思礼负责整体测试工作。“文化大革命”是个混乱无序的时代，各种科研和生产的规章制度遭到破坏，工厂生产出来的产品有许多质量问题。因为每个分系统全都是带着问题来的，而且各分系统接口之间匹配也存在着很多问题，这一大堆问题全搅在一块了，比如说平台，不是多脉冲就是少脉冲，计算机不是死机就是发生错误。系统信号每次测试结果都不一样。就这样发现问题就改，哪有问题改哪里，大干、苦

“东风–5”导弹

干了 100 天。

在这“百天大会战”中，航天人坚守着“严肃、严格、严密”的“三严”作风。一次，一个脱落插头中的小钔球丢失了。如果掉进火箭里，将会带来灾难性的后果。所以，必须找到小钔球。尽管像大海捞针，整个厂子上上下下都动员起来，在偌大的厂房里，院、所、厂的领导和设计师们，全都趴在地上到处寻找，终于在一个铁轨缝里找到了这个小玩意。如此没日没夜地工作，超出了人的承受极限，梁思礼累得最后尿血了。

1971 年 6 月，经过研制人员的奋力攻关，“东风 –5”导弹 01 批次首发遥测弹终于完成总装。时任“东风 –5”研制技术总负责人的屠守锷后来这样回忆道：“我们在生产第一线的人员一致认为，这枚火箭虽然在地面测试时间长一些，但各系统工作协调，测得的参数也在合格范围之内，可以用来做飞行试验。”

1971 年 6 月 25 日，“东风 –5”首发遥测弹出厂。两天后，启程运往发射基地。到了技术阵地以后，问题还是层出不穷。不是这个元件坏了，就是那个电路不通或短路。这些情况更加重了坐镇一线的钱学森的不安，他指挥大家一个问题一个问题地解决，最后才算基本上解决了发现的所有问题。“东风 –5”采用的是串联式两级火箭的结构方案，全长 35 米，最大直径 3.35 米，总重 190 吨。结构尺寸较大，当时的研究设计人员缺少大型火箭的设计经验，发射结果如何心里一直没有底。屠守锷后来这样回忆：这可是旱鸭子下水第一遭。

当导弹竖在发射架上进行垂直测试时，突然出现回路抖动问题，振幅很大，连带发射架也跟着一起抖动。在场的人员都被这一从未见过的严重现象惊呆了，立即停止测试，紧急召开现场会议分析故障原因。大家你一言我一语，发表自己的看法。然而，由于抖动原因十分复杂，一个人提出一种见解，马上就有人予以否定，而且都说得有一定道理，一时没有人能

“东风－5”遥测弹

对这一现象做出合理的、令人满意的解释。于是有人提出了一些改进措施，但经过试验，还是不能排除抖动问题。这发弹究竟打还是不打？大家把期待的目光投向钱学森，只见他处乱不惊，脸上挂着常有的笑容，做了一个决策性发言，对这一问题拍板定案。他主要讲了两点：一是根据他多年科研工作的经验和对这种问题的认识，认为这个问题很复杂，如果分析它的振动，找出抖动原因，不是这几天就能列出方程，算出结果，解决得了的。二是当火箭点火发射，离开发射架上天以后，就不会出现这种抖动问题了，所以他认为这种抖动不影响发射。在这关键的时刻，钱学森根据自己的学识和经验做出的精辟结论令大家一下子振奋起来，大大增强了试验的信心。

1971 年 9 月 10 日，“东风 –5”导弹在酒泉发射场进行了第一次飞行试验，获得基本成功。上午 11 时，“东风 -5”首发遥测弹发射，进行低弹道方案考核试验。导弹第一级情况正常，顺利分离。但由于计算机软件设计问题，未能适应低弹道，207 秒时二级发动机提前 30 秒关机，姿态控制系统出现短时间的振荡，导弹落点偏远 565 千米。未能模拟全程弹头再入过程，防热结构和引爆系统也没有得到考验。这证明了钱学森的判断是正确的。总体方案是可行的，各系统之间的工作基本协调。但屠守锷明白，远程导弹要投入使用，必须经过全程飞行的考验。随后的 10 月份，根据试验结果，一院总体设计部总结教训，针对可靠性和作战使用性能，对“东风 -5”的总体方案提出了 10 项幅度较大的改动。此后的一段时间，主要进行基本设计的改进工作。经过反复论证和试验，“东风 -5”各系统的技术方案逐一被确定下来。

1972 年 11 月 9 日，开始准备进行第二次低弹道方案考核试验。12 月 26 日发射 01 批 02 枚，因一级发动机点火电路故障，一、三分机没有点着，火箭紧急关机。同枚弹检修后于 1973 年 4 月 8 日再次发射，发射正常，主动段仪器舱外压失稳，弹自毁，试验失败。这两次发射试验均未成功。研发受挫之后，“东风 -5”的试验工作暂时搁置，重点工作转向基本设计的修改。1973 年 10 月，经周恩来批准，洲际导弹的研制、试验计划推迟。

此时的“东风 -5”导弹虽然不具有实战效能，却能改装成运载火箭。像苏联的 R-7（“警棍”）和美国的 SM-65（“宇宙神”），都成功地衍生出了商业火箭家族。苏联的“卫星”、“东方”、“联盟”、“闪电”等火箭均以 R-7 为蓝本，而 SM-65 摇身一变成为著名的“宇宙神”火箭家族。“东风 -5”则是与“风暴一号”和“长征二 / 三 / 四号”火箭密切相关。“风暴一号”运载火箭是国家 1969 年 8 月下达任务，由上海航天基地负责研制的两级液体火箭，结构与“东风 -5”相似，主要用来发射低轨道卫星。1972 年 8 月首次进行遥测试验火箭发射，取得了基本成功。1975 年 7 月发射了中国第一颗质量超过1吨的卫星。1977年7月用“风暴一号”进行了低弹道第一次飞行试验。而“长征二号”家族的初始型号则是从“东风-5”第01批次改装过来的。1974年11月5日，01批3号弹被改为“长征二号”火箭，用于发射返回式遥感卫星，该卫星重量达1 800千克。因速率陀螺回路断线，导致控制系统失灵，火箭失稳自毁，因而将我国首款发射1吨以上卫星的火箭头衔拱手让给了“风暴一号”。此后我国在“长征二号”的基础上继续开发“长征二号C”等改进型号。

“风暴一号”火箭

1975年11月到1979年11月，弹头研制方面也取得了明显进展，通过改进设计和地面试验，解决了弹头防热等一系列关键技术问题。并且在1977、1978两年，用“风暴一号”火箭两次成功进行低弹道配重飞行试验。“东风-5”的02批次飞行试验开始处于酝酿状态。1977年9月，中共中央批准于1980年进行“东风-5”全程试验。1980年对于“东风-5”而言是关键的一年。1980年2月12日，华国锋主席主持中央专委会议，批准了国防科委提出

的“东风 –5”全程飞行试验方案，这就是著名的“580”任务。随后一共生产了 16 发，其中 8 发在 1981 年前用于飞行试验。

“东风 –5”洲际导弹全程发射试验要打到太平洋上，这就要求发射之前把发射的落区划定在东经多少度、北纬多少度范围内，然后向全世界发表公告，在导弹试验期间禁止所有船只进入落区，以免发生危险。固定导弹的落区是件很困难的事，因为导弹落点存在误差，圈画大了，外国人会认为我们的导弹太不精确，画小了又怕打着别国的船，引起国际纷争。技术人员谁也不敢定这个数据，最后还是钱学森拍板，确定对外公告的范围数据（南纬 7 度 0 分、东经 171 度 33 分为中心，半径 70

“东风 –5A”洲际弹道导弹

海里圆形海域范围）。

1980年3月，时任七机部副部长的张镰斧和洲际导弹总设计师屠守锷，率领试验工作队来到酒泉发射基地。在酒泉基地的日日夜夜，屠守锷几乎都是在测试现场度过的。厂房里、发射塔、控制间、遥控站……到处都可以看见一个穿着工作服、戴着眼镜的老头，鼻孔、耳朵、镜片和头发上沾满了沙尘。很多人都想不到，这位风尘仆仆的“老师傅”就是著名的导弹总设计师！导弹发射前，还要做最后的把关检查。考虑到屠守锷的身体和劳累，张镰斧要亲自爬到塔上去。而固执的屠守锷却一把拽住张镰斧的手，不容分说：“不行，你有高血压，还是我上。”说完，他头也不回，踏着陡峭的铁梯，向高高的塔顶爬去。看着屠总一步一步费劲地攀爬，同事们的心颤抖了：发射塔架有几十米高啊，年轻人爬着都吃力，可屠总已是60多岁的老人了。

从发射塔上下来，屠守锷接过导弹鉴定书，庄重而自信地写下一锤定音的四个大字“可以发射”，最后签下自己的名字。签字时，他显得非常平静，然而当导弹准确命中万里之外目标的消息传来，他再也抑制不住内心的激动，双手捂着眼睛孩子般地哭了，继而又孩子般地笑了……

1980年5月18日10时，中国的洲际导弹“东风-5”从20号基地2号发射阵地138工位向预定海域发射“580-甲”弹，取得了圆满成功。导弹飞行29分57秒，射程9 070千米，落点为南纬7度42分23秒、东经172度15分36秒。洲际导弹的试验成功，震动了全世界，不仅有着巨大的军事和政治意义，而且为中国以后的“长征”系列运载火箭研制奠定了坚实的基础。

“580”任务后，一院根据试验中暴露出来的问题对产品软硬件进行了改进。1981年12月7日，从地井进行导弹高弹道飞行试验。制导系统首次采用误差修正方法，在命中精度上取得了令人满意的效果。

接下来的收尾工作相对较为顺利。1983 年，第一级发动机定型。1984 年 3 发“东风 –5”参加国庆大阅兵。1985 年，“东风 –5”获国家科技进步特等奖。1986 年 7 月和 12 月，配备的核弹头和“东风 –5”相继设计定型，至此“东风 –5”项目的研发工作在历经坎坷之后画上了圆满的句号。

“东风 –5”作为我国战略力量的重要组成，相关数据一直被严格保密，迄今尚未公开。据西方研究机构公布的信息，“东风 –5”的性能数据主要是弹长 32.6 米，第一级长 20.5 米，第二级长 7.5 米，弹头及附件长 4.6 米；弹径 3.35 米；弹重 183 吨，载荷 3 000 ~ 3 200 千克；弹头当量 300 万吨 TNT；射程 12 000 千米；制导采

“东风 –5”导弹在新中国成立 35 周年阅兵式上首次亮相

用惯性三轴静压气浮陀螺，空间计算机；精度（CEP）500 ~ 2 000 米；部署方式为发射井和发射台；发射准备时间为 120 分钟，或 30 ~ 60 分钟（在发射井中）。按《中国航天》1997 年第 8 期给出的相关数据，“长征二号”和采用 A 型整流罩的早期“长征二号 C”外形推力数据相同：全长 31.170 米，最大直径 3.35 米，“长征二号”初始型号即为 01 批“东风 –5”的 03 ~ 06 号弹所改装，首批“长征二号 C”即为 02 批“东风 –5”所改装，能够较为准确地反映“东风 –5”的水平。

“东风 –5”导弹是我国第一种具备洲际射程的弹道导弹，自服役以来是我国核打击力量的中坚。其衍生型“东风 –5A”、“东风 –5B”均面向新时期的作战要求进行改良，

采用了“东风 –5”技术的“长征二号 E”运载火箭

性能上有了明显提升。在可见的将来，创造多个“中国第一”的“东风 -5”系列还将继续承担核威慑任务。

“东风 -5”设计定型后，在 1989 年秋季的抽检飞行试验中打出了最佳精度。我国的空基、海基核力量均无法实现远程打击，投射能力明显弱于先进核大国。作为唯一的洲际打击力量，“东风 -5”在我国的核威慑力量中很长一段时间内都占据主导地位，发挥着举足轻重的作用。然而，由于我国技术底子薄弱，国外技术发展迅速，“东风 -5”的出现仅仅是解决了洲际核打击力量的有无问题而已，在优劣问题上仍然没有提供选择的余地。因而“东风 -5”如何适应新时代的要求，在更新一代洲际导弹彻底取代它之前依然是至关重要的命题。

知识卡

软目标与硬目标

核打击目标按目标的抗超压能力，可分为软目标和硬目标。软目标指抗力较低、幅员较大、易被摧毁的目标。如城市、工业中心、重兵集结地等。打击软目标对导弹的命中精度要求较低。硬目标指能够承受一定冲击波超压而不被毁伤的目标。如战略导弹地下发射井、地下指挥控制中心、飞机地下洞库、地下油库等。美国“民兵”导弹的地下发射井抗压强度为每平方厘米 140 千克，苏联第四代导弹发射井据称抗压强度为每平方厘米 240 ~ 316 千克。

4.7 土法上马

核武器是大国国家安全的基石。中国奉行不首先使用核武器政策，这就对“后发制人”的核力量提出了更高的要求。一是可靠的生存能力，二是足够有效的打击能力。近年来，美国对中国的核力量越来越“重视”。美国有人声称，“俄亥俄”级战略核潜艇搭载的核弹头可在第一波核打击中消灭中国绝大部分甚至全部陆基核力量。不论美国是否掌握了我洲际导弹地井的精确位置以及能否在战时有效侦测到机动洲际导弹发射车的位置，其战略部署和战略野心迫使我们必须尽快提高核力量的生存性能，尤其是改变陆基单一部署的局面，实现核力量的海陆“两位一体”。正如《2008年中国的国防》白皮书所说的，海军要“增强核反击能力”。

核潜艇由于具有常规潜艇无法比拟的隐蔽性好、机动性强、活动范围广、续航能力大、战斗力强等特点，成为最理想的核报复力量。潜射弹道导弹属于第二次核打击能力，潜射核导弹与核潜艇的结合，作为陆基、空基、海基“三位一体”核打击力量的重要组成部分，具有极其重要的地位和作用。在突然遭到核袭击时，核潜艇的生存概率可达90%，也就意味着当陆地上一切核打击力量都被摧毁了，只要有一艘弹道导弹核潜艇幸存，即可“使对方受到毁灭性报复打击”，这是国家安全的有力保证。因此，世界军事强国都非常重视核潜艇和潜射弹道导弹的研制。我国也不例外。

1955年，苏联首艘核潜艇“列宁共青团号”开工建造，1957年8月下水，

苏联“列宁共青团号”核潜艇

1958 年 7 月服役。1957 年美国开始研制第一代潜地导弹，1960 年 7 月用核潜艇首次水下发射成功。法国、英国也相继研制出潜地导弹，并装备潜艇。我国是一个海洋大国，有 18 000 多千米的海岸线。我们要有效地保卫自己的领土、领海，不能没有自己的核潜艇、自己的潜地弹道导弹。

1958 年 5 月 14 日，海军向中央军委上报了发展军用核动力装置和研制导弹核潜艇的建议。经聂荣臻反复审核，海军重新修改后的《关于开展研制核动力潜艇的报告》由聂荣臻署名于 6 月 27 日呈报。29 日，毛泽东批准了这一报告。

1959 年 10 月，赫鲁晓夫来华参加国庆 10 周年庆典活动。当中方提出请苏联援助核潜艇技术时，赫鲁晓夫说：核潜艇技术复杂，你们搞不了，花钱太多，你们不要搞。苏联有了核潜艇，就等于你们也有了，我们可

“长征一号”核潜艇

以组建联合舰队。毛泽东坚决地说：“你们不支援我们，我们自己搞。”1959年11月，中央军委决定海军负责牵头，核动力由二机部负责，艇体和设备由一机部负责。1962年，由于国家经济困难，中央决定先集中力量搞原子弹、氢弹，核潜艇项目暂时下马，但保留少而精的骨干力量，集中研究解决核潜艇的一些关键项目。1965年核潜艇的研制工作重新上马。1968年11月23日，我国第一艘核潜艇开工建造。1970年8月28日，中国第一个核动力装置的陆上模拟试验反应堆运转试验顺利完成。12月26日，中国第一艘核潜艇下水。从1971年4月起，这艘核潜艇成功地进行了各类试验，先后出海20余次，累计航行6 000多海里。1974年8月1日，第一艘攻击核潜艇被命名为“长征一号”，正式列装。

仅有核潜艇还不够，核潜艇上需要携带装有核弹头的战略导弹，才能构成一个国家的二次核打击能力。因此，研制潜射导弹对于提高我国战略威慑能力十分必要。根据中央军委的决定，1965年8月，七机部组建了第四设计部（简称四部），开始固体战略导弹总体设计的准备工作。中国潜射弹道导弹的发展从此拉开了序幕。最初，固体导弹的研制工作是从设计近程单级固体导弹开始的。1967年1月，在国防科委听取导弹方案汇报时，设计人员对研制这种固体导弹的必要性提出了不同意见，认为近程单级固体导弹的战术技术指标难以满足部队使用要求，主张立即研制中程潜地固体导弹。这个意见引起了中央首长和领导机关的重视。随后，国防科委在深入调查的基础上提出报告，经周恩来主持的中央专委会议研究确定，为了与导弹核潜艇研制取得同步，应提前完成中程固体导弹的研制。1967年3月18日，国防科委刘华清副主任召集有关工业部门、研究院、海军等单位领导同志开会，部署了潜地导弹（固体战略导弹）研制工作。会后，向各有关单位正式下达了任务。同年11月，海防导弹试验场上报《潜地导弹海上试验区方案选择报告》和《潜地导弹航区勘察计划报告》，不久获得批准。

研制潜地弹道导弹对我国而言是一个全新的重大课题，犹如是在一张白纸上研制，难度几乎难以想象，因为潜艇在水下发射弹道导弹极为复杂，能够影响其成败的因素很多，潜艇、导弹、发射筒、海水、空气、水中空泡等要素中任何一项都可能产生问题，比如海水随深度变化而产生压力变化，还有海浪、海流等多种干扰因素，都能导致发射失败。在研制潜对地导弹之前，我国仅有研制地对地导弹的成功经验。而潜艇空间有限，环境条件差，又是动体，不可能把地对地导弹简单地搬到潜艇上用作潜射导弹。因为中国已研发的导弹全部使用液体火箭发动机，其庞大的体积，让“寸土寸金”的核潜艇难以接受。因此，必须首先攻克固体火箭发动机这个难关。

中国海军第一种潜射弹道导弹“巨浪-1”

此外，制导系统的小型化也必须解决。因为制导系统决定着导弹能否命中目标，其核心是惯性导航平台和能够计算弹道抛物线的计算机，这些设备要装在体积较小的“巨浪 -1”身上，所有的元件都要大比例缩小，这也绝非易事。加之跨越近程单级的阶段，直接研制两级中程固体导弹，这个任务起点高，技术难度大，面临我国水下发射技术完全是空白、既无资料图纸又无仿制样品、缺乏预先研究等众多困难，且当时财力相对薄弱。我国年轻的固体导弹研制团队要完成如此艰巨的任务，只能走自主创新、自行研制的发展之路。

经过反复论证后，我国将首枚潜射导弹最初定位为“一弹两用”，既是核潜艇导弹，在陆地上又可作陆基机动导弹。

当时的试验条件一穷二白，到了现在的年轻人难以想象的程度，技术的复杂程度也远远超出人们的意料，很多工作靠白手起家、土法上马。有的单位在“干打垒”土房中搞科研，靠火炉取暖；西北基地中的研制人员吃的是“钢丝面”，喝的是“沙子水”；一些综合性的大型地面试验只能在废弃的食堂里进行；当时用的计算工具是计算尺、手摇计算机、电动计算机、模拟计算机，其中，模拟计算机的体积是 10 个大立柜的总和，功能不及现今拇指大的计算机集成芯片；为了算综合频率，他们用量角器一个点一个点地描绘在透明方格纸之上。而现在的电脑 1 秒钟就能完成的工作量，当时要花上 5 ~ 7 天。导弹要由潜艇水下发射，当时的难题是：导弹水下发射要做相关试验，却没有做试验需要的传感器。没有办法，科研人员只好按照教科书上的方法，用水银、玻璃管做压力测量。但当时的条件很差，特别订制的玻璃管都裂了，水银撒了一地。大家就蹲在地上，用容器一点一点将水银收起来，整整忙了 3 天。就是在这种艰难困苦的情况下，研制人员还是一点一点地拿到了导弹水下发射技术需要的基本参数。

在潜地导弹方案论证中，科研人员遇到了一系列复杂的技术问题，诸如潜艇空间有限，导弹外形尺寸有严格限制，弹头核装置、装弹仪器设备必须轻型化、小型化；水下发射方案及水下运动规律；在潜艇运动和海水浪、涌、流的作用下，导弹点火时的大姿态稳定；导弹水下严重受力引起的载荷、强度设计计算；导弹气密、水密性保证；油雾、盐雾、霉菌等恶劣环境下的防护，能够较长时间安全可靠地在潜艇上存放……经过长期艰苦的努力，他们实现了一系列技术突破。其中最为典型的主要有：

一、如何选择导弹水下机动发射技术的试验途径。潜地导弹武器系统由战略核导弹和潜艇上的发射系统两部分组成。如何使导弹顺利出水，是整个研制过程中最重要的步骤之一。美国人20世纪50年代初就着手研究，他们谨小慎微地走了五步：陆上固定发射；陆上水池摇摆台发射；试验船水面发射；水下摇摆筒发射；最后一步才进行潜艇水下发射。这样由简到繁，循序渐进，一道一道试验程序相衔接，在技术上比较稳妥，但实施起来毕竟动用设备太多，耗资太大，周期太长。美国潜地导弹上艇前就进行了上千发模型弹发射试验。我们在研制潜地导弹之初，也曾经有人按照这个路子设想过，计划在内陆靶场建造水池，安装浮船，设置造波装置等。承担潜

“巨浪-1”型导弹水下发射

地导弹设计研制任务的第七机械工业部四部，总设计师黄纬禄带领设计人员分析研究了国内外研制固体潜地导弹的经验和教训，从中国国情出

黄纬禄

发，经过上上下下反复研究和论证，最后还是决定放弃国外采用的建造陆上水池、人工模拟海洋等一系列耗资巨大的试验方法，研制出一种具有回收功能的全尺寸模型试验弹。这是一个创造性的、大胆的想法，不但加大了理论论证上的难度，也增大了试验风险，但却走出了一条适合中国国情的新路子。据潜射导弹副总设计师侯世明讲，为了节约资金，取消了建设陆上水池进行模拟水下发射的试验阶段。总设计师黄纬禄提出了“台、筒、艇”三步发射的试验程序，引起轰动，并得到国防科工委的认可。“台、筒、艇”的试验方案就是：第一步在陆上发射台发射，第二步在陆上的发射筒发射，第三步从潜艇水下发射遥测弹。与美国同类型的导弹相比，大大简化了试验设施，节约了研制时间和成本，为国家节约资金几十亿元。即直接从陆上进入艇上，先用缩比导弹模型在水池内进行发射试验和水筒试验，然后再研制一种能回收的全尺寸模型弹，直接在水下运动的潜艇上

进行发射试验。这样，省去了建造陆上水池和配套设施的浩大工程，既快又省，是一个大胆创新的方案。

为获取导弹水下基本力学参数，进行模型弹入水深度的试验是必经步骤。模型弹重量近10吨、长达10多米，投在什么地方、怎么投，都是难题。同事们议论纷纷，黄纬禄却胸有成竹，暗藏“奇招”。1970年7月的一天，在新建成不久的南京长江大桥上，停放了一台巨大的吊车。似火的骄阳下，黄纬禄带领设计研制人员将一个大家伙以各种姿态反复投入水中。这次试验获取了大量重要数据，暴露出一些问题。由此，研究人员采取多项针对措施，对导弹设计进行修改完善。在几个月后进行的模拟火箭弹射试验中，整个试验过程均与设计所预想的一致，试验取得圆满成功。事后黄纬禄在自传中写道：“与美国先在陆上、后到海上的弹射模型导弹相比，我

“东风-5”导弹发射井

们采用潜艇直接从海上发射模型导弹的方式，省去了一个投资巨大的水池，缩短了研制周期，节约了研制经费，大大简化了潜地导弹的研制。”

按照这个方案，海防导弹试验场建造出一个巨大的钢铁圆筒，垂直置于厚厚的水泥壁中，一半深深埋在地下，一半裸露在地面上，作为运载火箭陆上发射井。设计单位、生产单位、试验单位利用发射井进行了多次试验。凡是要获得的数据，以及预计可能会出现的问题，都经过发射井实射模型弹来检验。

利用发射井做实验，险象环生。有一次，发射动力系统做比较实验，点火后，模型弹顺利出筒，但高压气体把发生器的弯管冲破，击穿了厚厚的水泥筒墙，个别配件飞了出去，落在几十米之外的车上，把车顶砸出一个大窟窿。一名潜艇艇长目睹了这一切，惊得目瞪口呆，若是潜艇遭受如此重击，钢壳肯定会被击穿，后果不堪设想。

“巨浪 –1”陆筒发射

平时的填弹、维修保养也与危险同行。有

一个叫李银芳的哈军工毕业生，从事弹体专业，整天在发射井里钻来钻去，爬上爬下，对导弹精心维护。装填模型弹时，有时会因某个小部位不合适被卡住，需要参试人员从发射筒口钻进去。由于壁缝极其狭窄，做任何一个动作都非常困难。有时为了纠正弹体错位，李银芳就在狭缝中指挥，只要稍有故障，他就会被挤成肉饼。有一次发现一处漏水，必须用一种特制的胶补上，接触这种胶后会发生积累性中毒，按规定每人一次只准连续干10分钟，要几个人轮换。可是那个地方很狭窄，工作起来很困难，李银芳有些不放心，自己冒着危险延长时间，结果他的眼睛视力下降了，左眼最终失明了。

二、选择何种发射方式。一种是采取燃气动力、导弹水下冷发射方式，即潜射弹道导弹依靠核潜艇燃气弹射动力，在浮力作用下上浮至水面，弹出水面后，导弹发动机在水面点火。这种方式的最大难点是点火时间的掌握，从弹射出导弹到导弹出水的时间非常短，必须在导弹弹出水面后的一瞬间就立即点燃火箭，点火稍有延迟，导弹重新落入水中就点火失败了。点火时机的掌握和固体燃料火箭点火装置的设计变得更加困难。

另一种是采取水下点火发射方式，即潜射弹道导弹弹射出核潜艇后，依靠自身动力在水下点火，飞出水面，飞向目标。好处是：第一，可以保证潜射弹道导弹在大深度发射，最大发射深度超过了100米，提高了发射隐蔽性，提高了战略核潜艇的生存概率；第二，由于潜射导弹是水下点火的，以自身的动力飞出的水面，因而可以避免水面点火点火时机不易掌握和控制的技术难点，而且这种水下点火的潜射弹道导弹受水面风浪的影响小，在大风浪海况情况下依然能将导弹发射出去。而在水面点火潜射弹道导弹，受水面风浪影响很大，大风浪海况下是禁止发射的。由于水下点火的潜射弹道导弹，在水下高压环境下很容易熄火，在大深度高压环境下，潜射弹道导弹要进行抗压处理，弹体除了要密封良好外，还要能随着导弹所在深度的减少而逐渐减压，技术难度实在高。

我国采取的是燃气动力、水下冷发射方式。但要将一个十几吨重的导弹从水下几十米深处推出水面，并使之具有一定的出水速度和较小的出水姿态角，并保持弹体初始姿态的稳定，有大量复杂技术问题需要解决，除需要在导弹外形设计上采取一定的技术措施外，还要选定一种动力源，使导弹在发射筒内就能获得足够大的初始速度。承担发射装置研制的设计人员在没有任何经验可借鉴，也没有任何外国资料可参考的情况下，利用相当简陋的研究条件，边探索，边总结。他们首先对导弹水中运动做理论分析，然后再用模型弹试验结果去修正。通过大量的理论分析计算和不同比例的缩比模型弹、全尺寸模型弹上千次试验，终于找到了导弹水下弹道计算的基本力学参数，摸清了导弹水中运动和出水的姿态变

“巨浪 -1”导弹陆上机动

化规律，掌握了导弹水中运动复杂的受力情况。经过反复分析论证，最后选定了燃气动力、导弹水下冷发射方式。

三、改装发射潜艇。潜地导弹的载体是潜艇。从1968年开始，由海军装备部牵头，成立了专门的办公室，负责组织协调发射潜艇的改装。首先在陆上对艇上导弹武器系统的设备进行各种试验，调试合格后，又拿到艇上进行单机调试，系统联调，包括静态、动态试验。改装以后又进行多种试验，不仅考核发射装置、发射动力系统、全武器系统的合理性和协调性及潜艇改装的质量，同时也培养了首批潜艇水下发射运载火箭的试验人员及使用人员。

四、选择恰当的导弹弹体、两级动力装置和制导系统等问题的解决方案。导弹外形除头部与尾罩两级均为圆柱体，弹头因受长度尺寸和安装核装置的限制，选择了组合锥形。为了承受导弹发射时高温高压燃气的作用力，导弹尾端设计了外形为椭球形的尾罩。考虑到导弹长度受限制和气密、水密要求，两级之间采用封闭式热分离方案等。其两级动力装置为固体发动机，采用新研制的复合推进剂和高强度钢壳体。在固体发动机研制中，首次采用了较先进的摆动喷管（一级）和液体二次喷射（二级）的推力矢量控制方式。为了提高导弹的命中精度，准确控制二级发动机按指令关机，在二级发动机前封头上设置了3个反向喷口，以实现推力终止，并提供头体分离的反向推力。同时，还对控制、遥测、安全、弹体结构和地面设备等分系统方案做了大量论证工作。1968年确定了各分系统的方案，并做了相应的设计和试验。

五、研制引导雷达。引导雷达的作用在于火箭刚出水的那一瞬间，立即捉到它，并把信号迅速传给其他测量装置，引导全部测量设备跟踪目标。显然，发射运载火箭，不能没有引导雷达。但是，我国那时还没有引导雷达。由于运载火箭出水后，速度极快，光学测量仪器来不及反应，普通雷达因视角太小，也没有办法捕捉住目标。因此，虽然曾经立项，但因为技术难度很大，不久即下马。后来，还是海防导弹试验场勇挑重担，接下了这个难啃的硬骨头。研制引导雷达必须在原有一般雷达的基础上解决三个难题：一是解决圆极化问题。雷达电波有两种传播方式，横向传播和纵向传播，而这两种传播方式的雷达，都不适应运载火箭发射的要求，必须改装成“十”字形的、纵横交叉的圆形传播方式。二是解决数据输出问题，一般雷达只能看图像，通过荧光屏显示。而改装后的雷达，要能够把信号输入计算机。三是加速研制无线电随动系统，提高精度和增加稳定性。试验一开始很不顺利，屡败屡试，一大半人中途退出，最后剩下四五个人。就在他们需要支持的时候，从数千里之外的试验场吹来一股冷风：“算了，搞不下去别硬撑，趁早撤回来吧。”这四五个人就是不信邪，他们暗下决心，试验要继续，搞不成功决不收兵，一定要把腰杆挺得直直地回去。经过两年零八个月的苦战，三个主要难题都被突破，引导雷达终于研制出来了，运回试验场进行检验，完全符合要求。

六、形成测控系统（测量、安全控制和信息传输系统）。这是完成水下发射试验任务的重要手段。它通过光学、无线电、雷达等测量设备，获取导弹出水后的各项飞行参数，经电子计算机处理，及时显示和判断导弹飞行状态。一旦导弹出故障，危及重要目标时，及时通过安全控制系统，将导弹在空中销毁。对它的要求是：信息灵、精度高、判断准、反应快，不能漏炸故障弹，也不能误炸正常弹。为完成这一系统，海防导弹试验场成立了测控所。设备的安装、联试、校正工作量很大。例如，正常情况下，测控中心大型计算机从开始安装到投入使用起码需一年时间。测控所在电子工业部、中国科学院参试人员的大力协助下，在测量部队的配合下，夜以继日地攻关，研究一套计算机应用软件，把数百台测量、安全控制、数据传输、计算机及外围设备有机地连接组成测控网。经过 4 年多的顽强拼

“巨浪-1”导弹

搏，完成了全套软件的设计任务。这套软件把整个测控系统的硬件设备连成一个整体，使各部分正常协调工作。有了它，可以通过指挥中心的各种显示记录仪，随时了解导弹的飞行情况和运动轨迹。

七、解决通信问题。潜地导弹是潜艇在水下几十米发射的。潜艇下潜之后，怎样与指挥部联络？发射的瞬间信号如何传出去，这也是一个难题。起初，设计人员曾考虑搞一部密封电台，或者设计一座小型报时台。权衡再三，均感不理想。后来，通过分析研究大量的国内外有关资料，他们创造性地提出了由潜艇拖带浮筏天线的设想。围绕这个设想，他们反复进行论证。诸如天线能不能引出来、导线对电信号的消耗等，他们都周密地进行计算研究。方案成熟后，交付造船厂制造。这个通信浮筏，不仅解决了通信的传输问题，同时也是发射艇在水下航行位置的可靠标记，给测量设备瞄准跟踪提供了很大的方便。

八、水下模拟弹发射试验。上述一系列难题的解决，都依赖于大量的陆上、水上和水下试验。特别是水下模拟弹试验，可以综合检验弹体、发射装置的可靠性，训练发射艇艇员、测控操作人员的战术技术动作。模型弹准备进行首次水下试验时，潜艇部队的一位领导提出了一系列问题，例如，运载火箭点火后，其固体火药喷射的烈焰摧毁力到底有多少？高温高压可能造成的后果如何？发射筒会不会残留火药产生第二次燃烧？运载火箭离艇产生的反作用力，会不会使潜艇撞海底，造成潜艇失控？模型弹一旦坠落会不会砸到潜艇上？诸如此类的问题都非同小可。甚至有人指着潜艇说："弄不好，这是一副铁棺材。"当然，这些可能危及水下潜艇安全的问题，设计、研制人员先前都做过认真的分析和测定。譬如对火焰喷射

"巨浪 –1"导弹

力、后坐力等，陆上试验中都掌握了一定的依据。对模型弹下落会不会砸艇，曾在南京长江大桥做过落水试验，证明入水深度在安全范围内，并且设置了控制弹体落水姿态和速度的装置。但研制试验人员还是认真地进行了复查和进一步论证。

试验推迟两周后，又按计划继续进行。发射潜艇拖带通信浮筏，在数艘舰艇的尾随下驶向发射试验海域。潜艇按预定程序下潜，正准备进入发射阵位时，通信浮筏的牵引钢缆和通信电缆受风流影响，被推进器叶片打断，浮筏离开潜艇，漂荡在海面上。在出师不利的情况下还要不要继续试验？大家认为，行动已全面展开，空中、水上、水下已经全部封锁，不应该让抢到的时机轻易溜走。于是水上、水下重新做出协同规定，浮筏没了，潜艇系浮标做标志；电缆断了，改用天文钟校时；无线电通信中断，用水声通信机保持指挥。潜艇重新就位，重新下潜。在发射深度，艇长把潜艇操纵得稳稳当当。“5、4、3、2、1，发射！”口令余音未落，模型弹从水下冲出水面，升到预定高度，然后安全落入水中，浮出水面。潜艇上浮了，全体参试人员欣喜若狂。试验表明，他们已经迈进了潜地导弹研制的成功之门。此后，又多次进行水下模型弹试验，取得了不同海情条件下的试验参数，验证了导弹发射动力系统设计的正确性及操作使用的安全可靠性，为潜地导弹水下发射开辟了道路。

知识卡

导弹安全自毁系统

导弹起飞后因故不能执行预定任务时，为保障地面安全和防止泄密，使导弹在空中自行销毁的装置。装有常规战斗部的导弹多采用引爆战斗部的方法进行自毁。装有核战斗部的导弹采用的安全自毁系统能使发动机、推进剂贮箱等进行自毁，同时又使核战斗部实施化学爆炸，以防止核爆炸。导弹安全自毁系统通常由安全引爆机构和爆炸器两部分组成。

4.8 雷震海天

1982年3月，国防科工委和海军召开发射运载火箭试验准备工作会议。会后联合向各参试系统下达指示：1982年9月30日24时前务必做好一切准备，待命发射。为加强领导，在国防科工委和海军的领导下，成立了首区（发射区）和末区（溅落区）指挥部。首区指挥部由海防导弹试验场司令员田作成任指挥，航天工业部潜地运载火箭总设计师黄纬禄、中国船舶工业总公司核动力潜艇总设计师黄旭华任副指挥。末区指挥部设在“远望”1号测量船上，国防科工委所属测量部队司令员田震环任指挥。下辖测量群、护航警戒群，支援掩护群、空中支援群。

所有人员都在为这最后一刻做精心准备。运载火箭从研制单位运到试验场，经过了长途运输颠簸，其引爆系统、动力系统、飞行控制系统和整个弹体是否存在问题，必须由技术阵地进行装艇前各种检测和综合测试，以绝对保证运载火箭各部分都处于良好状态，把好运载火箭劈海冲天的最后一道关口。为此，技术阵地的官兵和技术人员制定了严格的质量管理制度，明确分工，明确责任，同时编制了操作规程和测试细则，所有检测人员的动作都有章可依。他们一丝不苟，分别进行了头、体分解再装，单元测试、发动机探伤检查，分系统测试，匹配联试，全弹总检查，内外气密检查。一旦发现问题，他们就从头到尾检查，千方百计找到症结所在，直到把隐患、疑点排除为止。到9月30日之前，他们进行了无数次单项检查，30次总检查，15次出海合练。

担负水下发射任务的潜艇，为一艘031型（G级）常规动力弹道导弹潜艇。其任务极其艰巨，技术相当复杂。他们要对火箭进行发射前检查，使发射装置处于预备状态，在规定的时间内正点准确地进入发射位置，并保持与指挥部不间断的联络，要高标准操纵潜艇，满足水下发射的各项要求，仅火箭发射部门新安装的各种仪器就有 140 多台，操纵项目增加了 1 000 多个，每个动作都必须十分准确，稍有失误，就可能导致整个试验失败。在艇长、政委的带领下，该艇从 1982 年 1 月 15 日至 9 月 7 日，共出海 37 次，先后完成带火箭出海合练、海上发射筒开盖训练、协同匹配合练、海上发射程序演练，以及水下脱险训练，有力地保证了水下发射的成功。

原定运载火箭射向我国西北地区沙漠腹地，后来考虑到潜地导弹助推器残骸坠落可能危及海上和陆地建筑设施，后来决定将试验航区改为沿海，射向为广阔的公海海域。射向改变，整个测控通信系统都必须随之调整，所有已经布定的测控站点要全部东移，仅需要重新铺设的海底电缆就有 90 多千米。测控通信系统主要是通过光测、雷达测量、遥测和计算机等手段，获取各种数据，及时进行处理，如果发现火箭飞行不正常，危及航区重要目标安全时，要及时可靠地发出指令使之在空中自毁。由于时间紧、任务重，各有关单位表现出惊人的爆发力，他们边勘察设计，边搬迁施工，鏖战数月，提前完成测控通信系统的调整。为确保完成任务，他们进行了 40 次合练、16 架次动态校飞、131 次对潜通信干扰试验，为运载火箭织就了天罗地网，发射运载火箭的指挥员们，可以“坐在大厅中，遥知云天外”。

警戒也是一个大问题。这次试验需要警戒的有首区、一级落区和末区 3 个海区。首区和一级落区在试验期间恰逢捕虾旺季，渔船繁多，情况复杂。在海军统一部署下，北海舰队共动用了各型舰船几十艘，飞机 19 架，首区的防救部队先后出动救生船 17 艘次，在海上进行了历时 47 天的防救训练和搜潜实兵操练。末区的测量、护航编队进行了 1 个月的近海演练，直升机进行了 20 个飞行日、1 081 次的着船训练。1982 年 9 月 20 日至 22 日，国防科工委和海军又一次联合召开会议，总结前段试验准备工作，讨论了实施阶段的工作方案。会议要求按已确定的时间提前做好一切准备。

导弹水下发射试验按照三步走的方案进行，包括在常规动力潜艇上进行发射试验、在导弹核潜艇上进行发射试验和在导弹核潜艇上进行定型试验。

1982年9月23日9时23分至17时，参试兵力第一次全员合练，整个过程各系统工作正常，安全无事故。1982年10月1日，经国务院、中央军委批准，新华社被授权向全世界发布公告："中华人民共和国将于1982年10月7日至26日，向北纬28度13分、东经123度53分为中心，半径35海里的圆形海域范围内的公海上发射运载火箭。"为了过往船舶和飞机的安全，中国政府要求有关国家政府通知本国的船舶和飞机在那一时间段每日9时至17时不要进入上述海域和海域上空。10月7日清晨，参加水下发射的艇员和科技人员，登上200号潜艇，驶向发射海区，潜入大海。导弹舱内的操作手和科技人员，个个全神贯注地监视着工作台上闪亮的红绿灯。随着艇长"发射！"命令的下达，15时14分1秒，发射动力系统点火，瞬间导弹从发射筒弹出，越过水障，跃出水面。一级发动机点火。这时海面上、空中、山头上所有测量仪器一齐捕捉、跟踪目标，遥测系统适时地将火箭内部信息传送到指挥中心。但是火箭出水仅4.2秒，突然失控翻滚，在空中"轰隆"一声巨响，爆炸自毁了。人们顷刻间情绪低落。有些部门之间开始互相猜测、怀疑，好像事故是某个单位、部门造成的。这时，总设计师黄纬禄出来说话了："大家不要有压力，问题是运载火箭本身，责任在我这个总体设计师。"接着传来聂荣臻、徐向前两位副主席的指示："既是试验就有成功和失败两种可能，要像我国女排夺冠那样，胜不骄，败不馁，大家不要泄气，更不要埋怨，主要是总结经验，更好地进行技术检验，找到问题所在，以利再战，我们一定会成功。""失败是成功之母，大家再努力吧！"

军委首长的亲切宽慰和期望，使全体参试人员放下了思想包袱。黄纬禄立即组织有关技术人员，研究分析导弹空中自毁的原因。从海下到陆上，从试验基地到北京总部，所有人都调动起来，用了两天时间查出了原因，对第二枚火箭采取了相应的措施。

10 月 12 日 14 时 50 分，艇长指挥着潜艇稳稳地保持在预定的发射深度上，又一次进入 10 分钟准备。艇长面对能看到各主要岗位操作情况的显示屏有序地下达各种口令；航海长一手拿铅笔，一手拿尺子，在海图上标绘着潜艇的位移；声呐军士长眼盯荧光屏，耳辨声响，报告着海底的情况；水手长两眼注视着深度计，不断拨动升降舵的舵柄把手。当发射控制台上表示发射条件全部满足的最后两个信号灯亮起时，指挥员大声报时“10……5、4、3、2、1”，“发射！”操作手屏住呼吸，用力按下发射按钮。一声巨响，海面上冲起几十米高的水柱。火箭跃出海面，扶摇直上，以刺破青天的气势，向天际飞去，在海天

“巨浪－1”导弹发射出水

之间留下了一道长长的烟云。在指挥大厅的显示屏上，火箭的图像渐渐变小，最后变成一个质点，有规律地向前移动。10 分钟之后，火箭准确地溅落在预定海域，弹头上的染色剂把海水染成翠绿色。喇叭里传来令人振奋的声音：“末区发现目标！”“弹头命中预定海域！”试验圆满成功！世界为之震惊。美国《海军学会会报》评论说：“当中国宣布她从潜艇上发射弹道导弹试验成功时，事情已经变得十分清楚，中华人民共和国即将成为世界上第五个拥有一支以海洋为基地、具有威慑力量的核大国。”英国《每日电讯》则评论说：“中国水下发射战略导弹成功，意味着中国将拥有一支以潜艇为基础的核打击力量，这是任何潜在的袭击者都必须考虑的。”

接下来进入第二阶段，直接用“夏”级弹道导弹核潜艇进行发射试验，目的是检验导弹核潜艇满足发射条件的操纵性，潜艇导弹发射系统实时工作的正确性、协调性、可靠性，发射时核动力装置系统工作的稳定性和可靠性。从 1984 年 3 月 8 日开始到 4 月 28 日，海军试验基地组织实施了一系列常规动力潜艇水下发射模型弹的试验。参试单位 20 多个，动用各类舰船 49 艘次，直升机 3 架次，在渤海海域共发射了 4 枚模型弹。结果表明，发射系统设计方案正确，能完成发射任务；潜艇的操纵性能较好，可满足发射条件；艇长指挥准确，官兵操作熟练。1985 年 5 月，根据中共中央、国务院、中央军委的决定，国防科工委和海军向有关单位下达了导弹核潜艇实施潜地导弹水下实弹发射试验的要求。

1985 年 9 月 28 日，“夏”级导弹核潜艇首次实施了水下发射，导弹出水后飞行爬高，但不久便在空中翻滚自毁。随后又进行了两枚导弹的发射试验，均未成功。有关单位和专家召开了一系列故障分析会和专题研讨会。最后认为，这些试验虽未获成功，但证明核潜艇总体和发射动力系统工作正常，并获得了比较完整的数据和资料，对于进一步研究导弹的水下力学环境具有极重要的价值。航天工业部还安排了复现试验任务中出现故障现象的模拟试验、弹上仪器力学环境承受力摸底试验、仪器舱振动试验、尾罩水下分离缩比试验等，基本统一了对故障原因的认识，并对定型试验采取了有效的综合改进措施。1987年底，国防科工委和海军联合召开会议，部署导弹定型试验任务。试验按预先准备、直接准备、发射实施三个阶段以及技术阵地、发射阵地、测控系统及海空勤务保障四条线全面展开。

1988年9月15日上午9时整，以核潜艇为核心由30艘舰艇组成的编队起航，向试验海域开进。在试验指挥所里，各级指挥员各就各位。12时30分，“夏”级核潜艇开始下潜，通信浮筏缓缓地在海面漂移。14时整，一枚“巨浪-1”潜地导弹从核潜艇的发射筒腾起，穿过海水冲出海面，带着橘红色的火焰直插云霄。安全控制中心大厅内的显示屏上，出现了导弹从海面跃出和飞行的图像。不同的显示屏上显示出表明导弹飞行轨迹和姿态、预示每时每刻的导弹落点和是否在安全控制范围内飞行的各种曲线。“发现目标！”在弹着点海域等候已久的远洋测量船“远望1号”和“远望2号”上的雷达操作手同时向指挥所报告。刹那间，弹头像流星一般划过天空，准确地溅落在预定海域，试验获得圆满成功。9月27日，“夏”级导弹核潜艇第二次成功地在水下发射“巨浪-1”导弹。至此，中国首型潜射弹道导弹的定型试验全部结束。

“巨浪-1”导弹为两级固体燃料推进导弹，西方国家称其为CSS-N-3，全长10.7米，弹径1.4米，弹重14 700千克，采用惯性制导，射程1 700千米，改进后的射程大为增加。作为中国海军第一代潜射弹道导弹，其陆基型号是“东风-21”中程弹道导弹（也被称为“岸上巨浪”）。与中国其他的战略导弹不同，“巨浪-1”/“东风-21”导弹只能携带一枚核弹头，爆炸威力为20万～100万吨当量。

中国从1958年决定开始研制核潜艇，到1988年核潜艇水下发射“巨浪-1”潜地导弹飞行试验成功，历时整整30年。如果仅仅计算潜射弹道导弹的研制时间，从1965年开始到1988年试射成功也用了23年。参与“巨浪-1”研制的单位共有109个，3万多人，涉及全国19个省市、10个工业部门，可以说是举全国之力。“巨浪-1”潜射弹道导弹的问世，标志着中国完全掌握了导弹核潜艇水下发射技术，使中国成为世界上第五个拥有导弹核潜艇的国家。

“巨浪-1”导弹的不足之处是射程太近，加之当时的“夏”级核潜艇的噪声较大，隐蔽性能较差，所以难以完成打击全球目标的任务。而且这种导弹所携带的弹头数量少，能够打击的目标有限，作战威力不大。“巨浪-1A”虽然射程有所提高，但仍是一种中程导弹，想对美进行第二次核打击，需射程达到8 000千米以上。1999年5月8日，美国悍然空袭我国驻南斯拉夫大使馆，造成严重人员伤亡。面对这一奇耻大辱，中央军委立刻指示恢复研制“巨浪-2”导弹，同年094型核潜艇首艇开工。

知识卡

导弹瞄准

导弹瞄准是指按预定目标给导弹进行空间定向的过程。它可人工实施，也可通过自动瞄准系统实施。瞄准方式分为直接瞄准和间接瞄准两种。直接瞄准是通过瞄准装置，使导弹直接对准射击目标的过程，多用于战术导弹。间接瞄准是导弹制导系统测量元器件的空间定向，就是在发射前用导弹瞄准设备，采用专门方法使弹体坐标系和定向坐标系各轴，相对于发射坐标系各轴进行定向，多用于战略弹道导弹。其过程一般分姿态调整和方位瞄准两部分。

4.9 再接再厉

随着“巨浪-1”导弹研制的顺利进行，中央军委批准了“巨浪-2”潜射导弹的研制任务，但研制单位对于导弹的射程等关键指标却一直难以确定。如果按照美、苏、法的发展路线图，应该先发展中程导弹，再过渡到远程导弹，如美国在“北极星 A1”导弹后研制了增程的“北极星 A2”和 A3 导弹，其中“北极星 A3”导弹射程提高到 4 600 千米，而且具备了多弹头攻击能力。但是，根据中国的实际情况，资源没有那么充裕，也没有先进的技术来升级核潜艇，无法将“巨浪 –1”导弹改进到“北极星 A3”导弹的水平，最稳妥、最省钱的方案，还是研制一种陆、海通用的体积质量更大的导弹。

“东风 –21”导弹

与此同时，陆基机动战略导弹的研制也被中共中央提上了日程。1978 年，邓小平提出了以“以战略导弹打游击”的设想。张爱萍将军接到命

令，特批要以“巨浪 -1”为基础研制地面机动弹道导弹。同年 8 月，国防科委在规划会议上明确，中国战略武器的研制要努力完善第一代，尽早结束试验阶段，抓紧研制机动的第二代武器。进一步指出“巨浪 -1”属于“一弹两用”的武器系统，应探索固体导弹公路机动发射技术，为我国固体导弹的进一步发展打下坚实的基础。同月，邓小平在听取七机部领导汇报战略核武器规划时指出：“我最有兴趣的是陆上机动，用现代化武器打游击战争。”于是，“东风 -21”型导弹应运而生。这是后话。

1982 年，二院四部开始进行新一代潜射导弹的总体方案分析，与此同时，我国还开展了陆基机动型固体远程弹道导弹的总体方案论证。我国新型固体发动机研制开展得更早，1979 年第二代大型固体发动机的预先研制正式展开，1983 年四院的 2 米直径大型固体发动机 FG-06 和 FG-07 先后完成地面热试车，并获得圆满成功。固体发动机技术的重大突破，为我国第二代固体战略导弹的立项奠定了坚实的技术基础。

二院经过几年的论证分析，排除了继续使用“巨浪 -1”导弹 1.4 米直径固体发动机的方案，最终确定了研制三级远程导弹的方案，初步决定第一级和第二级使用 2 米直径发动机，第三级使用 1 米直径发动机的基本设计，并提出“陆海兼顾，技术通用”的总体方案。

1986 年 4 月 5 日，国防科工委向中央军委呈报《关于战略核武器研制安排意见的请示》，提出第二代固体战略核导弹应走发展基本型的路子，按照海陆兼顾和技术通用原则，将“东风”导弹改造为海基潜射导弹。

1986 年 4 月 21 日，海军党委给中央军委的报告中提出“尽快部署第二代核潜艇的研制，其中新型反应堆的研制和‘巨浪 -2’潜地核导弹应提前起步，争取第二代核潜艇 2000 年以前开始装备部队”。于是，“巨浪 -2”导弹启动预研工作，不过根据当年的分工，二院负责“巨浪 -1”

“东风 –31” 导弹参加阅兵

的研制定型和“东风 –21”导弹的增程，“巨浪 –2”和“东风 –31”导弹的研制工作转交给一院。

1987 年 9 月 11 日，中央军委常委会指出：“我国是一个大国，有漫长的海岸线，从长远考虑，为了提高战略核力量的机动性和生存能力，有必要研制和发展海基战略核武器系统。”

海基战略核力量需要研制“三大件”：一是艇，重点是二代核反应堆；二是弹，重点是先进的固体火箭发动机；三是头，小型化热核武器弹头。

1988 年 3 月，七院召开第二代核潜艇预研工作会议。5 月 3 日，国防科工委将其确定为“八五”期间综合论证项目。1994 年，正式启动新一代核潜艇研制。1996 年，094 工程立项，719 所前所长张金麟任总设计师，艇用核反应堆由中国核动力研究设计院设计。1999年底，094首艇开工，2004年7月下水，随后开始航行试验。094艇长约133米，水下排水量约9 000吨。由于战略核潜艇造价很高，因此尽量一艇多弹。但要多装导弹就要求核反应堆功率大、艇体大，由此造成潜艇被发现概率大，由于技术水平的限制，各国每艘战略导弹核潜艇上装载的潜射弹道导弹数量不同，但都是4的倍数，这是为了发射时保持艇体重心稳定。

1988年3月10日，海军召开“巨浪–2”导弹战术技术指标、使用要求及技术攻关论证会，3月30日向国防科工委上报，6月8日获得批准。由于技术难度较大，“巨浪–2”迟迟没有立项。不过海军试验基地还是进行了模型弹水下弹射试验。由于战略、经济和技术原因，该型

“巨浪–2”导弹水下发射出水

号被长期搁置。连长期承担潜射弹道导弹试验任务的200艇也“刀枪入库”，被封存达8年之久。幸好第二炮兵部队此时需要一种“东风-3”的换代型号，要求使用反应速度更快、生存力更强的固体燃料弹，此时国内唯一的固体燃料导弹就是“巨浪-1”，于是，上演了一出“巨浪上陆”的好戏，“巨浪-1”成功变身“东风-21”。而在90年代“巨浪-2”被搁置时，海军提出利用此时正在研制中的“东风-21”增程型“东风-21 A”的技术改进“巨浪-1”。今天看来这一决策至关重要，不仅提高了部队战斗力，也保留了人才队伍和科研生产单位。最终射程为“巨浪-1”两倍有余的“巨浪-1A”于90年代后期研制成功，实现了“东风下海”。

其实，在“巨浪-2”的早期论证和预研阶段，曾提出了多个导弹构型方案。“巨浪-2”真正研制始于1990年。90年代中期确定，基于陆海兼顾的设计原则，“巨浪-2”的研制采用“东风下海”的方式，即在推进剂配方、固体火箭发动机、制导系统、导弹战斗部等方面，借鉴正在研制的“东风-31”陆基洲际弹道导弹，共享技术储备，从而缩减导弹的研制周期，降低研制难度，并保证导弹有着较高的战术技术水准。

在导弹的战术技术指标方面，预研时制定了两个硬性指标：采用分导式多弹头；射程比“巨浪-1”有显著增长。在20世纪90年代，分导式多弹头在“东风-5B”上已投入使用，导弹的试射和部署证明该技术已无太大问题。射程方面，最初给定的指标是射程不小于6 000千米，但在设计过程中发现，6 000千米的射程会使搭载“巨浪-2”的弹道导弹核潜艇处于较为尴尬的境地：若在我国附近的安全海域部署，则完全无法威胁美国本土和西欧地区，若大胆前出太平洋深处，则会给核潜艇带来额外的危险。因此，“巨浪-2”随后又对设计方案进行了修改，进一步挖掘潜力，增大射程。美国国防部推测，“巨浪-2”的最大射程约为7 400千米；西方一些权威军事研究机构给出的数据各有不同，有的机构认为“巨浪-2”

并非一个型号，而是从90年代至今发展了“巨浪-2”、“巨浪-2A”、“巨浪-2B”三种不同的型号，射程差别也很大。

“巨浪-1”和“东风-31”导弹均采用固体推进剂，“巨浪-2”上也沿用了固体推进剂加固体火箭发动机的方案。在导弹的级数方面，由于“巨浪-2”的设计射程增大，预研阶段曾考虑过三级火箭方案，但此方案虽有美国“三叉戟”潜射弹道导弹的成功范例，但会造成导弹结构复杂化，导弹全长也较难控制。由于90年代国产固体推进剂的配方，药柱铸造技术有了新的进步，可以支持较长药柱的稳定燃烧且保持较高的比冲，因而“巨浪-2”最终采用了两级固体火箭发动机的方案。“巨浪-2”和“东风-31”相似之处很多，而陆基的“东风-31”导弹研制难度相对较低，中国核力量对它的需求也更迫切，研制的优先级也更高一些。

“东风-31”导弹

“东风 -31”导弹的总设计师为航天一院刘宝镛院士。该导弹前身是“东风 -22”导弹，1978 年立项，用来代替射程 5 000 千米的“东风 -4”液体中程导弹。我国在 1982 年就实现了核弹头小型化，科研人员从核弹头小型化、导控系统微电子化、高效固体推进剂和弹体材料等各个方面都付出了不少心血。1984 年，因为新技术的注入而换项“831”工程。大口径固体火箭发动机的燃烧室铸造技术一直是研制固体洲际导弹的瓶颈难题。经过我国科研人员不懈努力，终于攻克了难关，于 1988 年设计定型，1989 年生产出第一枚原型弹，命名为“东风 -31”。“东风 -31”非常紧凑，不光重量减轻、体积减小，而且反应时间和精度都比“东风 -4”提高了数倍。该导弹可携带一枚 700 千克级的 25 万吨 ~ 100 万吨当量核弹头，或 3 枚 9 万吨级的分导式核弹头，火箭结构为三级固体发动机。弹体全长 13.4 米，直径为 2.25 米，射程超过 8 000 千米，范围可达美国西海岸以及北部山区的几个州和欧洲各地，具有打击硬目标的能力，能够摧毁美国“民兵 - Ⅲ”抗压加固地井等战略目标。有消息披露，其井射型号的圆周

刘宝镛

偏差率约 100 米，机动型号的约 150 米。装备有欺骗反导系统假弹头，是一种生存能力极强的战略武器，发射前可机动转移，导弹末端飞行拦截非常困难。

新型大型固体三级弹道导弹的研制难度很高，经过十几年的艰苦努力，1999 年 8 月 2 日，“东风 –31”导弹才首次发射成功。在 1999 年 10 月 1 日举行的国庆阅兵仪式上，3 辆载有“东风 –31”（北约编号 CSS–10）的重型运载车驶过天安门广场，这是中国第一种能在普通公路上机动转移的洲际导弹首次公开亮相。导弹发射所需的全部设施都安装在一辆发射车上。在接到命令后很短的时间内，导弹就能完成从起竖、瞄准到发射的全过程。这大大增强了该型号导弹在未来战争中的生存能力。

1999 年底，“东风 –31A”和争论多年的“巨浪 –2”导弹正式立项。“巨浪 –2”是我国的“撒手锏”装备，任务艰巨，意义重大，由中国运载火箭技术研究院设计，包为民任总设计师，李明华任总指挥，杨波任该型号的总指挥助理，后接任总指挥。固体火箭发动机由航天科技集团四院设计制造，侯晓任总设计师。这是一支非常年轻、充满朝气的研制队伍，90% 以上是 30 岁左右的年轻人。与基本型相比，为了大幅度提高射程，该型号采用了高能固体推进剂 NEPE（高能硝酸酯增塑聚醚）、芳纶纤维复合材料壳体、碳 – 碳复合材料可抛式延伸喷管。我国是继美、法之后第三个掌握 NEPE 推进剂技术的国家。

“巨浪 –2”导弹研制过程分为两个阶段开展试验。经过 20 世纪 90 年代总体设计的反复斟酌和筛选，以及“东风 –31”导弹对一二级大型固体发动机的验证，它的研制最初还是比较顺利的。21 世纪初，“巨浪 –2”导弹顺利进行了陆上发射试验，考核了导弹发动机的性能和表现。前期飞行试验取得了令人满意的成绩。2001 年 8 月完成模型弹首次水下发射试验。然而后期飞行试验的第一次，却以失败告终。一年后，该型号第二次全程飞行圆满成功。但后来的水下发射飞行试验却由于水下发射技术问题经历多次试射失败，杨波意识到，“巨浪 –2”遇到了难啃的骨头，必须统筹资源，集中兵力打歼灭战。其实，“巨浪 –2”水下发射遭遇挫折并不意外，潜射导弹从二院转移到一院的结果，也让“巨浪 –1”的水下发射经验几乎付诸东流。当然，即使二院继续研制“巨浪 –2”，效果恐怕也好不到哪去。“巨浪 –2”导弹直径达到了 2 米，而且为了兼顾水下水动和空中气动，使用了类似苏联 SS–N–20 的双头罩设计，钝头的“巨浪 –2”和尖头的“巨浪 –1”水下特征有巨大的区别，而中国在“巨浪 –1”研制时使用“台、筒、艇”的独创程序，虽然节约了研制试验费用，但也导致中国缺少必要的试验设施，对潜射导弹复杂的水动力环境不甚了解，也对导弹水下发射技术掌握不充分，加上双头罩设计的复杂性，出现问题就不难理解了。

水动力环境，无论是水下运动还是出水时的冲击，即使有充分的数据也很难完全用计算机模拟代替，即使美国按部就班做了大量的试验，在“三叉戟 D5”潜射弹道导弹试验时期都遇到出水溃灭压力过大的问题，中国的“巨浪 –2”导弹射程从 2 000 千米一步跨越到 8 000 千米，跨度极大，加之缺乏水下试验数据和模拟能力，开始实际的水下发射试验后，诸多问题自然会暴露无遗，连续的失败对航天科技一院造成了极大的压力。

在一次方案讨论会上，围绕是否采用新的技术方案出现了争论。有的专家提出，在限制使用条件的前提下，继续沿用原有技术方案，能够减轻攻关的压力和难度，尽快实现定型。而采用新的技术方案，理论上虽能解决前面出现过的问题，但工程上仍然需要技术攻关，存在技术和进度风险。如果新的技术方案还不能成功的话，型号的命运及影响将无法想象。研制队伍顶住了来自各级领导的巨大压力，经过慎重分析研究，决定坚持采用新的技术方案。而正是这次大胆尝试、勇于坚持，让杨波和型号总设计师带领着队伍，走出了低谷。据分析，当时研制团队对大型潜射导弹出水的

“巨浪”潜射弹道导弹

溃灭压力考虑不够，加之弹体结构不足，导致导弹发动机和弹体部分损坏，出现发动机无法点火甚至爆炸的故障。

“巨浪 –2”导弹副总设计师董利强迎难而上，带领型号队伍研制出了空泡补气增强系统，在国内潜射导弹研制中首次应用主动通气技术，取得了降低出水溃灭压力和减少出水载荷的显著效果，并通过了多发 1 ∶ 1 试验的验证，水下发射技术攻关取得重大突破。完成了弹体结构的设计改进，进行了全面的有限元仿真分析，并通过了地面静力试验考核，设计一次成功，弹体结构承载能力得到提高。对遥测系统进行了重新设计，大幅度增加水下发射技术参数测点，为水下发射技术攻关和设计提供数据支撑，最终取得了海态飞行试验的圆满成功，标志着型号取得了重大阶段性成果，为继续推进重点工程建设打下了坚实基础。

尽管技术难度大、创新性强，但杨波与型号核心层认真分析研究阶段工作特点，带领队伍创造了“时序动作确认”等行之有效的质量控制方法，确保了在研制中从未因质量问题造成飞行试验失利。杨波在工作中平易近人，沉着镇定。有一次，因研制火工品进度迟缓，调度着急上火，杨波说：“别急，咱们一起去现场，把相关人员召集起来，好好会诊。”受杨波影响，调度人员也冷静下来，大家集思广益，解决了问题。每当遇到重大失利时，虽要求队伍总结经验，杨波却从不让研制人员写反思，而是“两总”主动承担责任。由于这一型号的发射具有特殊性，非常危险，试验队员必须要守在它的旁边。为此，首飞及状态变化时，杨波总是身先士卒，

“巨浪-2”水下模拟弹发射

与队员们并肩战斗在一线。

在水下发射试验中，潜艇非常重要。1999 年 10 月中央军委赋予 031 型 200 号潜艇试验发射“巨浪 -2”导弹的任务，使命艰巨！新型导弹对发射技术要求十分苛刻。此时，200 号潜艇性能状况堪忧，技术资料短缺。不仅老旧，已经历经了 4 次改装，而且早已封存多年，连艇员也是从 7 个不同的单位抽调组成的，经过全训的只有 3 人，而且没有一个人执行过实弹发射任务。车永哲艇长、刘炳功政委一上任，就下定决心：“一定要肩负起祖国和人民赋予的重任，长剑不飞，誓不回头！”

水下发射试验，每一个战术动作都需要全艇 10 多个技术专业、数十个战位之间的协同配合。难度之大，可想而知。为了确保发射试验万无一失，官兵个个在自己的战位上勤学苦练，精益求精。他们首先自己编写教材，边训练边总结，短短一个月，就编写出《某型潜艇操纵部署》等 20 多本共 30 多万字的技术资料，并被海军潜艇学院纳入教材体系。

“巨浪 -2”从潜艇弹出发射

导弹发射操作不

仅要求迅速准确，而且用力要恰到好处。发射兵蒋娇为了练就“一按准”，每天手里都攥着一个啤酒瓶盖，模拟发射按钮反复训练，啤酒瓶盖磨得能照出人影。电工技师娄飞被战友誉为“活电路”。为弄清电路构造，他一寸一寸摸查，记下20多万字的笔记；全艇上万个电气接头，他至少检查过数十遍；电路出现故障，他闭着眼睛都能“嗅”到症结所在。为了破解技术难题，时任导弹长张海军曾连续工作40小时。为了精准获得200号潜艇上新安装仪器的技术参数，时任航海长于忠良和战友在-20℃的寒夜里坚守了4个多小时。尽管厂方专家一再表示，白天测试误差虽大点，但也在允许范围内。可是，他们依旧选择了在夜间最佳时段进行测试。

“巨浪-2”潜射洲际弹道导弹发射

正是凭着这种狠劲和韧劲，他们硬是在三个月内完成了一年的训练课目。围绕着试验任务，他们先后梳理出发射中可能发生的断电短路、管系破裂、仪器失灵等

情况，制订了数十种应急处置预案。每次出海执行水下发射任务，他们都会组织拉网式、过筛式的装备技术检测和故障隐患排查，决不放过任何一点安全隐患。

在导弹进行陆地试射的同时，海军完成了对200艇的改装，使其用于“巨浪-2”的海上试验。2005年6月，“巨浪-2”首次由200艇在水面状态下发射成功，考核了弹-筒匹配性。2006年，200艇开始进行“巨浪-2”的水下发射试验。2008年5月，200艇终于成功地进行了“巨浪-2”的水下发射试验。在常规导弹潜艇上进行试验成功后，“巨浪-2”开始进行与094型艇的弹艇结合试验。

据西方媒体猜测，“巨浪-2”型弹道导弹被部署在094型核潜艇上，射程大约8 000千米，这意味着该型导弹可以在中国附近海岸摧毁任何一个美国西海岸城市。携带“巨浪-2”型导弹的094实现战备值班后，也意味着中国首次对美国具备有效的水下战略核威慑和二次反击能力。

知识卡

导弹诱饵

指在导弹弹头上配备的用于引诱或欺骗对方探测设备的假目标装置。诱饵通常与真弹头有相同或相似的特性，所以，诱饵伴随真弹头飞行时，会造成对方反导系统识别困难，起到掩护真弹头的作用，有利于提高导弹突防概率。目前，使用诱饵仍然是提高导弹突防概率的重要途径之一。